ESV

GRUNDLAGEN DER GERMANISTIK

Herausgegeben von Werner Besch und Hartmut Steinecke

30

# Linguistische Gesprächsanalyse

## Eine Einführung

von

Klaus Brinker und Sven F. Sager

3., durchgesehene und ergänzte Auflage

**ERICH SCHMIDT VERLAG**

Die Deutsche Bibliothek – CIP-Einheitsaufnahme
**Brinker, Klaus:**
Linguistische Gesprächsanalyse : eine Einführung / von Klaus Brinker und
Sven F. Sager. – 3., durchges. und erg. Aufl. – Berlin : Erich Schmidt, 2001
(Grundlagen der Germanistik ; 30)
ISBN 3-503-04987-8

1. Auflage 1989
2. Auflage 1996
3. Auflage 2001

ISBN 3 503 04987 8

Alle Rechte vorbehalten
© Erich Schmidt Verlag GmbH & Co., Berlin 2001
www.erich schmidt-verlag.de

Dieses Papier erfüllt die Frankfurter Forderungen der Deutschen Bibliothek
und der Gesellschaft für das Buch bezüglich der Alterungsbeständigkeit
und entspricht sowohl den strengen Bestimmungen der US Norm Ansi/Niso
Z 39.48-1992 als auch der ISO-Norm 9706

Satz: Neufeld Media, Neuburg/Donau
Druck: Danuvia Druckhaus, Neuburg/Donau

# Inhaltsübersicht

Seite

1. Einleitung . . . . . . . . . . . . . . . . . . . . . . . . . . . . . . . . .   7
2. Das Gespräch als Gegenstand der Linguistik . . . . . . . . . . . . .   9
   2.1. Zum Begriff des Gesprächs . . . . . . . . . . . . . . . . . . . .   9
   2.2. Forschungsgeschichtlicher Überblick . . . . . . . . . . . . . .  14
   2.3. Aufgaben der linguistischen Gesprächsanalyse . . . . . . . .  18
3. Empirische Grundlagen . . . . . . . . . . . . . . . . . . . . . . . .  21
   3.1. Die Phasen einer empirischen Dokumentation . . . . . . . .  21
   3.2. Juristisch-ethische Aspekte . . . . . . . . . . . . . . . . . . .  25
   3.3. Modelltheoretische Aspekte . . . . . . . . . . . . . . . . . . .  31
       3.3.1. Das Beobachterparadoxon . . . . . . . . . . . . . . . . .  31
       3.3.2. Datentypen und technische Verfahren . . . . . . . . .  34
       3.3.3. Die Transkription . . . . . . . . . . . . . . . . . . . . . .  40
               3.3.3.1. Gesamtanlage . . . . . . . . . . . . . . . . . . .  40
               3.3.3.2. Der verbale, paraverbale und
                        nonverbale Bereich . . . . . . . . . . . . . . . .  47
       3.3.4. Zwei Arten von Korpora . . . . . . . . . . . . . . . . .  53
   3.4. Bemerkungen zu den in diesem Band verwendeten
        Transkriptionsverfahren . . . . . . . . . . . . . . . . . . . . .  54
4. Einheiten und Strukturen . . . . . . . . . . . . . . . . . . . . . . .  57
   4.1. Vorbemerkung . . . . . . . . . . . . . . . . . . . . . . . . . . .  57
   4.2. Der Gesprächsschritt . . . . . . . . . . . . . . . . . . . . . . .  59
       4.2.1. Gesprächsschritt und Hörersignal . . . . . . . . . . . .  59
       4.2.2. Formen des Sprecherwechsels . . . . . . . . . . . . . .  62
       4.2.3. Zum Handlungscharakter von Gesprächsschritten
              und Hörersignalen . . . . . . . . . . . . . . . . . . . . . .  65
       4.2.4. Zur Binnenstruktur von Gesprächsschritten . . . .  68
       4.2.5. Klassifikation von Gesprächsschritten . . . . . . . . .  71

*Inhaltsübersicht*

|  | Seite |
|---|---|
| 4.3. Die Gesprächssequenz | 74 |
|     4.3.1. Zur grammatischen Verknüpfung von Gesprächsschritten | 74 |
|     4.3.2. Zur thematischen Verknüpfung von Gesprächsschritten | 77 |
|     4.3.3. Die Gesprächssequenz als kommunikativ-funktionale Einheit | 80 |
|     4.3.4. Zur interaktiven Funktion von Gesprächssequenzen | 85 |
| 4.4. Die Gesprächsphase | 96 |
|     4.4.1. Grundsätzliches zur Phasengliederung | 96 |
|     4.4.2. Zur Struktur von Gesprächseröffnungen | 97 |
|     4.4.3. Zur Struktur von Gesprächsbeendigungen | 101 |
|     4.4.4. Zur Struktur von Kernphasen | 105 |
|     4.4.5. Zum Problem der Typologisierung von Gesprächen | 112 |
| 5. Interaktive Verfahren | 116 |
|   5.1. Vorbemerkung | 116 |
|   5.2. Grundkonzepte | 117 |
|     5.2.1. Reflexivität und Indexikalität | 117 |
|     5.2.2. Der Sinnbegriff | 123 |
|     5.2.3. Das Konstitutionsmodell der Kommunikation | 128 |
|   5.3. Gesprächsverfahren | 131 |
|     5.3.1. Die Basisprinzipien | 131 |
|     5.3.2. Die Konstituierungspraxis | 138 |
|         5.3.2.1. Lokales Management | 139 |
|         5.3.2.2. Regionales Management | 159 |
| 6. Analyseschritte bei der linguistischen Untersuchung eines Gesprächs | 174 |
|   6.1. Synopse der verwendeten Begriffe | 174 |
|   6.2. Die einzelnen Schritte des analytischen Vorgehens | 176 |
| 7. Schlußbemerkung | 190 |
| 8. Literaturverzeichnis | 191 |
| 9. Sachregister | 209 |

> Was ist herrlicher als Gold? fragte
> der König. — Das Licht, antwortete
> die Schlange. — Was ist erquicklicher
> als Licht? fragte jener. — Das
> Gespräch, antwortete diese.
>
> Goethe, *Das Märchen*

## 1. Einleitung

Das vorliegende Buch will in Grundbegriffe und Methoden der linguistischen Gesprächsanalyse einführen. Die Gesprächsanalyse, die sich zum Ziel setzt, dialogisches sprachliches Handeln in sozialen Situationen systematisch zu beschreiben und zu erklären, hat sich in den letzten zehn Jahren mehr und mehr zu einer eigenständigen Teildisziplin der Linguistik herausgebildet. Sie ist heute als ein Pendant zur Textlinguistik (Textanalyse) zu betrachten, die sich primär mit dem schriftkonstituierten, monologischen Text befaßt. Zwar wird der Terminus „Text" in der Linguistik vielfach nicht nur zur Bezeichnung von schriftlichen sprachlichen Gebilden, sondern auch von mündlichen Äußerungen verwendet. Das darf aber den fundamentalen Unterschied zwischen der monologischen und der dialogischen Kommunikation nicht verwischen. Die Kommunikationsrichtung (monologisch/dialogisch) ist nicht einfach ein Kriterium neben anderen, sondern ein Merkmal, das grundlegende Konsequenzen für die Theoriebildung und Analyse hat. Da Kommunikation im Kern dialogisch ist, d. h. in der Wechselbeziehung zwischen mindestens einem Sprecher und einem Hörer besteht, geht es der Gesprächsanalyse — im Unterschied zur Textanalyse — nicht nur um Struktur und Funktion sprachlicher Einheiten, sondern auch um den Prozeß der Konstituierung selbst, dessen Resultat dann das Gespräch als dialogischer Text ist.

Aufgrund dieser entscheidenden Differenz im Untersuchungsobjekt und — eng damit zusammenhängend — im Forschungsziel ist es legitim, die Text- und die Gesprächsanalyse als zwei unterschiedliche Teilgebiete der Linguistik anzusehen, die — sich auf mannigfache Weise ergänzend — in eine (noch zu entwickelnde) Gesamttheorie sprachlich-sozialer Interaktion integriert werden müssen.

## 1. Einleitung

Aus der doppelten Aufgabenstellung der Gesprächsanalyse (sowohl Ergebnis- als auch Verfahrensanalyse zu betreiben) ergibt sich der Aufbau dieses Einführungsbandes: Nach einer Darstellung von Gegenstandsbestimmung, Zielsetzung und Forschungsentwicklung (Kap. 2) sowie den empirischen Verfahren der Dokumentation und Transkription (Kap. 3) behandeln wir zunächst zentrale Einheiten und Strukturen auf verschiedenen Komplexitätsstufen (Schritt, Sequenz, Phase) im Hinblick auf ihren Aufbau und ihre Funktion im Gespräch (Kap. 4). In Kapitel 5 geht es uns dann um die interaktiven Verfahren (Prozeduren), die die Gesprächspartner anwenden, um in aufeinander bezogenem sprachlichen Handeln für- und miteinander kommunikativen „Sinn" herzustellen. In Kapitel 6 versuchen wir abschließend, diese beiden gesprächsrelevanten Perspektiven, die strukturelle und die prozedurale Betrachtung, zu einem gesprächsanalytischen Gesamtkonzept zu verbinden, das wir in seinen einzelnen Arbeitsschritten kurz vorstellen.

Das vorliegende Buch ist nicht als abstrakter Forschungsbericht konzipiert; es versteht sich primär als eine systematisch aufgebaute Anleitung, wie konkrete Gespräche methodisch angemessen dokumentiert, für die Analyse aufbereitet und unter verschiedenen, linguistisch relevanten Aspekten analysiert werden können. Wir beschränken uns deshalb auf eine Charakterisierung der Forschungsansätze, die in diesem Zusammenhang besonders wichtig sind. Darüber hinaus wird die für die jeweilige Problemstellung einschlägige Literatur in den Anmerkungen ausreichend dokumentiert.

Das Buch wendet sich in erster Linie an Studierende der Linguistik und Germanistik. Aufgrund seiner anwendungsbezogenen Darstellungsweise kann es aber auch in anderen Disziplinen, in denen konkrete Gesprächsanalyse betrieben wird (etwa in den Sozialwissenschaften oder im therapeutischen, pädagogischen und sozialberatenden Bereich), verwendet werden, um in die linguistischen Aspekte der Analyse von Gesprächen Einblick zu gewinnen.

## 2. Das Gespräch als Gegenstand der Linguistik

### 2.1. Zum Begriff des Gesprächs

Bevor wir auf den linguistischen Gesprächsbegriff eingehen, wollen wir kurz klären, was in der Alltagssprache unter einem Gespräch verstanden wird. In Wörterbüchern der deutschen Gegenwartssprache[1] wird die Kernbedeutung folgendermaßen umschrieben:

— „längerer Wechsel von Rede und Gegenrede zwischen zwei oder mehreren Personen" (Klappenbach/Steinitz)

— „mündlicher Gedankenaustausch zweier od. mehrerer Personen in Rede u. Gegenrede über ein bestimmtes Thema" (Duden)

Während das Wörterbuch von Klappenbach und Steinitz ausschließlich das Kriterium des Sprecherwechsels herausstellt, erweitert das Duden-Wörterbuch die Bedeutungsangabe um das Merkmal der thematischen Fixierung. Außerdem wird der Aspekt der Mündlichkeit stärker betont.

Der alltagssprachliche Gesprächsbegriff — so können wir zusammenfassend sagen — ist vor allem durch folgende Kriterien definiert:

— mindestens zwei Interaktanten
— Sprecherwechsel
— mündliche Realisierung
— Ausrichtung auf ein bestimmtes Thema

In der Alltagssprache finden wir auch die Ausdrücke „Dialog" und „Konversation"; sie haben aber eine eingeschränktere Bedeutung als „Gespräch". „Dialog" meint vor allem das ernsthafte Gespräch über ein bedeutungsvolles Thema, „Konversation" mehr die konventionelle, oberflächliche und unverbindliche Unterhaltung (zumindest im Deutschen).[2] Das Wort „Gespräch"

---

[1] Z. B. Wörterbuch der deutschen Gegenwartssprache, hrsg. v. R. Klappenbach u. W. Steinitz. Bd. 2. Berlin 1967, S. 1568; Duden. Das große Wörterbuch der deutschen Sprache. Bd. 3. Mannheim 1978, S. 1020

[2] Vgl. Duden (s. Anm. 1) Bd. 2, S. 524 f. (Dialog: Gespräche, die zwischen zwei Interessengruppen geführt werden mit dem Zweck des Kennenlernens der gegenseiti-

## 2. Das Gespräch als Gegenstand der Linguistik

ist also in seiner Bedeutung neutraler als die Ausdrücke „Dialog" und „Konversation"; es eignet sich von daher gesehen besonders dazu, den Gegenstandsbereich der linguistischen Gesprächsanalyse zu bezeichnen, während die Ausdrücke „Dialog" und „Konversation" zur Vermeidung von Mißverständnissen auf bestimmte Gesprächsformen bzw. Gesprächssorten bezogen werden sollten. Wir geben deshalb auch dem Terminus „Gesprächsanalyse" den Vorzug vor den konkurrierenden Bezeichnungen „Dialog"- oder „Konversationsanalyse".[3]

Die linguistische Definition von Gespräch kann nun direkt an die alltagssprachliche Verwendung des Wortes anknüpfen. Allerdings muß das thematische Kriterium genauer gefaßt werden. Es sind dazu im wesentlichen zwei Auffassungen vertreten worden. Die erste Position[4] möchte nur die Interaktionen als Gespräche gelten lassen, in denen ein bestimmtes Thema sprachlich konstituiert wird. Das sog. handlungsbegleitende Sprechen (etwa knappe Instruktionen bzw. Aus- und Zurufe bei manueller Interaktion wie *Vorsicht! — Etwas langsamer bitte! — Ich kann nicht mehr!* usw.) hat dann keine Gesprächsqualität und wird aus dem Untersuchungsbereich der Gesprächsanalyse ausgeschlossen. Die zweite Position[5] hält demgegenüber eine solche Abgrenzung für nicht „praktikabel", da in zahlreichen natürlichen Gesprächen „handlungsbegleitendes" und „thematisches Sprechen" eng miteinander verbunden seien; sie plädiert deshalb für eine etwas weitere Fassung des thematischen Kriteriums und definiert „Gespräch" als „jede sprechsprachliche, dialogische und thematisch zentrierte Interaktion".

Da der Gegenstandsbereich der Gesprächsanalyse nicht von vornherein zu sehr eingegrenzt werden sollte, ist eine weitere, nicht-normative Fassung des

---

gen Standpunkte o. ä."). — Duden (s. Anm. 1). Bd. 4, S. 1549 (Konversation: „häufig konventionelles, oberflächliches u. unverbindliches Geplauder; Gespräch, das in Gesellschaft nur um der Unterhaltung willen geführt wird"). — Vgl. dazu auch Sucharowski 1984, S. 108 f.; Kanth 1981, S. 205

[3] Die Bezeichnung „Konversationsanalyse" wurde in der Vergangenheit oft gewählt, um die Nähe zur amerikanischen „conversational analysis" hervorzuheben (etwa von Kallmeyer/Schütze 1976 oder Dittmann 1979, S. 11).

[4] So z. B. Dittmann 1979, S. 3 ff. (Die Interaktanten dürfen „nicht nur handlungsbegleitend sprechen, sondern über ein Thema, das im ‚Brennpunkt ihrer kognitiven Aufmerksamkeit' steht" — ebd. S. 5).

[5] So z. B. Henne/Rehbock 1982, S. 261 f.

## 2.1. Zum Begriff des Gesprächs

Gesprächsbegriffs sicherlich vorzuziehen.[6] Die Formulierung „thematisch zentriert" erscheint uns allerdings immer noch als zu restriktiv. Wir wollen deshalb von thematischer Orientierung sprechen. Unsere Definition lautet dann:

> „Gespräch" ist eine begrenzte Folge von sprachlichen Äußerungen, die dialogisch ausgerichtet ist und eine thematische Orientierung aufweist.

Die Definition enthält einige Bestimmungen, die der weiteren Erläuterung bedürfen.

In linguistischer Hinsicht ist ein Gespräch zunächst eine Folge von sprachlichen Äußerungen.[7] „Äußerung" wird in der strukturalistischen Linguistik als beliebiger Abschnitt Rede einer einzigen Person definiert, vor und nach welchem die Person schweigt.[8] Der Äußerungsbegriff betont also den Aspekt der Mündlichkeit; er ist ausschließlich eine Gliederungseinheit der Gesprächsoberfläche (dem Begriff „Segment" in der Textanalyse vergleichbar)[9] und enthält noch keine weiteren grammatischen, thematischen oder pragmatischen Implikationen.

Die Charakterisierung des Gesprächs als Äußerungsfolge deutet bereits darauf hin, daß verschiedene Sprecher beteiligt sind. Explizit wird dieses gesprächskonstitutive Merkmal durch den Begriff der dialogischen Kommunikationsrichtung ausgedrückt. Ein Gespräch liegt also nur dann vor, wenn zumindest zwei Personen sprachlich miteinander kommunizieren und wenigstens einmal einen Sprecherwechsel vollziehen[10], wobei „reine" Hörersignale (wie *hm, ja, nicht* usw.) nicht als Sprecherwechsel zu werten sind (vgl. dazu Abschn. 4.2.1.).

Im Unterschied zum schriftkonstituierten Text ist ein Gespräch durch einen in zeitlicher Hinsicht unmittelbaren Kontakt zwischen den Kommunizieren-

---

[6] Vgl. auch Henne/Rehbock 1982, S. 262
[7] Die Betonung liegt zwar auf „sprachlich"; es sind bei der Analyse nach Möglichkeit aber auch parasprachliche (Artikulation, Sprechrhythmus, Lautstärke, Intonation, Lachen usw.) und nicht-sprachliche (Mimik, Gestik, Körperhaltung usw.) Informationen zu berücksichtigen.
[8] So Harris 1951, S. 14
[9] Vgl. dazu Brinker 1997, S. 23
[10] Vgl. auch Franck 1980, S. 44; Dittmann 1979, S. 5 (Die Interaktanten müssen „mindestens einmal einen Sprecherwechsel vollziehen".)

## 2. Das Gespräch als Gegenstand der Linguistik

den gekennzeichnet. Die wichtigsten Kommunikationsformen[11] sind also das direkte Gespräch („face-to-face") und das Telefongespräch.

Nun wird nicht jede beliebige Folge von Äußerungen verschiedener Sprecher als Gespräch eingestuft. Mit dem Kriterium der thematischen Orientierung formulieren wir deshalb eine minimale Kohärenzanforderung[12], die allgemein besagt, daß zwischen den Äußerungen ein thematischer Zusammenhang bestehen muß, wenn die Äußerungsfolge als Gespräch gelten soll. Der Begriff der thematischen Orientierung bezieht sich aber nicht nur auf Gespräche, die sich durch die explizite Konzentration auf ein sprachlich konstituiertes Thema oder durch die Ausrichtung auf ein gemeinsames außersprachliches Bezugsobjekt auszeichnen, sondern er umfaßt auch sprachliche Interaktionen, in denen der thematische Zusammenhang nur implizit, d. h. im Wissen der Beteiligten, vorhanden ist.[13]

Gespräche sind — wie (monologische) Texte — begrenzt. Wir können Einleitungs- und Beendigungssignale unterscheiden. Diese Signale sind in der Regel in ritualisierte Sequenzen eingebettet; die Gesprächsforschung spricht deshalb von einer Einleitungs- und einer Beendigungsphase (s. dazu u. Abschn. 4.4.2. und 4.4.3.).

Während die Einheit „Text" in pragmatischer Hinsicht durch das Konzept der kommunikativen Funktion (Textfunktion)[14] charakterisiert ist, das sich am Begriff des illokutiven Akts in der Sprechakttheorie (vgl. dazu u. Abschn. 2.2.) orientiert, enthält unsere Gesprächsdefinition keine solche kommunikativ-funktionale Bestimmung. Zwar sind für manche Gesprächs-

---

[11] Kommunikationsformen (Face-to-face-Gespräch, Telefongespräch, Fernsehsendung, Rundfunksendung, Brief, Buch, Zeitungsartikel usw.) werden durch die besonderen situativen Merkmale der einzelnen Medien begründet, die zur Übermittlung von Texten eingesetzt werden (vgl. dazu im einzelnen Brinker 1997, S. 134 ff.). — Zur Face-to-face-Kommunikation vgl. Winkler 1981
[12] Zur Gesprächskohärenz vgl. im einzelnen Franck 1980, S. 44 u. 49
[13] Die Ausrichtung auf ein außersprachliches Bezugsobjekt, auf das dann mit deiktischen Ausdrücken (*dieses, das da, da hinten* usw.) und/oder Gesten referiert wird, findet sich häufig in alltagssprachlichen Instruktionsgesprächen (vgl. Kap. 5, Beispiel 7). — In familiären Gesprächen bleibt der thematische Zusammenhang zwischen den Gesprächsbeiträgen oft implizit, da er als zum gemeinsamen Hintergrundwissen gehörend vorausgesetzt wird.
[14] Vgl. dazu Brinker 1997, S. 93 ff. (Unter „Textfunktion" wird hier die mit konventionellen Mitteln im Text ausgedrückte dominierende Kommunikationsabsicht des Sprechers/Schreibers verstanden.)

## 2.1. Zum Begriff des Gesprächs

typen übergeordnete Kommunikationsziele und -zwecke kennzeichnend (vgl. etwa Prüfungsgespräch, Beratungsgespräch, Streitgespräch), im Unterschied zu Texten werden in Gesprächen aber zumeist verschiedene Sprecherinteressen verfolgt, zumindest aber mehrere Sprecherperspektiven zum Ausdruck gebracht.[15] Da sich das für den Textbegriff grundlegende Konzept der kommunikativen Funktion primär auf den einzelnen Sprecher bzw. Schreiber bezieht, ist seine Anwendung lediglich auf den einzelnen Gesprächsbeitrag möglich, auf das Gespräch als Ganzes aber problematisch.

Die vorgeschlagene Gesprächsdefinition ist noch zu weit gefaßt, um bereits den Gegenstand der linguistischen Gesprächsanalyse zu bezeichnen. Dieser wird in der Regel enger bestimmt und auf die sog. natürlichen Gespräche eingeschränkt, d. h. auf Gespräche, die in „natürlichen" Kommunikationssituationen vorkommen.[16] Damit sind nicht nur Gespräche, die „zum Zwecke der Aufnahme" unternommen werden, sondern auch die literarischen Dialoge aus dem Untersuchungsbereich der Gesprächsanalyse ausgeschlossen. Bei dieser Konzentration auf das natürliche Gespräch als primärem Untersuchungsobjekt der Gesprächsanalyse darf aber nicht übersehen werden, daß die „künstlichen" Gespräche eine wichtige heuristische Funktion für die Aufdeckung von Regeln oder Konventionen haben können, die der realen Gesprächskommunikation zugrunde liegen. So werden z. B. Dramendialoge für die Rekonstruktion gesprochener Sprache in Zeiten, aus denen uns nur schriftliche Kommunikation vorliegt, fruchtbar gemacht (z. B. Dramen des „Sturm und Drang").[17] Es lassen sich so Annäherungen an das natürliche und spontane Gespräch erzielen, zumindest für die Zeiten, in denen der Dramatiker alltags- bzw. umgangssprachliche Gesprächskommunikation als literarisches Kunstmittel verwendet hat. Bei der Analyse ist allerdings angemessen zu reflektieren, daß auch Dialoge, die natürlichen Gesprächen nachgebildet sind, insofern immer künstliche Produkte darstellen, als sie vom Autor im Rahmen eines bestimmten literarischen Programms entworfen werden. Einer

---

[15] Damit sind u. U. auch unterschiedliche Kohärenz- bzw. Konsistenzvorstellungen verbunden (z. B. sind inhaltliche Wiederholungen dessen, was der andere gesagt hat, im Dialog nicht redundant). — Vgl. dazu im einzelnen Franck 1980, S. 44 f.
[16] Vgl. dazu Dittmann 1979, S. 7; Schank 1979, S. 73 ff. („Ein Gespräch in der Alltagswelt soll als natürliches Gespräch gelten, wenn es nicht speziell zum Zwecke der Aufnahme unternommen wurde, sondern auch ohne diese durchgeführt worden wäre." — ebd. S. 74)
[17] Vgl. dazu Henne 1980, S. 89 ff.; vgl. auch Henne/Rehbock 1982, S. 234 ff. („Gesprächsanalyse und Sprachgeschichte")

historischen Gesprächsanalyse sind somit sehr enge Grenzen gesetzt; ihre Ergebnisse bleiben letztlich hypothetisch.

Die linguistische Gesprächsanalyse basiert im wesentlichen auf natürlichen Gesprächen der Gegenwartssprache. So sind auch vom Analytiker konstruierte Dialoge, wie sie sich bisweilen in älteren sprechakttheoretischen Arbeiten finden[18], prinzipiell verpönt; sie können höchstens aus didaktischen Gründen zur Verdeutlichung von Erkenntnissen Verwendung finden, die an empirischem Material gewonnen wurden.

Anders steht es mit Gesprächen, die sich der Linguist durch die Methode des „eliciting" verschafft. Dieses Verfahren, bei dem Informanten gezielt zur Produktion von Äußerungen angeregt werden, spielt bereits im amerikanischen Strukturalismus eine große Rolle; es wird hier verwendet, um zu einer bestimmten Ausgangsäußerung Vergleichsmaterial zu erhalten.[19] Auf die Gesprächsanalyse übertragen, heißt das, daß eine Gruppe von Versuchspersonen dazu veranlaßt wird, unter kontrollierten Bedingungen ein Gespräch zu führen (z.B. im Rollenspiel; vgl. u. Beispiel 7 in Abschn. 5.3.2.2.). So kann der Analytiker z.B. Erkenntnisse über Regularitäten der Gesprächsführung oder über den Einfluß bestimmter Faktoren (etwa der Situation) auf das Gesprächsverhalten erlangen, die — als Hypothesen formuliert — dann an natürlichen Gesprächen überprüft werden. Allerdings sind solche Experimente so einzurichten, daß sich die Versuchspersonen möglichst unbeeinflußt äußern, d.h., die Versuchssituation sollte weitestgehend dem natürlichen Kontext angepaßt sein.

## 2.2. Forschungsgeschichtlicher Überblick

Für die Herausbildung der linguistischen Gesprächsanalyse sind im wesentlichen drei verschiedene Forschungsrichtungen bestimmend.[20] Es handelt sich dabei

1) um die in den 60er Jahren verstärkt einsetzende Erforschung der gesprochenen deutschen Sprache, der sog. GS-Forschung,

---

[18] Etwa in Wunderlich 1972a/b; Rehbein 1972; Fritz/Hundsnurscher 1975; Schoenthal 1979 u.a.
[19] Etwa bei Harris 1953 (1970, S. 772): „Eliciting is a method of adding data to the corpus of material on which the linguist bases his analysis."
[20] Vgl. dazu den Forschungsbericht von Kanth 1981 sowie die Überblicksdarstellungen von Lappé 1983, S. 16ff. und Helbig 1986, S. 228ff.

## 2.2. Forschungsgeschichtlicher Überblick

2) um die in den 60er Jahren im Rahmen der ethnomethodologischen Soziologie in den USA entstandene „conversational analysis",

3) um die aus der angelsächsischen Sprachphilosophie stammende Sprechakttheorie, die Anfang der 70er Jahre zunehmend von der Linguistik rezipiert wird und heute als Kernbestandteil der Linguistischen Pragmatik zu betrachten ist.

Wir wollen diese Forschungsrichtungen kurz im Hinblick auf ihre Bedeutung für die Entwicklung der linguistischen Gesprächsanalyse charakterisieren.

Zur systematischen Erforschung der gesprochenen Sprache kommt es in der germanistischen Linguistik erst in den 60er Jahren (mit den sog. Pionierarbeiten von Ch. Leska, H. Zimmermann und H. Rupp im Jahre 1965).[21] Die bis dahin geltende „Dominanz des Geschriebenen"[22] wird nunmehr abgelöst durch die Auffassung von der Gleichwertigkeit des Gesprochenen gegenüber dem Geschriebenen. Die gesprochene Sprache bildet von nun an einen eigenständigen Forschungsschwerpunkt innerhalb der Linguistik. Kennzeichnend für diese Hinwendung zum Gesprochenen ist die Gründung der Forschungsstelle „Gesprochene Sprache" in Freiburg (unter der Leitung von H. Steger) im Jahre 1966. Aufgabe dieser Außenstelle des Mannheimer Instituts für deutsche Sprache ist ausschließlich die Erforschung der gesprochenen Sprache. In der Folgezeit werden sowohl ein umfangreiches Korpus von „Texten gesprochener deutscher Standardsprache" erstellt[23] als auch eine Reihe grundlegender Untersuchungen zu Phänomenen der gesprochenen Sprache durchgeführt. Während zunächst der grammatische Beschreibungsaspekt (vor allem die Untersuchung syntaktischer Merkmale der gesprochenen im Kontrast zur geschriebenen Sprache) im Vordergrund steht, führt die sog. pragmatische Wende in der Linguistik zu Beginn der 70er Jahre in der GS-Forschung (wie auch in der Textlinguistik für den geschriebenen Bereich) zu einer fundamentalen Änderung in Theoriebildung und Analyse. Situative

---

[21] Vorher hat man sich mit gesprochener Sprache — abgesehen von der Phonetik — nur innerhalb der Dialektologie beschäftigt. Zur GS-Forschung vgl. den Forschungsbericht von Betten 1977/1978

[22] Lappé 1983, S. 17

[23] Gesprächstranskriptionen aus unterschiedlichen Bereichen (z. B. Diskussionen, Alltagsgespräche, Beratungen und Dienstleistungsgespräche) wurden von der Forschungsstelle zwischen 1971 und 1979 in vier Bänden der Reihe „Heutiges Deutsch" veröffentlicht.

und kommunikativ-funktionale Aspekte gewinnen an Bedeutung.[24] Die charakteristischen Merkmale gesprochener Sprache werden mehr und mehr im Hinblick auf ihre Einbettung in den dialogischen Kontext untersucht. Als ein erster Schritt in dieser Richtung kann das sog. Redekonstellationsmodell der Freiburger Schule[25] angesehen werden, das auf der Annahme einer prinzipiellen Entsprechung zwischen den aufgrund außersprachlicher Merkmale abgegrenzten Redekonstellationstypen und den sprachlich definierten Textsorten (monologische und dialogische Texte umfassend) basiert. Die weitere Entwicklung der GS-Forschung wird dann zunehmend durch die Rezeption der amerikanischen „conversational analysis" (s. u.) und der angelsächsischen Sprechakttheorie (s. u.) bestimmt (z. B. in dem Freiburger Projekt „Dialogstrukturen" bereits seit Mitte der 70er Jahre oder in der Partikelforschung gegen Ende der 70er Jahre).[26] Damit ist in der germanistischen Linguistik der Übergang von der GS-Forschung zur Gesprächsanalyse vollzogen.

Die „conversational analysis" (H. Sacks, E. A. Schegloff, G. Jefferson u. a.) gilt als „bislang fruchtbarster Zweig"[27] der Ethnomethodologie, einer phänomenologisch orientierten soziologischen Forschungsrichtung, die sich auf die Aufdeckung der Selbstverständlichkeitsstrukturen der Alltagswelt konzentriert (H. Garfinkel, A. V. Cicourel u. a.).[28] Die alltäglich ablaufenden Interaktionsprozesse, insbesondere die Alltagsgespräche, werden im Hinblick auf die Regeln und Verfahren hin untersucht, die die Kommunikationspartner zumeist routinemäßig anwenden, um in aufeinander bezogenem sprachlichen und nicht-sprachlichen Handeln für- und miteinander kommunikativen „Sinn" herzustellen. Im Vordergrund des Forschungsinteresses der „conversational analysis" stehen allerdings nicht die sprachlichen Einheiten und Strukturen[29], sondern es geht primär um den Versuch einer Rekonstruktion der in Gesprächen ablaufenden Prozesse der Bedeutungszuschreibung

---

[24] Vgl. z. B. Rath 1975; Ungeheuer 1974 u. a.
[25] Vgl. dazu Steger u. a. 1974; Schank/Schoenthal 1976, S. 29 ff.; Schwitalla 1979, S. 162 ff.
[26] Zum „Projekt Dialogstrukturen" vgl. Berens u. a. 1976; zur gesprächsanalytisch orientierten Partikelforschung vgl. vor allem die Aufsätze von Ehlich, Franck, Koerfer, Quasthoff, Sandig u. a. in dem Sammelband von Weydt 1979. — Zu allen Aspekten vgl. Schwitalla 2001
[27] Patzelt 1987, S. 15
[28] Zur Ethnomethodologie vgl. Garfinkel 1967; Psathas 1973; Weingarten/Sack 1976; Patzelt 1987. — Zur „conversational analysis" vgl. Kallmeyer/Schütze 1976; Bergmann 1981; Meng 1985; Bergmann 2001
[29] Vgl. auch Kanth 1981, S. 205

## 2.2. Forschungsgeschichtlicher Überblick

und Interpretation sowie der für solche Vorgänge grundlegenden Interaktionsbedingungen. Es werden im wesentlichen zwei Gruppen von Regeln unterschieden, die Basisregeln, auf denen jegliche Interaktion letztlich beruht, und die Sequenzregeln, die den Gesprächsaufbau betreffen (z. B. das Prinzip der bedingten Erwartbarkeit, das Sprecherwechselsystem usw.).[30]
Wenn die „conversational analysis" — insgesamt gesehen — auch weniger linguistisch als sozialwissenschaftlich ausgerichtet ist, darf ihre Bedeutung für die linguistische Gesprächsanalyse doch nicht unterschätzt werden, denn sie vermittelt grundlegende Einsichten in die Probleme der Gesprächsorganisation und der Bedeutungskonstitution und führt damit die prozedurale Perspektive in die linguistische Gesprächsanalyse ein (s. dazu u. Abschn. 2.3.).
Im Unterschied zur amerikanischen Konversationsanalyse ist die Sprechakttheorie (J. L. Austin, J. R. Searle u. a.)[31] kein originär dialogischer Ansatz; die Definition des Sprechakts als der kleinsten Einheit der sprachlichen Kommunikation[32] ist vielmehr primär sprecherorientiert: Der illokutive Akt, der den Handlungscharakter einer Äußerung festlegt, bezeichnet die Art des kommunikativen Kontakts, die der Sprecher mit der Äußerung gegenüber dem Hörer zum Ausdruck bringt bzw. zum Ausdruck bringen will (z. B. Auffordern, Bitten, Raten, Versprechen usw.). So ist auch das oberste Kriterium der bekanntesten Sprechaktklassifikation, der Typologie illokutiver Akte von J. R. Searle, der illokutive Zweck („illocutionary point") des Sprechakts, d. h. die kommunikative Absicht, die der Sprecher mit seiner Äußerung verfolgt.[33]
Im Vordergrund der traditionellen („klassischen") Sprechaktforschung stehen vor allem Fragen, die die Struktur und die Klassifikation von Sprechakten betreffen. Es wird dabei weitgehend davon abstrahiert, daß Sprechakte nicht isoliert vollzogen werden, sondern immer in Interaktionszusammenhängen vorkommen.[34] Erst mit der Rezeption der Sprechakttheorie durch die Linguistik (etwa bei D. Wunderlich) kommt es zunehmend zur Erfassung der „sequentiellen Natur" von Sprechakten.[35] Das Forschungsinteresse verlagert sich

---

[30] Zu den Basisregeln vgl. u. Abschn. 5.3.1.; zu den Sequenzregeln vgl. u. Abschn. 4.3.
[31] Zur Sprechakttheorie vgl. den Forschungsbericht von Meibauer 1985 sowie die Überblicksdarstellung von Helbig 1986, S. 179 ff. — Zur Einführung vgl. Brinker 1997, S. 82—93; Meibauer 1999
[32] Searle 1969 (dt. 1971, S. 30)
[33] Vgl. Searle 1975 (dt. 1982, S. 17 ff.); dazu einführend: Brinker 1997, S. 101
[34] Vgl. dazu Viehweger 1983, S. 236 ff.
[35] Vgl. Wunderlich 1972a, S. 25 ff.; Wunderlich 1976, S. 300 f. (zur „sequentiellen Natur von Sprechakten")

im Laufe der 70er Jahre dahingehend, daß nicht mehr einzelne Sprechakttypen isoliert beschrieben, sondern Abfolgen (Sequenzen) von Sprechakten, insbesondere bestimmte Sequenzmuster untersucht werden (z. B. die Frage-Antwort-Sequenz, die Vorwurf-Rechtfertigungssequenz, die Sequenzstruktur des Argumentierens usw.).[36] Damit ist die Brücke zur Gesprächsanalyse geschlagen. Unter sprechakttheoretischer Perspektive sind Gespräche (wie Texte überhaupt) komplexe kommunikative Handlungen, die in umfassende gesellschaftlich-institutionelle Handlungskontexte eingebettet sind und sich aus Sprechakten bzw. Sprechaktsequenzen konstituieren.[37]

Die Bedeutung der Sprechakttheorie für die linguistische Gesprächsanalyse besteht vor allem darin, daß sie theoretische und methodische Grundlagen für eine präzise Beschreibung des Handlungscharakters und der Handlungsstruktur von Gesprächen auf den verschiedenen Segmentierungsstufen (Schritt, Sequenz, Phase) bereitstellt (vgl. dazu Kap. 4).

Der sprechakttheoretische Ansatz steht mit einer mehr strukturell-statischen Perspektive der konversationsanalytischen Position gegenüber, für die eine primär prozedural-dynamische Konzeption kennzeichnend ist (vgl. dazu Kap. 5). Trotz dieses fundamentalen Unterschieds sind beide Forschungsrichtungen nicht als alternativ, sondern als komplementär zu betrachten. Eine adäquate linguistische Gesprächsanalyse erfordert die Berücksichtigung beider Ansätze (vgl. dazu besonders Kap. 6). Aus dieser Auffassung ergibt sich die folgende allgemeine Aufgabenstellung.

## 2.3. Aufgaben der linguistischen Gesprächsanalyse

Die Aufgabenstellung einer wissenschaftlichen Disziplin ist eng verbunden mit der Gegenstandsbestimmung. Generell läßt sich sagen: Die Gesprächsanalyse sieht es als ihre zentrale Aufgabe an, die Bedingungen und Regeln systematisch zu erforschen, die die „natürliche" Gesprächskommunikation, d. h. dialogisches sprachliches Handeln in verschiedenen gesellschaftlichen Bereichen (Alltag, Institutionen, Medien usw.), bestimmen.

Diese Regeln werden von den Sprachteilhabern im Zusammenhang mit dem Spracherwerb erlernt und in der Kommunikation weitgehend unbewußt praktiziert. Nur bei Mißverständnissen, kommunikativen Konflikten und

---

[36] Vgl. z. B. Martens 1974; Fritz/Hundsnurscher 1975; Wunderlich 1976; Rehbein 1977; Apeltauer 1978; Kienpointner 1983, S. 29 ff.; Franke 1983. — Vgl. auch u. Abschn. 4.3.

[37] Vgl. auch Kienpointner 1983, S. 29 ff.; Hagemann/Rolf 2001; Gruber 2001

## 2.3. Aufgaben der linguistischen Gesprächsanalyse

dergleichen wird über sie reflektiert. Das geschieht aber nur ansatzweise, auf den Einzelfall bezogen („was haben der oder die Gesprächspartner gemeint?").

Im Unterschied zu dieser alltäglichen (nicht-wissenschaftlichen) Beschäftigung mit Gesprächen zielt die linguistische Gesprächsanalyse letztlich auf allgemeine Aussagen.[38] Konkret heißt das vor allem zweierlei: Sie versucht zum einen, die gesprächskonstitutiven Einheiten (Schritt, Sequenz, Phase) zu ermitteln und als Elemente der Gesprächsstruktur auf verschiedenen sprachtheoretischen Ebenen (etwa Äußerungsebene, Bedeutungsebene, Handlungs- und Beziehungsebene) zu beschreiben (vgl. dazu Kap. 4.1.). Unter dieser „strukturbezogenen" Perspektive erscheint das Gespräch primär als Resultat eines interaktiven Prozesses, das eine bestimmte Struktur aufweist. Zum anderen geht es um die Rekonstruktion der interaktiven Verfahren und der ihnen zugrundeliegenden kommunikativen Prinzipien bei der Herausbildung dieser Struktur im Gesprächsverlauf. Es handelt sich dabei um Prozeduren, die die Gesprächspartner zumeist routinemäßig anwenden, um ein Gespräch zu konstituieren. In dieser „prozeduralen" Sicht tritt besonders der dynamische Charakter von Gesprächen ins Blickfeld.

Der doppelten Aufgabenstellung entsprechen somit zwei unterschiedliche Vorgehensweisen, die aber nicht alternativ zueinander stehen, sondern eng aufeinander bezogen werden müssen.[39] Die Herausarbeitung der manifesten Struktureinheiten des Gesprächs einerseits und das Nachzeichnen der inter-

---

[38] Vgl. dazu Dittmann (1979, S. 7 ff.), der eine Reihe von Verallgemeinerungen aufführt, auf die die gesprächsanalytische Untersuchung ziele, z. B. „Verallgemeinerung von Beschreibungen des Ablaufs von Gesprächen zu Aussagen über Ablaufmuster für Gesprächstypen; Verallgemeinerung von Beschreibungen der Vorgehensweisen der Beteiligten bei der Gesprächssteuerung zu Aussagen über Typen von Steuerungsmöglichkeiten, relativ zu bestimmten Gesprächstypen; Verallgemeinerung von Beschreibungen wiederkehrender Gesprächs-Züge oder Strategien von Beteiligten zu Formulierungen von Regeln oder Konventionen alltäglichen kommunikativen Handelns; generalisierende Schlüsse von Aussagen über die Interpretation des Sinns von Handlungen (soweit diese gesprächsrelevant zu sein scheinen) von Gesprächspartnern durch Gesprächspartner auf Formulierungen von Interpretationsbedingungen und -regeln, denen die Gesprächspartner folgen" (ebd. S. 8 f.).

[39] Vgl. Kallmeyer/Schütze (1976, S. 4), die darauf hinweisen, daß „sich die Konversationsanalyse nicht nur mit formalen Strukturen, sondern auch mit den Aktivitäten der beteiligten Interaktionspartner und den Prozessen der Bedeutungszuschreibung befaßt." — Dittmann (1979, 10) bemerkt: „Strukturen sind aus konversationsanalytischer Sicht lediglich verdinglichte Resultate von Aktivitäten."

## 2. Das Gespräch als Gegenstand der Linguistik

aktiven Verfahren ihrer Entstehung und Verwendung andererseits sind letztlich zwei einander ergänzende und in ihrer Komplementarität für eine umfassende Analyse unverzichtbare Teilverfahren. Diese notwendige methodische Zweiteilung von Ergebnis- und Verfahrensanalyse liegt letztlich in der Natur des sozialen Handelns selbst begründet. Darauf hat bereits A. Schütz in seiner „Einleitung in die verstehende Soziologie" unter Berufung auf phänomenologische Handlungsanalytiker wie E. Husserl und H. Bergson hingewiesen. Schütz unterscheidet dort im Zusammenhang mit seinen Überlegungen zur Frage danach, was „der mit einer Handlung verbundene Sinn" sei, zwischen fertig konstituierten und sich konstituierenden Sinngehalten. Bezogen auf das Problem des sozialen Handelns schreibt er: „Wir müssen diese Erkenntnis auf das Phänomen des Handelns anwenden und terminologisch scharf zwischen dem Handeln in seinem Vollziehen als Erzeugen von Handlungen (actio) und der bereits fertig konstituierten Handlung als durch Handeln Erzeugtem (actum) unterscheiden."[40]

Eine umfassende Gesprächsanalyse hat in genau diesem Sinne beide Aspekte des sozialen Ereignisses „Gespräch" zu berücksichtigen und zu beschreiben: das Handlungsresultat wie den Handlungsvollzug. Dabei wird deutlich, daß es sich um die zwei untrennbar verbundenen Momente der sozialen Handlung handelt. So ist das Handlungsresultat gar nicht möglich ohne den Handlungsvollzug, und dieser wird nur möglich im intentionalen Bezug auf sein Ergebnis.

Der Aufbau des vorliegenden Bandes trägt dieser analytischen Unterscheidung Rechnung. In Kapitel 4 behandeln wir zentrale Einheiten und Strukturen, in Kapitel 5 die interaktiven Verfahren, und in Kapitel 6 versuchen wir, beide Beschreibungsaspekte in ein umfassendes Analyseraster zu integrieren.

Doch zunächst wollen wir uns den Verfahren der Dokumentation und Transkription zuwenden, die die empirische Grundlage für die weiteren gesprächsanalytischen Operationen bilden.

---

[40] Schütz 1932 (1974, S. 50)

# 3. Empirische Grundlagen

## 3.1. Die Phasen einer empirischen Dokumentation

Eine empirische Studie kann in drei aufeinander bezogene Phasen unterteilt werden:[1]

— die heuristische Phase
— die technische Phase
— die analytische Phase

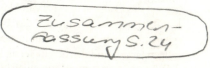

Zur heuristischen Phase gehört die Entwicklung neuer Fragestellungen und Hypothesen. Dies ist ein Prozeß, der kaum zu systematisieren ist. Dennoch lassen sich zumindest zwei grundsätzlich unterschiedliche Bereiche nennen, aus denen Fragestellungen und Hypothesen abgeleitet werden können. Wir möchten in diesem Sinne von einem „problemorientierten" und einem „materialorientierten" Vorgehen sprechen. Beim problemorientierten Vorgehen leiten sich Fragen und Hypothesen aus der theoretischen Auseinandersetzung mit verschiedenen Begriffen, Konzepten oder Theorieansätzen ab. Solche in der Regel kommunikationstheoretisch-linguistischen Probleme können an sehr unterschiedlichem Material untersucht werden. Anders ist es bei materialorientiertem Vorgehen. Hierbei leitet sich die Frage aus der Beschäf-

---

[1] Die Sozialwissenschaft unterteilt gemeinhin in einen Entdeckungs-, Begründungs- und Verwertungszusammenhang. Die hier unterschiedenen drei Phasen einer empirischen, gesprächsanalytischen Untersuchung entsprechen dabei im wesentlichen dem Entdeckungs- und Begründungszusammenhang. Der Verwertungszusammenhang wird in unserer Darstellung lediglich sporadisch erwähnt. Genaueres zu den drei genannten Zusammenhängen empirischer Sozialforschung vgl. Friedrichs 1973, S. 50 ff. — Henne/Rehbock 1982, S. 46 sprechen unter Berufung auf Harris 1951 von einem zweistufigen Vorgehen einer empirischen Sprachwissenschaft, wobei sie die hier als technische und analytische Phase bezeichneten Schritte meinen. S. dazu auch u. Abschn. 3.3.2. — Diekmann 1998, S. 162 ff. unterscheidet fünf Phasen: Formulierung des Problems, Planung und Vorbereitung, Datenerhebung und Datenauswertung, Berichterstattung; vgl. dazu auch Schnell et al. 1999. Sager 2001a faßt diese Phasen in die drei auch hier unterschiedenen zusammen, zeigt aber anhand eines Schaubildes deren komplexe Wechselwirkung auf.

## 3. Empirische Grundlagen

tigung mit einem bestimmten Bereich kommunikativen Verhaltens ab. Entsprechend muß das Material ausgewählt werden. Zur heuristischen Phase gehört in diesem Sinne also auch die Festlegung des Untersuchungsfeldes.[2] Beim materialorientierten Vorgehen ist das Feld bereits vorgegeben, beim problemorientierten Vorgehen muß das Feld erst gesucht und genauer bestimmt werden.[3]

Die technische Phase beinhaltet die Herstellung des Datenmaterials. Unter „Datenmaterial" verstehen wir Tonband- oder Videoaufnahmen. Die technische Phase gliedert sich in drei Abschnitte, die in der Regel strikt zeitlich aufeinander folgen: die Planung, die vorbereitende Organisation und die technische Durchführung. In der Planungsphase sind, ausgehend von den in der heuristischen Phase getroffenen Entscheidungen, etwa folgende Fragen zu beantworten:

— Wie umfangreich, wie detailliert soll das Material sein?

— Welche Möglichkeiten und Verbindungen zum Feld bestehen? (persönliche, institutionelle Kontakte?)

— Welche technischen und finanziellen Mittel werden benötigt?

— Wieviel Zeit steht für die gesamte Datendokumentation zur Verfügung?

Aus der Beantwortung dieser Fragen muß ein detaillierter Dokumentationsplan erstellt werden, der folgendes enthalten sollte:

— eine systematische Materialübersicht in Form einer Liste der aufzuzeichnenden Gespräche

— eine systematische Zusammenstellung der benötigten Geräte sowie des zu veranschlagenden Materials[4]

— eine genaue Zeitplanung für die Erhebung des Materials

An die Planungsphase schließt sich die Phase der vorbereitenden Organisation an. Hierher gehört vor allem die Kontaktaufnahme zu den Mitgliedern

---

[2] Der Begriff des Feldes spielt in sozial- und verhaltenswissenschaftlichen Untersuchungen eine große Rolle. Unter Feld wird dabei weniger eine territoriale Einheit verstanden als vielmehr ein konzeptionell festgelegter Phänomenbereich. Näheres zum Feldbegriff vgl. Weidmann 1974, S. 10; vgl. auch Nowotny/Knorr 1975; Flick 1998, S. 70 ff.; Mayring 1999, S. 39 ff.
[3] Vgl. Sager 2001a
[4] In die Planungsphase gehört auch die Ausarbeitung von Anträgen für finanzielle Mittel bei entsprechenden Stiftungen oder Förderinstitutionen.

### 3.1. Die Phasen einer empirischen Dokumentation

des Feldes. Konkret stellt sich dabei die Frage: Wie kann ich Personen dazu bewegen, sich von mir aufnehmen zu lassen? Dabei steht man vor zwei kommunikativen Problemen: Zum einen muß das Forschungsvorhaben dem Außenstehenden so verständlich und sinnvoll dargestellt werden, daß er bereit ist, mitzumachen, zum anderen darf aber das Forschungsziel nicht so genau erläutert werden, daß dadurch die Aufmerksamkeit auf eben jene Phänomene gelenkt wird, die untersucht werden sollen, wodurch die Validität der Aufnahmen gefährdet wäre.[5] Ist der Kontakt einmal hergestellt und die Bereitschaft zur Mitarbeit gewonnen, stellt sich häufig die Frage, ob es für die Aufnahmen notwendig oder zumindest förderlich ist, wenn eine gewisse Eingewöhnung des Beobachters im Feld geschieht. Dies ist vor allem dann erforderlich, wenn der Beobachter während der Aufnahmen (aktiv oder passiv) am Geschehen teilnimmt.[6]

An diese planenden und vorbereitenden Aktivitäten kann sich dann die eigentliche Phase der Durchführung der Aufnahmen anschließen. Da es im folgenden detaillierter um die dabei auftretenden Probleme geht, wollen wir an dieser Stelle nicht weiter auf diese Phase eingehen.

An die technische Phase schließt sich die analytische Phase an. Auch sie besteht aus mehreren Schritten. Zunächst muß das Material, das ja nach den Gegebenheiten, Verhältnissen und Aktivitäten im Feld entstanden ist, geordnet und notfalls für die eigentliche Analyse bearbeitet werden. Dazu gehört, daß aus dem in der Regel umfangreichen Material diejenigen Passagen oder Ereignisse ausgewählt werden, die für die weitere Analyse bestimmt sind. Hierzu benötigt man ein Sortierverfahren, auf das wir weiter unten (Abschn. 3.3.4.) detailliert eingehen werden. Je nach Fragestellung und Analysemethode kann dieser Schritt auch ausfallen, etwa dann, wenn das aufgenommene Korpus aus kommunikativen Ereignissen besteht, die später vollständig und als Ganze analysiert werden sollen. Zur Aufbereitung gehört schließlich noch der sehr wichtige Schritt der Transkription.[7]

An diese Aufbereitung des Datenmaterials schließt sich die eigentliche Analyse und, als letzter Schritt, die Darstellung der Analyseergebnisse an. Da wir

---

[5] In dem Zusammenhang spielen zwei Probleme eine Rolle, die als ethisches Dilemma und Beobachterparadox bezeichnet werden. Genaueres dazu s.u. Abschn. 3.2. und 3.3.1.

[6] Zum Problem der teilnehmenden Beobachtung vgl. Friedrichs 1973, S. 288 ff.; Faßnacht 1979, S. 58 ff.; Weidmann 1974; Flick 1998, S. 157 ff.; Aster et al. 1989; Schlobinski 1996, S. 50 ff.; Schnell et al. 1999, S. 358 ff.

[7] Genaueres dazu s.u. Abschn. 3.3.3.; vgl. auch die Anmerkungen 42 und 46

## 3. Empirische Grundlagen

auf die damit zusammenhängenden Probleme ausführlich in den Kapiteln 4, 5 und 6 eingehen werden, genügt hier dieser kurze Hinweis.

Wir können jetzt also die acht notwendigen Schritte einer gesprächsanalytischen Studie, die sich in die von uns unterschiedenen drei Phasen einordnen lassen, nochmals zusammenfassen:

I. Heuristische Phase
   (1) Entwicklung von Fragestellungen und Arbeitshypothesen
   (2) Festlegung des Untersuchungsfeldes
II. Technische Phase
   (1) Planung der Aufnahmen
   (2) vorbereitende Organisation
   (3) technische Dokumentation
III. Analytische Phase
   (1) Aufbereitung der Daten
   (2) Analyse
   (3) Darstellung der Analyseergebnisse

Bei der genauen technisch-methodischen Planung, Organisation und Durchführung einer solchen empirischen Studie spielen grundsätzlich drei Fragenkomplexe eine Rolle:

— Was ist erkenntnistheoretisch notwendig?
— Was ist juristisch erlaubt?
— Was ist ethisch vertretbar?

Diese Fragen hängen eng miteinander zusammen. Entscheidungen in dem einen Bereich haben durchaus Einfluß auf die beiden anderen Bereiche. Im folgenden werden wir genauer die Probleme behandeln, die sich uns in der technischen Phase sowie dem ersten Schritt der analytischen Phase stellen.

Dabei wollen wir zunächst einmal detaillierter auf die juristisch-ethischen Probleme empirischer Studien eingehen. Die Linguistik blickt bereits auf eine recht lange Tradition der Korpuserstellung zurück.[8] Dabei sind primär die erkenntnistheoretischen und methodischen Probleme abgehandelt worden. Hinweise auf die juristisch-ethische Rechtmäßigkeit der Aufnahmen

---

[8] Harris 1951; Gleason 1961; Engel 1969; Hellmann 1969; Müller 1975; Bungarten 1976; Bielefeld/Hess-Lüttich/Lundt 1977; Bergenholtz/Schaeder 1979; Henne/Rehbock 1982, S. 45 ff.; Schlobinski 1996, S. 72 ff.; Lenders 1993; Hoffmeyer-Zlotnik 1992; Huber/Mandel 1982

wurden, wenn überhaupt, nur marginal behandelt.[9] Wir sehen hierin einen eklatanten Mangel und sind der Auffassung, daß es für das Selbstverständnis und das Ethos des empirischen Linguisten von grundlegender Bedeutung ist, zuallererst auch die moralischen Aspekte seiner Arbeit zu reflektieren. Denn nicht zuletzt aus solchen Überlegungen läßt sich — unabhängig von der wissenschaftlichen Bedeutung — die Berechtigung seines Tuns vor der Gesellschaft und das heißt konkret: vor den Menschen, denen er gegenübertritt, legitimieren.

## 3.2. Juristisch-ethische Aspekte

Die juristische wie auch die ethische Problematik hängen letztlich mit der Alternative offener oder verdeckter[10] Gesprächsaufnahmen zusammen. Diese Alternative hat andererseits eine erkenntnistheoretisch fundamentale Bedeutung. Wir müssen uns also stets entscheiden zwischen der erkenntnistheoretisch optimalen und der juristisch-ethisch vertretbaren Lösung. Das was erkenntnistheoretisch erwünscht wäre, ist in der Regel juristisch-ethisch problematisch oder gar völlig inakzeptabel.

Wie sind nun linguistisch relevante Gesprächsaufnahmen (seien es Tonband- oder Videoaufnahmen) juristisch einzuschätzen? Hier ist zunächst einmal zwischen einem strafrechtlichen und einem zivilrechtlichen Tatbestand zu unterscheiden. Das Strafrecht regelt bekanntlich die rechtlichen Ansprüche, die der Staat dem Bürger gegenüber erheben kann. Strafrechtliche Tatbestände müssen angezeigt werden, damit der Staatsanwalt sie verfolgen kann. Sie werden vom Staat mit Strafen (in der Regel Gefängnis- oder Geldstrafen) belegt. Anders verhält es sich beim Zivilrecht: Hier geht es um das Verhältnis von Bürger zu Bürger — also den Rechtsanspruch, den der einzelne Bürger anderen Personen gegenüber erheben und gerichtlich verfolgen kann. Im Gegensatz zum Strafrecht besteht dieser zivilrechtliche Anspruch in den verschiedenen Forderungen auf Unterlassung, Beseitigung, Herausgabe usw. von entsprechenden Konfliktobjekten bzw. -handlungen.

Wie sehen nun die straf- und zivilrechtlichen Regelungen im einzelnen aus? Betrachten wir zunächst das Strafrecht. Hier gibt es eine klare Anweisung mit

---

[9] Vgl. hierzu Hufschmidt/Mattheier 1976; Henne/Rehbock 1982; Deppermann 1999, S. 22
[10] Vgl. Friedrichs 1973, S. 272 f.; vgl. auch Murray 2001

## 3. Empirische Grundlagen

dem § 201 des StGB, der in den für uns relevanten Abschnitten folgendermaßen lautet:

> Mit Freiheitsstrafe bis zu drei Jahren oder mit Geldstrafe wird bestraft, wer unbefugt
> 1. das nichtöffentlich gesprochene Wort eines anderen auf einen Tonträger aufnimmt oder
> 2. eine so hergestellte Aufnahme gebraucht oder einem Dritten zugänglich macht.

Entscheidend bei dieser Formulierung des Gesetzes sind die Begriffe „unbefugt", „nichtöffentlich" und „das gesprochene Wort". Rechtsgut ist hier die Person in ihrer Privatsphäre. Im Kommentar von Lenckner heißt es dazu: „Unter dem Gesichtspunkt von Individualinteressen wird hier zunächst das aus dem allgemeinen Persönlichkeitsrecht folgende Recht geschützt, die Reichweite seiner eigenen Äußerungen unter dem Aspekt zu bestimmen, daß man sich darauf einstellen kann, zu wessen Kenntnis diese gelangen."[11]

Angriffsgegenstand ist in dem Sinne das nichtöffentliche und das gesprochene Wort. Nichtöffentlich ist dabei das Wort, das für einen „durch persönliche oder sachliche Beziehungen miteinander verbundenen Personenkreis bestimmt" ist und nicht darüber hinaus gelangen soll.[12] Dabei ist unerheblich, wie groß oder klein dieser Personenkreis ist. Entscheidend ist nur seine in einer spezifischen Hinsicht geltende Abgegrenztheit. Weiter ist es gleichgültig, was gesagt wird (ob ein wissenschaftlicher Disput stattfindet, eine vertrauliche Bemerkung fällt oder ob jemand nur im Schlaf redet). „Eine Vertraulichkeit wird für das gesprochene Wort also nicht vorausgesetzt."[13] In diesem Sinne wäre auch eine vertrauliche Bemerkung in einem als öffentlich definierten Gespräch nicht durch den § 201 geschützt.[14] Ebenfalls nicht geschützt sind in diesem Sinne Äußerungen, die direkt an die Öffentlichkeit gerichtet sind oder „die zwar nicht an die Öffentlichkeit gerichtet sind, die aber — dem Sprecher bewußt — so in der Öffentlichkeit erfolgen, daß sie von Dritten ohne besonderes Bemühen mitangehört werden können"[15].

---

[11] Schönke/Schröder — Lenckner (1985): Kommentar zum Strafgesetzbuch, 22. Auflage, S. 1247
[12] Schönke/Schröder — Lenckner (s. Anm. 11), S. 1248
[13] Dreher/Tröndle (1986): Kommentar zum Strafgesetzbuch. 43. Auflage, S. 997
[14] Vgl. Schönke/Schröder — Lenckner (s. Anm. 11), S. 1248 f.
[15] Schönke/Schröder — Lenckner (s. Anm. 11), S. 1249

## 3.2. Juristisch-ethische Aspekte

Unbefugt im Sinne des § 201 handelt nun derjenige, der ohne gesetzliche Erlaubnis oder ohne Einwilligung des oder der Betroffenen Tonbandaufnahmen herstellt. Der Tatbestand ist also grundsätzlich dann ausgeschlossen, wenn die Einwilligung der Sprechenden vorliegt. Die Praxis der Rechtssprechung geht aber noch weiter. Tatbestandsausschluß liegt bereits auch dann vor, wenn man bei den Aufnahmen von einer mutmaßlichen Einwilligung der Sprechenden ausgehen kann oder eine eindeutige Duldung offen hergestellter Aufnahmen vorliegt (die Betreffenden also nicht während der von ihnen bemerkten Aufnahme Einspruch erheben). Ferner ist in unserem Zusammenhang noch auf den Fall der sog. Sozialadäquanz hinzuweisen, bei dem ebenfalls Tatbestandsausschluß in Betracht kommt. Der Kommentar von Dreher/Tröndle zählt unter eine solche Sozialadäquanz, die Aufnahmen möglich macht, ausdrücklich auch „wissenschaftliche Untersuchungen von Sprachforschern oder Kinderpsychologen"[16].

Etwas unklarer sieht die Situation im Zivilrecht aus. Hier gibt es keine einschlägigen Richtlinien. Relevant aber ist auf jeden Fall § 823 des BGB, bei dem es um das allgemeine Persönlichkeitsrecht geht:

> 1) Wer vorsätzlich oder fahrlässig das Leben, den Körper, die Gesundheit, die Freiheit, das Eigentum oder ein sonstiges Recht eines anderen widerrechtlich verletzt, ist dem anderen zum Ersatze des daraus entstehenden Schadens verpflichtet.
>
> 2) Die gleiche Verpflichtung trifft denjenigen, welcher gegen ein den Schutz eines anderen bezweckendes Gesetz verstößt. Ist nach dem Inhalt des Gesetzes ein Verstoß gegen dieses auch ohne Verschulden möglich, so tritt die Ersatzpflicht nur im Falle des Verschuldens ein.

Das Zivilrecht dient hier also der Wahrung der Person und ihres Schutzes. Dies wird nun durchaus auch im Sinne eines Rechts am eigenen Wort interpretiert. Als rechtlich zu schützende Güter gelten in unserem Zusammenhang vor allem „die Privat-, Geheim- und Intimsphäre, die Ehre, das Ansehen und der Anspruch auf soziale Geltung sowie das eigene Wort, das eigene Bild und die Darstellung der eigenen Person"[17]. Entsprechend § 823 des BGB gilt es also — ähnlich wie im § 201 des StGB — als eine Verletzung des allgemeinen Persönlichkeitsrechts, wenn Äußerungen, vor allem Privatgespräche, ohne Zustimmung der Beteiligten auf Tonband aufgenommen werden. H. E. Brandner bemerkt dazu: „Letztlich beruhen diese Schutzbereiche auf dem

---

[16] Dreher/Tröndle (s. Anm. 13), S. 999
[17] Soergel/Siebert — Zeuner (1985): Kommentar zum bürgerlichen Gesetzbuch. Bd. 4. 11. Auflage, RZ (Randziffer) 67

elementaren Recht der Persönlichkeit, über ihre Kommunikation mit der Umwelt selbst zu bestimmen und nicht wider eigenen Willen die Öffentlichkeit über persönliche Güter und Belange verfügen zu lassen."[18] Bei einem rechtswidrigen Verhalten hat der Geschädigte allerdings zunächst nur die Möglichkeit zu fordern, daß die betreffende Tonbandaufnahme gelöscht wird. Im gegebenen Fall kann er auch eine Geldentschädigung verlangen. Allerdings gilt hier: „Der Anspruch auf Geldentschädigung hat (...) Ausnahmecharakter. Er setzt einen schuldhaften und schweren Eingriff voraus und wird nur dann gewährt, wenn sich die erlittene Beeinträchtigung nicht auf andere Weise[19] befriedigend ausgleichen läßt. Bei dieser Abwägung sind aufgrund der gesamten Umstände des konkreten Falls namentlich Art und Schwere der zugefügten Beeinträchtigung, der Grad des Verschuldens sowie Anlaß und Beweggrund der Beeinträchtigung zu berücksichtigen."[20]

Wie wir sehen, gibt es also durchaus Möglichkeiten, im Rahmen gesprächsanalytischer Arbeit Tonbandaufnahmen herzustellen. Juristisch unproblematisch ist die Aufnahme, wenn die Einwilligung der Sprechenden vorliegt. Hieraus kann man als allgemeine Richtlinie ableiten, daß möglichst in jedem Fall die Einwilligung zur Aufnahme einzuholen ist. Ist es aus methodischen Gründen ungünstig und für die Authentizität der Aufnahme schädlich, die Einwilligung vor der Aufnahme einzuholen, dann sollte dies unbedingt nachträglich geschehen. Ist auch das aus bestimmten Gründen nicht möglich, so muß in jedem Fall genau geprüft werden, ob wirklich tatbestandsausschließende Zusammenhänge und Bedingungen vorliegen.

Entscheidend gerade hinsichtlich der Sozialadäquanz dürfte dabei im Rahmen gesprächsanalytischer Aufnahmen die Tatsache sein, daß die Aufnahmen ja in der Regel als Beispiele allgemeinen Verhaltens genommen werden, in denen es gar nicht um einzelne Personen und deren individuelles Verhalten geht, sondern um die generalisierbaren Verhaltensaspekte, die zudem später lediglich als anonymisierter und von der Person und ihrer Intimsphäre abgehobener Materialausschnitt einem zumeist begrenzten wissenschaftlichen Personenkreis zugänglich gemacht werden.

Wie wir oben gesehen haben gibt es durchaus eine Reihe von Fällen, die — juristisch betrachtet — unproblematisch sind. Dies ist vor allem dann so, wenn

---

[18] Brandner, H. E. (1983): Das allgemeine Persönlichkeitsrecht in der Entwicklung durch die Rechtsprechung. In: Juristenzeitung 1983, S. 690
[19] Wie in unserem Fall eben durch Löschen der Tonbandaufnahme.
[20] Brandner (s. Anm. 18), S. 695 f.

## 3.2. Juristisch-ethische Aspekte

das Einverständnis der Beteiligten für die Aufnahme vorliegt. Nun ist allerdings die Interaktion, die zur Einwilligung führt, selbst nicht immer unproblematisch. Wird sie professionell betrieben, sollten grundsätzlich einige konversationsethische Gesichtspunkte berücksichtigt werden.

Vor allem spielt die Frage eine Rolle, ob die vom Linguisten erreichte Einwilligung von den Beteiligten auch wirklich gewollt ist. So kann eine Einwilligung durchaus mittels rhetorisch-strategischer Tricks erreicht werden. Wir wollen im folgenden nicht versuchen, für alle erdenklichen Fälle eine eindeutige ethisch-moralische Empfehlung zu geben. Dies ist im Rahmen einer solchen Einführung weder möglich, noch fühlen wir uns dazu besonders legitimiert. Wir möchten allerdings auf denkbare Probleme hinweisen und die Sensibilität für derartige Fragen schärfen. Die Entscheidung darüber, ob die jeweils hergestellten Gesprächsaufnahmen akzeptabel und vertretbar sind, wird und muß wohl letztlich jeder für sich und vor eventuellen Kritikern rechtfertigen.[21]

Im Gegensatz zu einer Einwilligung, die dem wirklichen Willen der Beteiligten entspricht, lassen sich zwei Formen unterscheiden, bei denen die Einwilligung offiziell zwar vorliegt, die Beteiligten aber entsprechend den Interessen des aufnehmenden Gesprächsanalytikers persuasiv manipuliert wurden.[22] Es handelt sich hierbei um die erschlichene Einwilligung und um die erzwungene Einwilligung.

Bei der erschlichenen Einwilligung kann man grundsätzlich zwei Formen unterscheiden: zum einen das bewußte Verschleiern oder Herabspielen der Aufnahmeproblematik. In diesem Fall werden die Probanden unzureichend oder falsch informiert, bzw. es werden falsche Vorstellungen von Sinn, Zweck und Art der Aufnahme nicht korrigiert. Die Beteiligten glauben dann, an einem anderen sozialen Prozeß beteiligt zu sein, als es wirklich der Fall ist. Die andere Form ist durch das Ausnutzen einer ohnehin schon vorhandenen mangelnden Einsicht in die Problematik der Aufnahme gegeben. Hierbei handelt es sich um Aufnahmen mit Personen, die aufgrund ihrer geistig-psychischen

---

[21] In bestimmten Fällen können diese Kritiker die aufgenommenen Personen selbst sein. Dies kann zu sehr unangenehmen Situationen führen, die dann in der Regel auch eine juristische Relevanz erhalten.
[22] Gerade hieran sieht man, wie sehr der Prozeß der Datenerhebung selbst ein sozialinteraktiver Prozeß ist, in dem soziale Wirklichkeit konstituiert wird. Dieses Problem der kommunikativ-interaktiven Hervorbringung sozialer Wirklichkeit wird uns in Kap. 5 als ein zentrales gesprächsanalytisches Problem beschäftigen.

## 3. Empirische Grundlagen

Verfassung oder ihrer Erfahrung (etwa Kinder, alte Menschen, Kranke oder Angehörige einer nicht technisierten Kultur) nicht in der Lage sind, den spezifischen Charakter der sozialen Veranstaltung „Aufnahme des Gesprächs zu wissenschaftlichen Zwecken" in ihrer ganzen Bedeutung zu erfassen und zu beurteilen.[23]

Neben die erschlichene Einwilligung ist die erzwungene zu stellen. Bei diesem Vorgehen handelt es sich darum, daß der Gesprächsanalytiker in einer Art und Weise auftritt, die die Probanden so weit unter Druck setzt, daß diese ihre Einwilligung zur Aufnahme glauben geben zu müssen. Dies kann auf unterschiedliche Weise geschehen:

1) aufgrund von partnerorientiertem Druck

Hierbei beruft man sich (in der Regel implizit) entweder auf geltende Ethnomaximen wie die der Wertschätzung[24] und der damit verbundenen Vermeidung von Verweigerungen, oder man nutzt einen tatsächlichen bzw. vermeintlichen Dominanzstatus aus. Hierzu gehören z. B. die Ausnutzung des eigenen sozialen Rangstatus, das Auftreten als Vertreter einer Prestige und Status verleihenden Institution oder das Einschalten von statushohen Personen des sozialen Feldes, die gewissermaßen der Gruppe die Einwilligung aufzwingen.[25]

2) aufgrund von Sachzwängen

Hier wird den Probanden suggeriert, daß sie aus gesellschaftspolitischen, wissenschaftlichen, praktischen, situativ und aktuell vorliegenden vernünftigen Gründen gar nicht ernsthaft gegen eine solche Aufnahme sein können.

3) aufgrund suggerierten Selbstzwangs

Bei diesem Verfahren werden die Probanden (ebenfalls in der Regel implizit) auf ein idealisiertes, dem Interesse des Gesprächsanalytikers entsprechendes und zur Norm erhobenes positives Selbstbild verpflichtet, bei dem die Ablehnung von Aufnahmen dann gar nicht mehr möglich ist, weil sie eben diesem Selbstbild der Probanden widerspricht.[26]

---

[23] Vgl. hierzu etwa Koerfer 1985, S. 196
[24] Diese sozialen Normen gehören zu den unten in Kap. 5 besprochenen Hintergrunderwartungen, die notwendige Voraussetzung einer funktionierenden Kommunikation darstellen. Speziell zum Wertschätzungsverhalten vgl. Sager 1988, S. 115 ff.
[25] Vgl. Weidmann 1974, S. 17
[26] Auch dies ist eine Ausnutzung gängiger Hintergrunderwartungen der Sozialpartner, die im Rahmen der Ethnomethodologie genauer untersucht werden (vgl. Depper-

In all diesen Fällen liegt zwar eine Einwilligung der Beteiligten vor, und der Gesprächsanalytiker ist juristisch abgesichert. Ob aber die Aufnahmen moralisch akzeptabel sind, bleibt zweifelhaft. Allerdings: Mit Sicherheit kann man nicht jede Aufnahme, die auf oben beschriebene Art und Weise erreicht wurde, als moralisch inakzeptabel bestimmen. So gibt es Formen harmloser Alltagsgespräche, bei denen es einfach überzogen wäre, einen solchen moralischen Maßstab anzulegen. Auch hier also lassen sich kaum allgemein verbindliche Normen, Richtlinien und Grenzen setzen. Immer ist letztlich der Sinn und Zweck der wissenschaftlichen Untersuchung selbst zu berücksichtigen, zu deren Nutzen die jeweiligen Aufnahmen gemacht werden. Wissenschaftliche Erkenntnis stellt in diesem Sinne durchaus einen mit den Interessen und dem Willen der Beteiligten konkurrierenden, juristisch wie ethisch zu legitimierenden und zu sichernden Wert dar.

## 3.3. Modelltheoretische Aspekte

### 3.3.1. Das Beobachterparadoxon

Unter erkenntnistheoretischem Gesichtspunkt spielt die soeben juristisch-ethisch diskutierte Frage „offen oder verdeckt" insofern eine Rolle, als man davon ausgehen muß, daß der Prozeß der gesprächsanalytischen Datenerhebung selbst ein sozialkommunikativer Prozeß ist. Als solcher hat er einen Einfluß auf den zu untersuchenden Kommunikationsvorgang. Diese Erkenntnis ist in der Literatur unter dem von W. Labov eingeführten Begriff des „Beobachterparadoxons" diskutiert worden.[27]

Dabei handelt es sich um folgendes Problem: Will man einen Interaktionsprozeß beobachten (oder technisch dokumentieren), so interessiert man sich für den natürlichen Prozeß selber.[28] Man möchte den Prozeß also so registrie-

---

mann 1999, S. 84 ff.). Hier kommt das Problem in den Blick, daß durch unsere Kenntnis der dialogisch-interaktiven Verfahren und Prinzipien ein Wissen erwächst, das wie jedes wissenschaftlich fundierte Wissen auch gegen den Menschen eingesetzt werden kann. Eine linguistische Gesprächsanalyse darf daher letztlich nicht getrennt von Verwertungszusammenhängen betrachtet werden. S. o. Anm. 1; s. auch die Schlußbemerkung Kap. 7

[27] Die allgemeine Formulierung des Beobachterparadoxons findet sich bei Labov 1971, S. 135; vgl. dazu auch Henne/Rehbock 1982, S. 49 ff.; Koerfer 1985, S. 189; Deppermann 1999, S. 24 ff.

[28] Zum Problem der Natürlichkeit von kommunikativen Ereignissen s. o. Abschn. 2.1. (Anm. 16); vgl. auch Hufschmidt/Mattheier 1976, S. 122 f.

## 3. Empirische Grundlagen

ren, wie er unbeeinflußt von äußeren Gegebenheiten tatsächlich stattfindet. Andererseits muß man feststellen, daß ein Beobachtungs- oder Registriervorgang um so bessere Ergebnisse bringt, je genauer, differenzierter und damit aufwendiger er betrieben wird.[29] Das wiederum hat zur Folge, daß die Beobachtung selbst in den zu beobachtenden Prozeß eingreift und ihn verändert. Je besser man beobachten oder dokumentieren kann, um so mehr wird das, was man dokumentiert, zu etwas anderem als das, was man eigentlich dokumentieren möchte.

Die technisch einfachste, juristisch-ethisch aber durchaus zweifelhafte Lösung dieses Problems besteht in der verdeckten Aufnahme. Der Aufnahmevorgang wird vor den Interaktionspartnern verborgen gehalten und kann somit auch keinen störenden Einfluß auf das Geschehen ausüben. Auf der anderen Seite steht die offene Aufnahme, bei der der Dokumentationsvorgang für alle Beteiligten deutlich sichtbar ist. Zwischen diesen beiden Möglichkeiten gibt es einige Übergangsformen, die auf verschiedene Weise versuchen, den Konflikt zwischen ethischen und erkenntnistheoretischen Forderungen zu bewältigen. Welche der folgenden Lösungen jeweils gewählt wird, hängt von der Art der Situation und des zu dokumentierenden Gesprächs ab.

Wie die folgende Abbildung zeigt, kann man je nach dem Verhältnis von Offenlegung und Durchführung fünf Typen von Gesprächsaufnahmen unterscheiden:

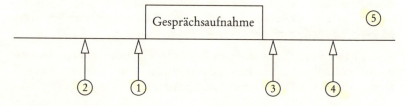

### (1) Offene Aufnahme

Die Gesprächsaufnahme wird angekündigt und im Anschluß daran durchgeführt. Während des ganzen Gesprächs ist deutlich, daß aufgenommen wird.

---

[29] Auf die verschiedenen möglichen Datentypen, die im Rahmen einer Gesprächsanalyse erhoben werden können, gehen Henne/Rehbock 1982, S. 60 ff. detailliert ein. Die damit zusammenhängende Problematik wird auch unter dem Begriff des Auflösungsvermögens einer Verhaltensbeobachtung diskutiert; vgl. hierzu Faßnacht 1979, S. 74 ff.

### 3.3.1. Das Beobachterparadoxon

Bei dieser Form ist der Einfluß des Aufnahmevorgangs auf das Interaktionsgeschehen entsprechend dem Beobachterparadoxon relativ groß. Allerdings kann man feststellen, daß nach einiger Zeit die Aufmerksamkeitszentrierung der Beteiligten auf das Aufnahmegeschehen nachläßt. Offene Aufnahmen werden in diesem Sinne erst nach einer gewissen Zeit wieder annähernd „ungezwungen".

**(2) Pseudo-offene Aufnahme**

Eine gute Möglichkeit, den Konflikt, der durch das Beobachterparadoxon entsteht, zu entschärfen, kann in manchen Fällen durch folgendes Verfahren erreicht werden: Man holt die Genehmigung zur Aufnahme von allen Interaktionspartnern für ein bestimmtes zukünftiges Geschehen ein. Dann allerdings kündigt man die Aufnahme nicht mehr an, so daß die Beteiligten zum Zeitpunkt der Aufnahme nicht wissen, daß sie aufgenommen werden. Es liegt also eine verdeckte Aufnahme vor, für die allerdings die prinzipielle Einwilligung eingeholt wurde. Dieses Verfahren ist natürlich nur unter besonderen Umständen und in speziellen situativen Kontexten möglich. Auch hier sollte im Anschluß an die Aufnahme eine Offenlegung und eine Bestätigung der Einwilligung erfolgen.

**(3) und (4) Provisorisch verdeckte Aufnahme**

Hierunter verstehen wir verdeckte Aufnahmen, für die erst nach ihrer Beendigung die Einwilligung aller beteiligten Partner eingeholt wird. Dies kann nun entweder unmittelbar nach der Aufnahme oder einige Zeit später erfolgen. Bei einem solchen Verfahren besteht prinzipiell natürlich die Gefahr, daß die Einwilligung zur Verwendung der Aufnahme verweigert wird. Dies kann unter Umständen vom Zeitpunkt der Offenlegung abhängen. Ob ein solches Verfahren möglich, gerechtfertigt und rechtmäßig ist, muß von Fall zu Fall entschieden werden.

**(5) Verdeckte Aufnahme**

Hierbei handelt es sich um die Aufnahme, die ohne Wissen der Beteiligten stattfindet und für die zu keinem Zeitpunkt eine Einwilligung eingeholt wird. Die juristisch-ethische Problematik solcher Aufnahmen ist oben dargestellt worden.

Der Aufnehmende muß bei all diesen Verfahren entscheiden, welche der prinzipiell gegebenen Möglichkeiten für sein eigenes Vorgehen in Frage kommen kann, was im einzelnen Fall juristisch-ethisch statthaft und erkenntnistheoretisch sinnvoll ist.

## 3. Empirische Grundlagen

### 3.3.2. Datentypen und technische Verfahren

Ist einmal entschieden, auf welche Art und Weise die Aufnahme stattfinden soll, entsteht ein weiteres Problem dadurch, daß jede technische Fixierung von Interaktion eine Reduktion von Realität darstellt. Jede Aufnahme ist im Sinne H. Stachowiaks ein Modell und damit um einige Merkmale ärmer als das Original in der Wirklichkeit.[30] Über welche Stufen modellspezifischer Reduktion der Prozeß der Datenerhebung läuft und welche Aspekte dabei eine Rolle spielen, wollen wir im folgenden darstellen.

Der Prozeß einer empirischen Untersuchung folgt grundsätzlich einem Schema, wie es in der folgenden Abbildung dargestellt ist:

Daten ⟶ ▷ Analyse

Die ursprünglichen Daten sind in unserem Fall die realen Gespräche der Alltagswelt. Wir wollen diese Gespräche als „Primärdaten" bezeichnen. Durch Beobachtung der Wirklichkeit erhalten wir also die Primärdaten, die unmittelbar in eine Analyse einfließen können. Ein solcher einfacher Beobachtungs- und Analyseprozeß findet allerdings nur in spezifischen Kontexten — etwa bei einer Therapiesitzung — statt. Für wissenschaftliche Analysen ist dieses Verfahren ungeeignet, da durch die bloße Beobachtung die Primärdaten zwar in ihrer vollen Komplexität herangezogen, aber nicht weiter fixiert werden können. Ein wiederholter Zugriff und eine Überprüfung aufgestellter Hypothesen ist dabei nicht möglich. Zudem ist die vorhandene Komplexität der Primärdaten[31] bei einem solchen einmaligen Beobachtungsprozeß auch gar nicht in der erforderlichen Weise zu bewältigen.

Wir müssen aus diesem Grunde die Primärdaten durch mehrere Schritte für eine wissenschaftliche Analyse aufbereiten.[32] Zunächst muß zwischen Ana-

---

[30] Zur Modelltheorie vgl. Stachowiak 1973. Die Reduktion von Wirklichkeit ist dabei nicht als Mangel des Modells zu begreifen, sondern gerade als sein wissenschaftlich relevanter Vorteil. S. hierzu auch Anm. 36
[31] Zur Komplexität der Primärdaten vgl. Henne/Rehbock 1982, S. 60 ff.
[32] Dieses Verfahren entspricht einem Stufensystem der Modellbildung, bei dem jeweils ein Modell von einem Modell gebildet wird. Die Modelle der ersten Stufen gehen auf die eigentlichen Originale zurück. Zu einem solchen Verfahren der Modellbildung über unterschiedliche Komplexitätsstufen vgl. Stachowiak 1973, S. 196 ff.

### 3.3.2. Datentypen und technische Verfahren

lyse und Primärdaten eine Stufe der Herstellung von Sekundärdaten eingeschoben werden:

Primärdaten —▷ Sekundärdaten —▷ Analyse

Die Sekundärdaten stellen dabei reduzierte Modelle vom Original der Primärdaten dar. Es gibt nun mehrere Möglichkeiten der Aufbereitung von Gesprächen, wobei jeweils unterschiedliche Einschränkungen vorgenommen werden. Eine solche Möglichkeit, die Primärdaten für einen wiederholten analytischen Zugriff zu fixieren, sind verschiedene Formen schriftlicher Protokolle.[33] Da diese jedoch nur eine untergeordnete Rolle in der Gesprächsanalyse spielen, wollen wir hier nicht weiter darauf eingehen. Für uns interessant sind erst jene Formen von Sekundärdaten, bei denen die Gespräche elektronisch fixiert werden — also Tonband- und Videoaufzeichnungen.[34]

Eine Analyse allerdings, die sich nur auf die Verwendung von Tonband- und Videoaufzeichnungen stützt, wird dennoch relativ ungenau bleiben. Die kommunikativen Ereignisse in Gesprächen sind von einer derartigen Komplexität und Flüchtigkeit, daß erst eine schriftlich-graphische Fixierung eine wirkliche, auch den Überblick verschaffende Analyse ermöglicht. Wir müssen also noch die Herstellung von Transkriptionen als Tertiärdaten vor die eigentliche Analyse einschieben. Die vollständige Datenerhebung durchläuft somit folgende Stufen[35], die jeweils eine spezifische modellmethodische Reduktion der Primärdaten darstellen:

Primärdaten —▷ Sekundärdaten —▷ Tertiärdaten —▷ Analyse

Betrachten wir nun die Herstellung der Sekundär- und Tertiärdaten genauer. Auch wenn Tonband- und Videoaufnahmen das Original der Primärdaten relativ komplex abbilden, sind durch sie dennoch einige Reduktionen gege-

---

[33] Zu den verschiedenen Protokollierungsverfahren vgl. Faßnacht 1979, S. 102 ff.
[34] Zu anderen Formen technischer Dokumentation vgl. Scherer 1974
[35] Unsere Unterscheidung ähnelt der von Rhode/Roßdeutscher 1973, S. 26, die von „Aufnahme, Transkription und Auswertung" sprechen.

## 3. Empirische Grundlagen

ben³⁶, die für die spätere Analyse berücksichtigt werden müssen. Da ein Mikrophon bzw. eine Kamera nur einen begrenzten Ausschnitt aus einem Geschehen zu erfassen erlauben, kann in der Regel nicht alles gleichzeitig, umfassend und ununterbrochen dokumentiert werden. Stets ist somit zu entscheiden, was überhaupt, in welchem Ausschnitt und wie lange aufgenommen werden soll. Dabei spielen für die Aufnahme die Art, Komplexität und Dauer der sozialen Interaktion eine Rolle. Entsprechend diesen situativen Umständen, unter denen Aufnahmen entstehen, können verschiedene Verfahren eingesetzt werden. Dabei ist es gleichgültig, ob es sich um Tonband- oder Videoaufnahmen handelt. Die folgenden Unterscheidungen sind für beide Bereiche zutreffend.

In Abhängigkeit vom jeweiligen Zweck der Untersuchung ist für die Anlage der technischen Durchführung von Aufnahmen die Variation zweier grundsätzlicher Parameter zu berücksichtigen:

1) die Mobilität der aufzunehmenden Personen

2) die Mobilität der Aufnahmeapparatur

Jeder dieser beiden Parameter kann zwei technisch-praktisch relevante Zustände einnehmen: mobil oder stationär. Das bedeutet: Entweder bewegen sich die Gruppenmitglieder während der Aufnahme frei innerhalb eines bestimmten Bereichs, oder sie sind an feste Raumpositionen gebunden. Analoges gilt für die Aufnahmeapparatur. Auch sie kann für die Dauer der Aufnahme in einem bestimmten Bereich frei beweglich sein — etwa bei einem tragbaren Bandgerät bzw. einer Mikroportanlage oder einer tragbaren Kamera mit Schulterstativ. Andererseits kann die Aufnahmeapparatur fest an einer Stelle installiert sein (Kamera wie Mikrophone auf einem Stativ). Aufgrund dieser prinzipiellen Möglichkeiten ergeben sich vier verschiedene Aufnahmetypen, die wir in einer Matrix anordnen können:

---

³⁶ Dies entspricht dem Verkürzungsmerkmal von Modellen; vgl. Stachowiak 1973, S. 132. In dem Zusammenhang wird die Unterscheidung von Präteritions- und Abundanzklasse bedeutsam. Unter der Präteritionsklasse sind all jene Attribute von Originalen zu verstehen, die nicht durch das Modell erfaßt werden. Die Abundanzklasse dagegen ist die Menge aller Attribute des Modells, die nicht auch gleichzeitig Merkmale des Originals sind. Die Abundanzklasse bezieht sich somit auf jene Verfremdung, die im Abbildungsprozeß (gerade auch bei der technischen Dokumentation) entsteht und für die erkenntnistheoretische Beurteilung von Modellen bedeutsam ist; vgl. Stachowiak 1973, S. 155 ff.

### 3.3.2. Datentypen und technische Verfahren

| Interaktionspartner \ Aufnahmeapparatur | Stationär | Mobil |
|---|---|---|
| Stationär | statische Aufnahme | punktuelle Aufnahme |
| Mobil | konspektive Aufnahme | dynamische Aufnahme |

Eine statische Aufnahme liegt z. B. vor, wenn eine fest installierte Aufnahmeapparatur eine Gruppe sitzender oder an einem Ort stehender Personen aufnimmt. Dabei kann versucht werden, das Gruppengeschehen mit nur einem Mikrophon bzw. nur einer Kamera oder mit mehreren Mikrophonen bzw. mehreren Kameras zu dokumentieren.

Eine punktuelle Aufnahme liegt vor, wenn mittels einer mobilen Aufnahmeapparatur (tragbares Bandgerät, Handkamera) Ausschnitte aus dem Gesamtgeschehen herausgegriffen werden. Das kann dadurch geschehen, daß etwa aus einer in fester Sitzordnung kommunizierenden Gruppe einzelne Gruppenmitglieder punktuell in ihrem Verhalten erfaßt oder jeweils über ein Areal verteilte stationäre Kleingruppen wechselweise und sporadisch in ihrer Interaktion dokumentiert werden.

Eine konspektive Aufnahme ist gegeben, wenn eine Gruppe innerhalb eines bestimmten Areals sich frei bewegender Personen durch eine fest installierte Aufnahmeapparatur erfaßt wird. Dabei muß in der Regel mit mehreren Mikrophonen und Kameras gearbeitet werden, die so über den in Frage kommenden Aktionsraum der Gruppe verteilt sind, daß möglichst alle interessierenden Interaktionen erfaßt werden können.

Eine dynamische Aufnahme schließlich liegt dann vor, wenn mittels einer frei beweglichen Aufnahmeapparatur die verschiedenen frei beweglichen Untereinheiten einer Interaktionsgruppe nacheinander an verschiedenen Orten erfaßt werden. Dies ist im Prinzip mit einem Mikrophon bzw. einer Kamera möglich. Günstiger ist aber auch hier der Einsatz mehrerer Mikrophone bzw. Kameras.

Statische und konspektive Aufnahmen werden in der Regel dann gemacht, wenn ein bestimmtes lange andauerndes und komplexes Gesprächsgeschehen möglichst vollständig von Anfang bis Ende dokumentiert werden soll. Punktuelle und dynamische Aufnahmen spielen in all den Fällen eine Rolle, in denen es um in der Regel kleinere und kürzere Gesprächsereignisse geht, die nicht unbedingt in ihrem kontinuierlichen Zusammenhang erfaßt werden müssen.

Aufgrund dieser Unterscheidungen läßt sich in etwa auch abschätzen, mit welchen Reduktionen bei den einzelnen Aufnahmen zu rechnen ist. Statische und konspektive Aufnahmen bieten in diesem Sinne umfangreichere Modelle als punktuelle oder dynamische Aufnahmen. Bei letzteren allerdings ist aufgrund der unauffälligeren Aufnahmeapparatur der Einfluß auf das Geschehen möglicherweise geringer.

Betrachten wir nun die direkte Aufnahme selbst, so gibt es auch hierbei einige technische Gesichtspunkte und Bedingungen[37], die hinsichtlich einer modellhaften Reduktion von Wirklichkeit sowie des Einflusses der Aufnahmeapparatur auf das aufzunehmende Geschehen zu berücksichtigen sind.[38] Bei einem ausschließlichen Einsatz von Tonbandgerät und Mikrophon sind es eigentlich nur Typ und Charakteristik des verwendeten Mikrophons, die zu beachten sind: Ob es sich also um ein Mikrophon mit Kugelcharakteristik handelt, bei dem das Geschehen in einem weiten Bogen um das Mikrophon relativ gleichmäßig gut erfaßt wird, oder um ein Mikrophon mit Richtcharakteristik, welches das Geschehen hauptsächlich in der Mikrophonachse optimal zu dokumentieren erlaubt.

Bei dem Einsatz einer Videokamera spielen dann schon eine ganze Reihe von Gesichtspunkten eine Rolle, durch die eine Auswahl und Einschränkung bzw. eine technisch bedingte Modifikation des Geschehens (etwa die Auflösung) erfolgt. Hier sind Aspekte wichtig wie Anzahl der verwendeten Kameras, Einstellungsart, Kamerabewegungen und Bedienung der Kameraoptik (Brennweite, Blende) und die daraus resultierenden Bildqualitäten (Bildschärfe, Belichtung, Bildausschnitt, Prägnanz etc.).

Grundsätzlich müssen wir uns darüber im klaren sein, daß die einmal getroffenen technisch-methodischen Entscheidungen endgültig sind und die Qua-

---

[37] Zu den technischen Verfahren von Tonband- und Filmaufzeichnungen vgl. etwa Kallenbach/Schröder 1961; Weick 1968/69; Sager 2001a
[38] Im folgenden handelt es sich um die Abundanzattribute technischer Modelle.

### 3.3.2. Datentypen und technische Verfahren

lität und damit die analytische Brauchbarkeit der Aufnahmen festlegen. Als allgemeine Richtlinie bei den Entscheidungen kann man vielleicht folgende Gleichung aufstellen:

| geringer technischer Aufwand | = | leichte Handhabbarkeit | = | unauffällig | = | geringe Qualität der Aufnahme |
|---|---|---|---|---|---|---|
| hoher technischer Aufwand | = | schwere Handhabbarkeit | = | auffällig | = | hohe Qualität der Aufnahme |

Von den Sekundärdaten lassen sich weitere technische Modelle anfertigen. Interessieren wir uns beispielsweise für paraverbale Aspekte der Kommunikation (Tonfall, Intonation etc.), so können die vorhandenen Tonaufnahmen mit einem Sonagraphen, einem Tonhöhenschreiber oder dgl. bearbeitet werden.[39] Wir erhalten dann Sprachsonagramme, Tonhöhenkurven etc., die wir als Sekundärdaten zweiter Ordnung bezeichnen wollen. Andererseits lassen sich natürlich diese reduzierten Modelle sprachlicher Kommunikation auch direkt von den Primärdaten, also den realen Gesprächen, erheben.

Von den Ton- und Bildaufnahmen, also den Sekundärdaten erster Ordnung, müssen nun, wie oben bereits angedeutet, Transkripte hergestellt werden, die wir als Tertiärdaten bezeichnet haben. Von diesen Transkripten lassen sich einerseits vereinfachte (redigierte) Transkripte herstellen, andererseits weitere schriftlich-graphische Modelle. So läßt sich etwa der Sprecherwechsel durch Strichmodelle oder auch sogenannte Verlaufssoziogramme[40] darstellen. Weiter können Häufigkeitsverteilungen, Ablaufdiagramme, Kategorienschemata etc. aus den Transkripten abgeleitet werden.[41] Hier haben wir letztlich einen fließenden Übergang von der Datenerhebung zur eigentlichen Analyse. Alle derartigen aus der Transkription ableitbaren graphisch-schriftlichen Modelle wollen wir als Tertiärmodelle zweiter Ordnung bezeichnen. Wir können jetzt zusammenfassend ein Stufensystem gesprächsanalytisch relevanter Datentypen aufstellen, wie die Abbildung auf Seite 41 zeigt.

---

[39] Vgl. hierzu Scherer 1974, S. 123 ff. — Es gibt heute eine Reihe leistungsfähiger Computerprogramme, die in Verbindung mit entsprechenden Hardwareerweiterungen derartige Analysen erlauben, ohne daß dafür kostenintensive Spezialapparaturen angeschafft werden müssen.
[40] Zum Verfahren des Verlaufssoziogramms vgl. Geißner 1975; Sager 1988, S. 96 ff.
[41] Vgl. Sager 1993

### 3.3.3. Die Transkription

Von besonderer Bedeutung für die Gesprächsanalyse sind die Transkriptionen. Hierbei werden die Gesprächsdaten allerdings weiter reduziert und modifiziert. Die Entscheidung für das jeweilige Transkriptionsverfahren[42] bestimmt also, welche Aspekte der Kommunikation für die Analyse genauer zur Verfügung stehen. Im Gegensatz zu den Aufnahmen aber, bei denen bestimmte technische Entscheidungen endgültig den Charakter des Materials festlegen, sind die Entscheidungen im Bereich der Transkriptionssysteme revidierbar. Da die Aufnahmen in der Regel weiter vorliegen, können zusätzliche Analysegesichtspunkte später prinzipiell durch eine modifizierte Notation berücksichtigt werden. Um unnötige Arbeit zu ersparen, ist aber auch hier ein genaues Abwägen der unterschiedlichen Transkriptionsmöglichkeiten in Relation zu den jeweiligen Analysezielen und -interessen erforderlich.

Wenn wir uns für eines der gegenwärtig verwendeten Verfahren entscheiden oder selber ein Verfahren für bestimmte Untersuchungsziele entwickeln wollen, müssen wir folgende Fragen klären:

— Wie soll die Transkription in der Gesamtanlage aussehen?
— Was wird im verbalen Bereich transkribiert?
— Wie sollen paraverbale Phänomene erfaßt werden?
— Wie soll nonverbales Verhalten transkribiert werden?

Welche Entscheidungen wir bei der Beantwortung dieser Fragen treffen können, wollen wir im folgenden darstellen.

### 3.3.3.1. Gesamtanlage

Die Gesamtanlage betrifft zum einen die Gestaltung des Transkriptionskopfes, zum anderen die genaue Form und Anordnung des Schriftbildes — also des Layouts. Für das Layout gibt es zwei prinzipiell unterschiedliche Verfahren, die wir als „Textnotation" und als „Partiturnotation" bezeichnen wollen. Beide Verfahren können weiter entweder als einfaches System oder als Zeilenblocksystem[43] angelegt werden.

---

[42] Einen guten Überblick über bisher angewendete Verfahren geben Ehlich/Switalla 1976; Schaeffer 1979; Redder 2001; Selting 2001; Sager 2001a
[43] Grundsätzlich zum Verfahren des Zeilenblocksystems vgl. Schaeffer 1979. Genaueres dazu s. u.

### 3.3.3.1. Gesamtanlage (-> S. 39 unten)

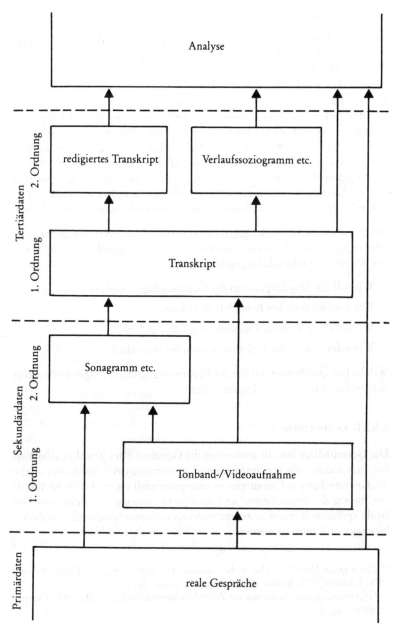

## 3. Empirische Grundlagen

Bei der Textnotation werden die Sprecherbeiträge in einzelnen Textblöcken notiert. Vor jeden dieser Textblöcke wird die Abkürzung für den jeweiligen Sprecher — die Sprechersigle — geschrieben. Eine solche Textnotation wird z. B. in den Textbänden der Freiburger Forschungsstelle für gesprochene Sprache verwendet.[44] Ein Beispiel mag dies verdeutlichen.[45]

Beispiel (1):

    AA   *und jetzt öh bin ich vorübergehend zu Hause . also da is es schon oft passiert , + daß die Heizung dann erst morgens um halb acht angestellt wird +, . ( also ) das is ja so minimal , + was die Frau heizt +, . da*

20        *können ja niemals sechshundert Mark zusammenkommen ( f + ne +f ? )*

    AB   *( ja ) . also hier muß man natürlich unterscheiden zwischen der eigentlichen Miete und der Pauschale für Öl*

25 AA   *( ja )*
    AB   *das   sind zweierlei Dinge*
    AA   *( ja )*
    AB   *, + die man zunächst mal auseinanderhalten muß +, . , + wenn man dieses Schreiben hier öh sich durchliest +, dann könnte man zunächst der Meinung sein , + daß öh sie die zwanzig Mark öh weiter für die Verteuerung des*

30        *Heizöls verlangt +,*

Tritt paralleles Sprechen auf, wie in Zeile 25—26, wird dies durch senkrechte Striche notiert. Die Textnotation eignet sich gut für Gespräche, bei denen längere Redebeiträge weniger Gesprächspartner vorliegen, und für Untersuchungen, bei denen es nicht so sehr um das interaktive Zusammenspiel der einzelnen Beiträge geht als vielmehr um ihre innere Struktur. Liegen dagegen Gespräche vor, bei denen viele Partner beteiligt sind, die zudem kürzere Beiträge, bei häufigem Sprecherwechsel, produzieren und in denen entsprechend häufig paralleles Sprechen auftritt, sind Partitursysteme geeigneter. Diese Systeme gestatten es besser, interaktive Strukturen darzustellen. Im Gegensatz zu dem Verfahren der Textnotation sind sie allerdings schwerer lesbar und bei längeren Redebeiträgen etwas umständlicher und platzraubender in der Herstellung. Ein sehr häufig verwendetes Partiturverfahren ist das HIAT (Halbinterpretative Arbeitstranskription) nach K. Ehlich/J. Rehbein[46], das auch in der Transkriptsammlung „Schulstunden 1" Verwendung findet. Daraus

---

[44] Vgl. Texte gesprochener deutscher Standardsprache. Bd. I ff., 1971 ff.
[45] Aus: Texte gesprochener deutscher Standardsprache Bd. III, S. 117
[46] Ehlich/Rehbein 1976

### 3.3.3.1. Gesamtanlage

stammt der folgende Ausschnitt.[47] Die einzelnen Partiturblöcke sind dadurch gekennzeichnet, **daß die jeweils beteiligten Sprecher durch Sprechersiglen am linken Rand aufgelistet und durch eine sogenannte Partiturklammer eingeschlossen** sind.

Beispiel (2):

```
            ┌──────────────────────────────────────────────┐
            │ L        ((schiebt bezeichnete Tafel hoch, zieht untere    ((L wartet))
            │ Se            )
            │ S1  Klar.
            │ S2       (Was is?)
            │ S3       ((lacht))
            │ S4       Das muß ne Haarbürste sein.
            │ S5            Warum, eh?
            │ S6                (Dat is der (Brenner) von der.)
            │                              (Renner )
            │ S7                  ( Selbstmord is dat, Mann.)
 ⌐₁nimmt    │ Sf                            Da kommt nix
 Haar-    1 │ Z             ⌐₁                      ₁⌐
 bürste     └──────────────────────────────────────────────┘
            ┌──────────────────────────────────────────────┐
 aus        │ L   nach))(Würdn vielleicht doch jetzt mal einige/)  Ni-
 ihrer      │ Sf  raus.
 Tasche     │ Z   Ich mach das mal.
            │ S1        Toll.
            │ S2        Blödmann!
            │ S3        Überhaupt nix.
          2 │ S4             (       Raureif)
            └──────────────────────────────────────────────┘
            ┌──────────────────────────────────────────────┐
            │ L cole, da haste ja wieder was Dolles erzählt. ((Wartet mit    L: Nicole,
            │ S1     Weißte was?                                             da haste
            │ S2     Aua                                                     ja wie-
            │ S3            (Kann man sich ja für/)                          der was
            │ S4                      Hm̈                                     Dolles
          3 │ Sg                      (Sind ja alle Ei-                      erzählt.
            └──────────────────────────────────────────────┘
            ┌──────────────────────────────────────────────┐
            │ L  verschränkten Armen  — — — — — ))
            │ Sg genbrödler.)
            │ S1      Hab ich gemacht.
            │ S2            Nee, der hat gesagt, das wär ( ).
            │ Sh            (Sag ) mir mal!
            │                (Zeig)
          4 │ S3            Ich kann dat selber.
            └──────────────────────────────────────────────┘
```

Die beiden gegebenen Beispiele stellen einfache Verfahren dar. Hierbei steht für jeden Sprecher nur eine Zeile zur Verfügung, in der seine verbale Produk-

---
[47] Redder 1982, S. 33

tion notiert ist. Legt man jedoch zwei oder mehr Zeilen für jeweils einen Sprecher an, handelt es sich um ein Zeilenblockverfahren, wie es von N. Schaeffer entwickelt wurde.[48] Ein solches kombiniertes System ist sehr variabel einsetzbar und kann jederzeit erweitert werden. Die einzelnen Zeilen lassen sich je nach spezieller Fragestellung unterschiedlich definieren, und bei zusätzlichen Analysegesichtspunkten können jederzeit beliebig viele Zeilen hinzugefügt werden. Das Zeilenblockverfahren wird daher auch grundsätzlich bei der Berücksichtigung paraverbaler und nonverbaler Aspekte verwendet.[49]

Die beiden folgenden Beispiele stellen jeweils ein Zeilenblocksystem dar, im ersten Fall nach dem Verfahren der Textnotation[50], im zweiten Fall nach dem der Partiturnotation[51] angelegt. In beiden Fällen sind neben der Textzeile jeweils zwei weitere Zeilen eingerichtet. Bei der Textnotation sind in diese Zeilen verschiedene kommunikative Funktionen (z. B. BF = Bestätigungsform; D, T, E = bestimmte Pausentypen usw.) und Transkribentenkommentare — etwa „(ironisch)" — aufgenommen. Die Partiturnotation enthält zusätzliche Zeilen für nonverbales Verhalten.

Beispiel (3):

125   wollen nämlich mal in die geschichte zurückdenken ich genau
      G

126   kann ichs belegen von den germánen von tácitus her und der

127   spricht auch von der + genáu von der éhe die frau hat
                                                E

128   bestimmte + da is es sogar só daß daß also bei den germanen
                D

129   wurde ja die frau so unheimlich hoch eingeschätzt daß + der

130   ⎡nann⎤ so
       ⎢    ⎥
131 (c)⎢ja  ⎥
       ⎣BF  ⎦

132   mal zurüc

[48] Schaeffer 1979
[49] S. u.
[50] Schaeffer 1979, S. 2
[51] Steuble 1986, S. 17

44

### 3.3.3.1. Gesamtanlage

```
133         form der ehe geführt eigentlich ja nicht ↗ +
                      1                    VF       ?
134 c       doch ja: ↗ +  ⎡ sie hatten doch auch nur ein  + ein + ein ⎤
    F                !T  ⎢                                 D     D    ⎥
135 (b)                  ⎢ ja  du du NATÜRLICH                        ⎥
                         ⎢ BF LG                     !                ⎥
                         ⎣ (überschwenglich)                          ⎦
```

Beispiel (4):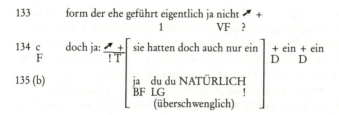

```
┌──────────────────────────────────────────────────────────────────────────────────────────────
│ 47 G   VK   Reihenfolge ' und jetzt kommt eins dazu das is ' ziemlich unverständlich aber das is so
│ 48     NVK  -------o o- beide HA halten die Karten, spielen damit, ordnen sie, klopfen sie auf den Tisch auf------  o- mehrfaches Schul-
│                    % hörbares Einatmen
│ 49     BL   ----Ba --o o→ HA/Karten
│ 50 L   NVK  ----------o  % legt KO sehr schräg                    % hebt KO an
│ 51     BL   ---- Bauern --------------------------------o o→ G-------------------o o→ von
├──────────────────────────────────────────────────────────────────────────────────────────────
│           ↗ o sn ---------------- sn ↗ o                          o sn
│ 52 G   VK   warum ' weiß ich auch nich so genau ' es wird noch ein Punkt dazugezählt ' man sagt dann
│ 53     NVK  ------------------------------o o- r HA lei erhoben - 3x lei BW nach vorn -------o o- r Mittelfinger-
│             terzucken- -o                 %lk HA nimmt die Karten                  zeigt auf Bauern
│ 54     BL   ----HA/Karten--------------------------------- o o→ L -----------------o o→ Tisch----
│ 55 L   NVK  % MU BW, leckt über die Lippen
│ 56     BL   ----vorn-------------- o o→ unten/Bauern ----------o % G o→ Bauern----------
├──────────────────────────────────────────────────────────────────────────────────────────────
│          ↗
│ 57 G   VK   also mit vier(n) ' gespielt fünf . . ja ' das is so . . äh
│ 58     NVK  r MF zeigt über------o o- r MF zeigt neben den 4. Bauern-----o o- r HA lei erhoben -o % r HA nimmt die Karten
│             1.-4. Bauern                          bde HA: Finger gespreizt   legt sie auf den Tisch
│                                                   % Nicken  % Schulterzucken, KO BW
│                                                   o- lei-lächeln-------stärker-------o
│ 59     Bl   ----o o→ L ------------------o % Tisch % L o→ Tisch--------
│                                                                                  ↘
├──────────────────────────────────────────────────────────────────────────────────────────────
│ 60 l   VK                             hm                          gut
│ 61     NVK  % KOwendung → G  % KOwendung % % % Nicken mit   % KO BW: hoch-runter
│                              → vorn      SchulterBWen
│                              % MU BW o- Lächeln------lei Lachen------o
│                              % lei KOschütteln
│ 62     Bl   ----→ Bauern-------o o→ G-----------o % vorn % G o→ Tisch - unten---------
└──────────────────────────────────────────────────────────────────────────────────────────────
```

==Von Bedeutung ist neben der Anlage als Text- oder Partitur- bzw. als Einfach- oder Zeilenblocksystem auch der Rahmen der eigentlichen Transkription. Mit „Rahmen" bezeichnen wir all die Informationen, die für ein späteres Arbeiten mit der Transkription sowie für deren modellmethodischen Status von Bedeutung sind. Dazu gehören die Sprecherkennzeichnung, die Durchnumerierung der Einträge sowie weitere Angaben im Kopf der Transkription (vgl. Abschn. 6.2.).==

==Ein zentrales Problem bei der Analyse von Gesprächen ist die eindeutige Identifizierung der Sprecher.== Am günstigsten ist es, mit Sprechersiglen zu arbeiten — also mit Abkürzungen, die die Sprecher zu unterscheiden gestat-

## 3. Empirische Grundlagen

ten.⁵² Wichtig ist dabei, daß Sprecher, die nicht identifiziert werden können, deutlich als solche gekennzeichnet sind, etwa durch spezielle Buchstaben, durch Indizes, Klammerausdrücke oder dgl. Müssen oder sollen die Sprecher nicht anonym bleiben, können Sprechersiglen verwendet werden, durch die die Sprecher als individuelle Einzelpersonen gekennzeichnet sind, etwa HK = Helmut Kohl usw. Sind bei anonymen Sprechern bestimmte Personenmerkmale wie Alter, Geschlecht etc. von Bedeutung, müßten im Kopf der Transkription die entsprechenden Angaben gemacht werden, etwa

    A: Mann, ca. 40, gepflegte Erscheinung
    B: Rentnerin, 70 Jahre
    usw.

Für eine spätere Arbeit mit dem Transkript und die Möglichkeit eindeutiger Verweise, ist es unabdingbar, die Transkripteinträge durchgehend zu numerieren und damit zu segmentieren. Wir wollen hier zwischen einer gegenstandsbezogenen und einer systembezogenen Zählung unterscheiden. Bei der gegenstandsbezogenen Zählung benutzen wir Einheiten des Gesprächs als Zählschritte, etwa Wörter, Sätze, Gesprächsbeiträge usw. Das Problem, das dabei entsteht, ist darin zu sehen, daß diese Einheiten bereits theoriegeleitet und nicht immer eindeutig bestimmbar sind.⁵³ Günstiger, weil damit keine Interpretation vorgegeben wird, aber dennoch auf die Transkripteinträge eindeutig referiert werden kann, ist die systembezogene Zählung. Hierbei werden die durch das Transkriptionssystem zufällig entstandenen Systemeinheiten gezählt, also etwa Partiturblöcke, durchlaufende Zeilen usw.

Wichtig für die spätere Einordnung eines Transkripts in ein bestimmtes Korpus ist ein Transkriptkopf, in dem eine Reihe von Informationen gegeben wird. Jedes Transkript sollte eine eindeutige Archivkennzeichnung erhalten. Eine solche Archivkennzeichnung kann entweder eine einfache Nummer darstellen oder bereits in sich Informationen über das Transkript enthalten. Eine solche Kennzeichnung kann etwa Informationen zum Status des Korpus, dem Kommunikationstyp, der Aufnahmeserie, der laufenden Aufnahme, dem Aufnahmetake und dem Transkript enthalten. Eine Kennzeichnung wie NV-StrK- 02/003/05/01 wäre dann zu lesen als:

---

[52] Ein detailliert ausgearbeitetes System für Sprechersiglen findet sich in Sager 2000b und Sager 2001b. S. auch Abschn. 3.3.3.2.
[53] Zum Problem der Beobachtungseinheit vgl. Faßnacht 1979, S. 72 ff.; Kalbermatten/von Cranach 1981; Switalla 1979

### 3.3.3.2. Der verbale, paraverbale und nonverbale Bereich

*Korpus: Neues Videokorpus; Typ: Straßenkommunikation; 2. Serie (Straße NN), 3. laufende Aufnahme in dieser Straße, 5. Take aus dieser Aufnahme, 1. Transkript aus diesem Take.*

Zur praktikableren Arbeit mit derart gekennzeichneten Transkripten bietet sich die Verwendung eines inhaltlich sinnvollen Schlüsselbegriffs („keyword") an. Weiterhin sollten Angaben über die beteiligten Personen, Ort und Zeit sowie sonstige situativ relevante Merkmale gegeben werden. Außerdem sind Angaben über die technische Qualität der Aufnahme, den Revisionsstand der Transkription sowie den Namen des verantwortlichen Transkribenten erforderlich.

Transkribieren ist ein Verfahren der allmählichen Annäherung an das Original. Bei jeder weiteren Überprüfung (Revision) kann man in der Regel Korrekturen anbringen. Es ist daher von Vorteil, wenn Transkriptionen nicht nur von einer Person angefertigt werden. Da jeder unterschiedliche Wahrnehmungen hat, ergänzen sich die einzelnen Revisionsstände. Unter diesem Gesichtspunkt stellt es einen erheblichen Arbeitsfortschritt dar, wenn die Möglichkeit besteht, Transkriptionen mit Hilfe von Textverarbeitungssystemen auf einem Personal-Computer herzustellen. Die Möglichkeit zur permanenten Textkorrektur, die durch derartige Verfahren gegeben ist, erleichtert die Transkriptionsarbeit in großem Maße.[54]

Im Rahmen eines solchen in Hamburg verwendeten Transkriptionssystems werden etwa folgende Rahmeninformationen dem gesamten Transkript vorangesetzt: F-Gruppe, Setting, Kommunikationstyp, Relevanzbereich, Themen, lokaler Kontext, Aufnahmemerkmale. Jede Transkriptseite enthält darüber hinaus vier weitere Angaben: (1) Transkriptionssignatur, (2) Keyword, (3) Transkribent, Revisionsstand und Datum der Revision, (4) Datum und Uhrzeit der Aufnahme.

### 3.3.3.2. Der verbale, paraverbale und nonverbale Bereich

Für die Transkription ist von Bedeutung, wie die einzelnen Einträge gestaltet sind. Legen wir der folgenden Betrachtung die weitestgehende Form — das

---

[54] Vgl. Grießhaber 1988a. — Inzwischen ist ein sehr gutes (bereits in der Version 2.0 vorliegendes) nach dem Partitur(zeilenblock)verfahren arbeitendes Transkriptionssystem für die Macintosh-Plattform auf dem Markt. Dieses Programm bietet auch die Möglichkeit zur Einbindung von nonverbalen Daten in Form von Fotos bzw. digitalen Videos.

## 3. Empirische Grundlagen

Zeilenblockverfahren — zugrunde, so müssen wir angeben, wie die einzelnen Zeilen gestaltet werden sollen. Dabei können wir zwischen Einträgen für die verbale, die paraverbale und die nonverbale Verhaltensproduktion unterscheiden.

Im verbalen Bereich geht es zunächst um die Frage, wie genau die sprachlichen Äußerungen in ihrer phonetischen Realisierung erfaßt werden sollen. Praktisch lassen sich drei Stufen unterscheiden. Zur Veranschaulichung ist im folgenden eine Äußerung in den drei möglichen Transkriptionsformen notiert:

1) Phonetische Transkription
   [vɔln və nɪç ʔęen ʔandərəs buːx kʊkən]

2) Modifizierte orthographische Transkription
   wolln we nich ein anderes buːch kucken

3) Orthographisch korrigierte Transkription
   woll(e)n we (wir) nich(t) ein anderes Buch kucken (angucken)

Im ersten Fall wird die verbale Produktion so detailliert wie möglich in ihrer tatsächlichen phonetischen Realisierung erfaßt. Die phonetische Transkription spielt hauptsächlich dort eine Rolle, wo es um dialektale oder vom hochdeutschen Standard abweichende Sprache geht (etwa bei kleinen Kindern, Aphasikern[55] usw.).

Der zweite Fall stellt den Versuch dar, die bessere Lesbarkeit der Standardorthographie mit den Vorzügen der genaueren phonetischen Transkription zu verbinden. In dieser Form werden alle besonderen Abweichungen — also Dialektismen, Verschleifungen, Zusammenziehungen usw. — berücksichtigt und mit den Mitteln der Standardorthographie darzustellen versucht.

Beim letzten Verfahren versucht der Transkribent, die Äußerungen durch Klammerausdrücke der Standardorthographie anzugleichen. Das letzte Verfahren kann dann verwendet werden, wenn es hauptsächlich um die Inhalte der Äußerungen geht.

Die gängige gesprächsanalytische Transkriptionspraxis wendet vor allem die zweite Form einer modifizierten orthographischen Transkription an. Dabei werden zuweilen, wenn es das Material erfordert, mehr oder weniger lange Passagen auch in phonetischer Transkription erfaßt. Der Vorteil dieses Ver-

---

[55] Beispiele hierfür sind etwa in Penzinger 1985 oder Auer 1981

### 3.3.3.2. Der verbale, paraverbale und nonverbale Bereich

fahrens besteht darin, daß es leicht lesbar und leicht anwendbar ist, gleichzeitig aber die kommunikativ relevanten Besonderheiten der gesprochenen Sprache erfaßt.

Die Textzeile sollte über die rein verbale Produktion hinaus noch weitere Angaben enthalten:[56]

1) Pausen:
    kurze Pause (ca. 1 sek.) + mittellange Pause (ca. 2 sek.) + + lange Pause (ca. 3 sek.) + + + sehr lange Pause (mit Sekundenangabe) + 8 +

2) Lautproduktionen:
    nichtmorphemisierte Äußerungen in Großbuchstaben LACHT, HUSTET, STÖHNT etc.

3) Dehnungen:
    von Vokalen durch einen nachgestellten Doppelpunkt
    *sa:gen*
    von Konsonanten durch Verdoppelung
    *wass*

4) Emphase:
    einfache Unterstreichungen
    *hat er nicht gesagt*

5) unverständliche Passagen durch Leerklammern
    ( )

6) schwer verständliche Passagen in Klammern eingeschlossen
    *(hat er nich gesagt)*

7) Bemerkungen des Transkribenten in doppelte Klammern eingeschlossen
    ((Beifall aus dem Publikum))

Phänomene wie Dehnung und Emphase weisen bereits auf den paraverbalen Bereich hin. Hierzu lassen sich, über die Textzeile hinaus, in einer weiteren Zeile Angaben über die intonatorische und artikulatorische Besonderheit des Geäußerten machen. Dabei hat es sich als praktikabel erwiesen, nur besonders auffällige Passagen als solche zu kennzeichnen. Es lohnt sich also in der Regel nicht, etwa die Sprechgeschwindigkeit (langsam — schnell) in der ge-

---

[56] Die Notation dieser Phänomene durch spezifische diakritische Zeichen ist in den einzelnen Transkriptionssystemen unterschiedlich. Eine Vereinheitlichung wäre zwar wünschenswert, ist aber zum augenblicklichen Zeitpunkt wohl kaum zu erreichen.

## 3. Empirische Grundlagen

samten transkribierten Passage genau zu notieren, sondern nur dort, wo es besonders auffällt.

Solche paraverbal auffälligen Passagen können in ihrer jeweiligen Länge durch einen Strich gekennzeichnet werden. Die spezifische paraverbale Qualität wird zu Beginn und am Ende des Striches markiert, und zwar in folgender Weise:

s------------------------ s  für schnell gesprochen
l------------------------ l  für langsam gesprochen
p------------------------ p  für leise gesprochen
f------------------------ f  für laut gesprochen
h------------------------ h  für in hoher Stimmlage gesprochen
t------------------------ t  für in tiefer Stimmlage gesprochen
..........................  für lachend gesprochen

Schließlich läßt sich eine weitere Zeile für besondere Kommentare des Transkribenten einrichten, die zusätzlich in doppelte Klammern eingeschlossen werden.

Der nonverbale Bereich kann nach dem gleichen Prinzip notiert werden.[57] Dabei müssen mehrere Zeilen für die unterschiedlichen Bereiche nonverbalen Verhaltens angelegt werden. Bei der Transkription nonverbalen Verhaltens tritt allerdings ein grundsätzliches Problem auf, das sich im verbalen Bereich nicht stellt. Da nonverbales Verhalten in der Regel nicht in konventionell eindeutigen, diskreten Einheiten vorliegt[58], sondern stets als interpretationsbedürftiges Kontinuum, entsteht die Frage, welche Interaktionseinheit mit welcher Bedeutung oder funktionalen Spezifizierung notiert werden soll.

In der Forschung haben sich grundsätzlich zwei gegensätzliche Verfahren herausgebildet. Wir wollen sie als Zeitreihenverfahren und als Gestaltverfahren bezeichnen. Das Prinzip des Zeitreihenverfahrens[59] besteht darin, die unterschiedlichen Möglichkeiten nonverbalen Verhaltens genau zu kodieren, z. B. kann die Kopfposition in ihrer horizontalen Bewegung in fünf eindeutig definierbare Positionen unterteilt werden:

---

[57] Allgemeines zum Problem der Notation nonverbalen Verhaltens s. Zeitschr. f. Semiotik 1/1979, hier speziell Jorns 1979; vgl. auch Sager 2000b; 2001b
[58] Vgl. Sager 1986; 2001b
[59] Das zur Zeit wohl am detailliertesten ausgearbeitete Zeitreihenverfahren ist das „Berner System zur Untersuchung nonverbaler Interaktion"; vgl. dazu Frey et al. 1981

### 3.3.3.2. Der verbale, paraverbale und nonverbale Bereich

1 Kopf nach vorne
2 Kopf halb nach links
3 Kopf ganz nach links
4 Kopf halb nach rechts
5 Kopf ganz nach rechts

Um das Kontinuum der Kopfbewegungen in dieser Dimension zu erfassen, wird der Notation eine Zeitreihe mit genau definierten Einheiten — etwa 1/25 sek. (das entspricht einem Einzelbild in einem Videofilm) — zugrundegelegt. Eine Kopfbewegung in der Horizontalebene von ganz links nach ganz rechts mit einer Dauer von einer Sekunde kann nun in der entsprechenden Zeile der Transkription folgendermaßen mit Hilfe der Kodezahlen notiert werden.

| 1 | 2 | 3 | 4 | 5 | 6 | 7 | 8 | 9 | 10 | 11 | 12 | 13 | 14 | 15 | 16 | 17 | 18 | 19 | 20 | 21 | 22 | 23 | 24 | 25 | 26 |
|---|---|---|---|---|---|---|---|---|---|---|---|---|---|---|---|---|---|---|---|---|---|---|---|---|---|
| 3 | 3 | 3 | 3 | 2 | 2 | 2 | 2 | 2 | 2 | 2 | 2 | 2 | 2 | 2 | 2 | 1 | 1 | 1 | 4 | 4 | 4 | 5 | 5 | 5 |   |

Bei dieser Transkription kann man deutlich erkennen, daß der Kopf relativ lange nach halb links gerichtet war und dann mit einem schnellen Ruck nach rechts gedreht wurde.

Das Zeitreihenverfahren ist eine sehr aufwendige Methode, bei dem das Verhalten noch nicht interpretiert ist. Der Vorteil dieser Transkription besteht darin, daß sie für die verschiedensten Fragestellungen sehr detailliertes Material liefert, ohne dies schon zu deuten.

Im Gegensatz dazu erfolgt eine solche Deutung beim Gestaltverfahren bereits bei der Transkription selbst. Hierbei wird die kommunikative Kompetenz des Transkribenten ausgenutzt, und die nonverbalen Verhaltenseinheiten können in ihrem gestalthaften Charakter als solche erfaßt werden.[60] Die oben im Zeitreihenverfahren transkribierte Kopfbewegung würde bei einem Gestaltverfahren in der Zeile für Kopfbewegungen durch den Eintrag „ruckartige Rechtsdrehung" erfaßt werden. Kommunikativ eindeutige Bewegungen wie etwa ein Kopfnicken müßten auch als solche notiert werden, wobei durchaus der Zusatz „zustimmend" hinzukommen könnte. Länger andauernde nonverbale Signale, etwa der Blickkontakt, ließen sich wie im paraver-

---

[60] Steuble 1986. — Aufgrund des vorhandenen Transkriptionsprogramms (SyncWriter) ist es jetzt zusätzlich über diese beiden Verfahren hinaus möglich, entsprechende Bilderstaffeln zum nonverbalen Verhalten in eine Partiturzeile der Transkription einzubinden. Eine Weiterentwicklung dieses Transkriptionsprinzips findet sich in Sager 2000b; 2001b

balen Bereich in der entsprechenden Zeile durch Striche markieren. Die Länge dieser Striche müßte relativ zur Textzeile gestaltet werden.

Eine praktikable Form, die detailliert genug für die gesprächsanalytische Arbeit ist, gleichzeitig aber den Arbeitsaufwand in auch für eine einzelne Person zu bewältigenden Grenzen hält, ist die oben als Beispiel (4) gegebene Transkription von A. Steuble. Hierbei werden neben der (verbalen) Textzeile zwei weitere Zeilen eingeführt: eine für das Blickverhalten und eine für die übrige nonverbale Kommunikation. Die Dauer eines nonverbalen Ereignisses wird durch eine Strichstrecke gekennzeichnet (o-----------o), die Art des Ereignisses wird durch eine Beschreibung angegeben o----Kopfschütteln-----o. Für punktuelle nonverbale Ereignisse wird das Zeichen % verwendet. Die Blickrichtung wird durch einen Pfeil mit Angabe des angeschauten Objekts bzw. der angeschauten Person notiert → A-----o. Ein Blickwechsel von A nach B und wieder zurück nach A kann folgendermaßen wiedergegeben werden → A-----o → B-----o → A-----o. Kurzfristiges Anschauen wird kodiert durch % → A.

Ein integratives Transkriptionssystem, das neben dem Redetext auch para- und nonverbale Ereignisse erfaßt, benötigt eine genaue Kennzeichnung der Gesprächsteilnehmer wie der von ihnen verwendeten verbalen und nonverbalen Verhaltensweisen (der Displays)[61] durch entsprechende Siglen. Hier schlagen wir folgendes System vor: Jede Sprechersigle besteht aus fünf Buchstaben. Die ersten drei Buchstaben werden von den letzten zwei durch einen Punkt getrennt. Die Buchstaben vor dem Punkt stellen eine Abkürzung des Namens (oder einer Kennzeichnung) des Sprechers dar. Die Buchstaben hinter dem Punkt bezeichnen das jeweilige kommunikativ relevante Display – also z. B. für den Sprecher Jürgen (Jrg) können jeweils Zeilen mit folgenden Siglen eingerichtet werden: Jrg.vb = verbales Display; Jrg.pr = prosodisches Display; Jrg.gs = gestisches Display; Jrg.mk = mimisches Display; Jrg.pm = pantomimisches Display; Jrg.bl = Blickdisplay; Jrg.ax = axiales Display; Jrg.px = proxemisches Display. Da dies so für jeden beteiligten Gesprächsteilnehmer vorgenommen werden kann, sind die einzelnen Partiturzeilen klar und deutlich voneinander unterscheidbar. Je nach den Anforderungen, die durch die Fragestellung und den Wunsch nach Detailliertheit gegeben sind, kann sich das Partitur-Zeilenblocksystem entweder nur auf das verbale, das verbale und das paraverbale oder das verbale, paraverbale und nonverbale Verhalten im Gespräch beziehen.

---

[61] Zum Displaybegriff s. Kap. 5, Anm. 78  S. 140

### 3.3.4. Zwei Arten von Korpora

Eine Transkription ist, selbst wenn ein nur auf das Verbale eingeschränktes System verwendet wird, ein aufwendiges und zeitraubendes Verfahren. Man sollte daher bemüht sein, nur das und nur soviel zu transkribieren, wie es für die weitere Analyse notwendig ist. Nun gibt es grundsätzlich zwei Arten von Fragestellungen im Rahmen von Gesprächsanalysen, bei denen wir mit unterschiedlich umfangreichem Material arbeiten müssen. Zum einen geht es darum, das Gespräch als Ganzes zu betrachten und die sich darin abzeichnenden Strukturen (etwa den gesamten Argumentationsverlauf) herauszupräparieren. Dabei ist es natürlich notwendig, das gesamte Gespräch transkribiert vorliegen zu haben. Sind Transkriptionen dieser Art vorhanden, wollen wir von einem „Gesprächskorpus" sprechen.[62]

Im Gegensatz dazu gibt es innerhalb der Gesprächsforschung eine ganze Reihe von Fragestellungen, bei denen das Analyseinteresse auf eng begrenzte, lokale Gesprächsereignisse beschränkt bleibt — etwa die Ausprägung und Organisation von Handlungs- und Bedeutungskonstitution, die Struktur von kurzfristigen Interaktionsmustern etc. Hierbei ist es lediglich notwendig, die Ausschnitte aus einer längeren Interaktion herauszugreifen, in denen das jeweils interessierende Ereignis stattfindet. Für Analysen dieser Art benötigt man ein „Ereigniskorpus" kleiner ausgewählter Passagen aus wesentlich umfangreicherem Material.

Bei dem zweiten Analyseansatz wäre es nun verfehlt, das gesamte Material transkribieren zu wollen. Man muß vielmehr ein Verfahren entwickeln, aus dem Gesamtmaterial die jeweils interessanten Passagen herauszufiltern, um sie dann detailliert transkribieren zu können. Hierfür hat sich die Anfertigung von Orientierungsprotokollen bewährt. Orientierungsprotokolle sind Notationsverfahren, die in noch relativ vager alltagssprachlicher Form den Verlauf der Interaktion beschreiben.[63]

---

[62] Zu den verschiedenen Gesprächskorpora, die heute zur Verfügung stehen, vgl. Schlobinski 1996, S. 72 ff.; zu einzelnen Korpora Lenders 1993; Wagner/Bausch 1997; Dickgießer 1999

[63] Ein Orientierungsprotokoll kann als ein sog. nominales Beobachtungssystem, speziell als ein Zeichen-System verstanden werden. Zum Begriff des Zeichen-Systems vgl. Faßnacht 1979, S. 109 ff. Die von uns vorgeschlagene Spaltenaufteilung des Orientierungsprotokolls (speziell Spalte 2 und 3) entspricht grob den beiden u. in Abschn. 4.1. unterschiedenen gesprächsrelevanten Beschreibungsebenen „semantisch-thematisch" und „kommunikativ-pragmatisch".

Orientierungsprotokolle werden durch ein genaues Anhören und ggf. Ansehen der technisch (auf Tonband oder Video) aufgezeichneten Gespräche angefertigt. Sie dienen dazu, einen ersten, aber doch schon so genauen Überblick über das Gesamtmaterial zu erhalten, daß auf ihrer Grundlage die jeweils interessierenden Ereignisintervalle ausgewählt werden können.

Um eine klare Übersicht über die verschiedenen Bereiche der Gesprächsinteraktion zu bekommen, ist es notwendig, das Orientierungsprotokoll in verschiedene Spalten aufzugliedern, in denen dann getrennt der jeweilige Verlauf protokolliert wird. Als praktikabel hat sich folgende Spaltenaufteilung erwiesen: *Beisp. für ein Orientierungsprotokoll*

| | |
|---|---|
| Spalte 1: | Zeitangabe in Sekunden, Minuten, Stunden — beginnend mit Null |
| Spalte 2: | Thematischer Verlauf |
| Spalte 3: | erkennbare „Interaktionsgestalten"[64] wie „Terminabsprache", „Witz erzählen", „Ausfragen" usw. |
| Spalte 4: | bei Videoaufnahmen knappe Bildcharakterisierung; etwa Gesprächsgruppe in der Totalen, Person NN groß etc. |
| Spalte 5: | Anmerkungen |

Aufgrund solcher Orientierungsprotokolle kann man nun das Material nach möglichen interessanten Stellen absuchen, diese sich nochmals genau anhören oder ansehen und dann entscheiden, ob sie transkribiert werden sollen oder nicht. Entsprechende Stellen lassen sich im Protokoll in der Spalte 5 markieren.

Ist auf diese Art und Weise ein Ereigniskorpus zusammengestellt, können die einzelnen Passagen transkribiert und analysiert werden.

## 3.4. Bemerkungen zu den in diesem Band verwendeten Transkriptionsverfahren

Da wir in den folgenden analytischen Überlegungen häufig Transkriptionen verwenden, wollen wir hierzu kurz einige Erläuterungen geben. Wie aus der Darstellung in 3.3.3. deutlich geworden sein dürfte, liegt ein einheitliches

[64] Unter Interaktionsgestalten sollen hier noch vorwissenschaftliche, alltagssprachlich gefaßte Gesprächspassagen verstanden werden, die der Protokollierende als kommunikativ einheitlich und zusammenhängend beurteilt, ohne sie schon genau als wissenschaftlich legitimierte Beobachtungseinheit klassifizieren zu können.

*3.4. Bemerkungen zu den in diesem Band verwendeten Transkriptionsverfahren*

Transkriptionsverfahren, das alle denkbaren Bedürfnisse abzudecken erlaubt, noch nicht vor. Letztlich wäre ein solches System auch gar nicht wünschenswert. Es wäre zu schwerfällig und unökonomisch in der Herstellung wie im Gebrauch. Einerseits müßten viele Aspekte, die für die bestimmte Analyse gar nicht benötigt würden, mitgeschleppt werden. Andererseits ließe sich ohnehin nicht alles, was vielleicht wichtig wäre, erfassen. Man wird daher — was sich auch in der Praxis deutlich zeigt — stets flexibel bleiben müssen und sein Transkriptionssystem den jeweiligen Bedürfnissen optimal anzupassen versuchen.

Gleichwohl zeigen sich in der praktischen Forschungsarbeit der letzten Jahre gewisse Tendenzen, bestimmte Formen und Verfahren immer wieder zu verwenden. Auch wir orientieren uns an diesen Trends, ohne jedoch dabei aus den oben genannten Gründen starr dem einen oder anderen System zu folgen.

Je nach den analytischen Erfordernissen, Zielen und Interessen, die wir in der entsprechenden Darstellung verfolgen, verwenden wir das Verfahren der Textnotation oder das der Partiturnotation. Dabei gehen wir in der Regel nach folgender Richtlinie vor: Geht es in der Analyse eher um die inhaltlich-thematischen oder strukturell-kategorialen Aspekte von Gesprächsbeiträgen, wenden wir die Textnotation an. Geht es dagegen um eher interaktive Verfahren, um das sequentiell-dynamische Zusammenspiel, verwenden wir das Partiturverfahren. In Kapitel 4 kommt also die Textnotation, in Kapitel 5 die Partiturnotation zum Tragen.

Zum einen wollen wir mit dieser Entscheidung der analytischen Ökonomie dienen, indem wir das für die Untersuchung jeweils praktikabelste Verfahren wählen. Zum anderen sollen im Rahmen unserer einführenden Darstellung auch die beiden zur Zeit wichtigsten Verfahren für den Leser einmal exemplarisch an verschiedenem Material vorgeführt werden.

Um nun bei der Transkription möglichst wenig interpretative Vorentscheidungen einzuführen, wählen wir generell die Kleinschreibung. Weiter verwenden wir eine modifizierte orthographische Schreibung, bei der der lautliche Eindruck des Gesagten in etwa mit den orthographischen Mitteln der Schriftsprache wiederzugeben versucht wird. Schließlich wird keine herkömmliche Interpunktion benutzt. Zur Kennzeichnung der verschiedenen Partien der Transkription wenden wir grundsätzlich eine systembezogene Zählung an, und zwar nach laufenden Zeilen. Besondere Phänomene — wie Pausen und dgl. — werden entsprechend den obengenannten Konventionen notiert. Ziel ist es dabei, so genau wie möglich die für die jeweilige Problema-

## 3. Empirische Grundlagen

tik analytisch relevanten Aspekte und Phänomene in der Transkription zu erfassen, dabei aber gleichzeitig die größtmögliche Lesbarkeit zu erhalten.

Da wir uns zudem in dieser Einführung ausschließlich auf den Bereich der verbalen Kommunikation beschränken, werden wir der Einfachheit halber das differenzierte, aber auch komplexere System der Siglen, wie es oben vorgestellt wurde, hier nicht zugrunde legen, sondern lediglich einfache Großbuchstaben als Sprechersiglen verwenden.

## 4. Einheiten und Strukturen

### 4.1. Vorbemerkung

Nachdem wir in Kap. 3 die empirischen Verfahren der Dokumentation und Transkription von Gesprächen behandelt haben, gilt es nun, die zentralen gesprächsanalytischen Problemstellungen zu entfalten und die zu ihrer Lösung entwickelten Beschreibungskategorien systematisch einzuführen.

Gespräche sind komplexe interaktive Einheiten; sie können unter verschiedenen Gesichtspunkten analysiert werden. Wir haben in Abschnitt 2.3 die strukturelle und die prozedurale Perspektive voneinander abgehoben. In diesem Kapitel wollen wir uns mit der Struktur von Gesprächen beschäftigen.

Die Gesprächsstruktur wird aufgefaßt als Gefüge von Relationen, die zwischen den Gesprächsbeiträgen als den unmittelbaren Strukturelementen des Gesprächs bestehen und die den inneren Zusammenhang, die Kohärenz des Gesprächs bewirken.

Als Grundeinheit des Gesprächs ist der Gesprächsschritt zu betrachten; die komplexeren Einheiten „Gesprächssequenz" und „Gesprächsphase" lassen sich als spezifische Abfolgen bzw. Kombinationen von Gesprächsschritten charakterisieren. Diese gesprächskonstitutiven Einheiten und die zwischen ihnen bestehenden Beziehungen können auf mehreren sprachtheoretischen Ebenen beschrieben werden.

Es sind in der modernen Linguistik verschiedene Ebenenmodelle der Sprache entwickelt worden.[1] Man könnte zunächst an Gliederungen denken, wie sie innerhalb der strukturalistischen Linguistik und der generativen Transformationsgrammatik der Beschreibung grammatischer Phänomene zugrundegelegt wurden (etwa an die Unterscheidung zwischen einer phonologischen, einer syntaktischen und einer semantischen Ebene). Diese Ebenenmodelle gehen aber von einem zu restringierten Sprachbegriff aus, indem Sprache als

---

[1] Zur Verwendung des Begriffs „Ebene" in der Linguistik vgl. Stammerjohann 1975 (Stichwort „Ebene"); zu strukturalistischen Ebenenmodellen vgl. Brinker 1972, S. 20 ff.; ders. 1977, S. 21 ff.

## 4. Einheiten und Strukturen

ein autonomes, von kommunikativ-pragmatischen Faktoren völlig unabhängiges Regelsystem (zur Bildung und zur Analyse „grammatisch korrekter" Sätze) aufgefaßt wird.

Einen adäquateren Ausgangspunkt bietet die innerhalb der angelsächsischen Sprachphilosophie entwickelte Sprechakttheorie mit ihrem handlungstheoretisch definierten Sprachbegriff.[2] Sprache meint hier das gesamte sprachliche Handlungssystem einer Gesellschaft bzw. einer Gruppe, in dem das grammatische Regelsystem immer schon enthalten ist. Der für die Sprechakttheorie grundlegende Begriff des Sprechakts und seine Aufgliederung in verschiedene Teilakte (etwa in einen illokutionären Akt, einen propositionalen Akt und einen Äußerungsakt bei J. R. Searle) kann die theoretisch-begriffliche Grundlage für die analytische Unterscheidung von drei eng miteinander verbundenen Ebenen der Sprachbeschreibung bilden, der kommunikativ-pragmatischen, der semantisch-thematischen und der grammatischen (syntaktischen) Beschreibungsebene.[3] Es ist dabei zu beachten, daß diese Ebenen umfassender definiert sind als die Unterscheidungen Searles.[4] Searle bezieht sich nur auf einfache sprachliche Handlungen, die in grammatischer Hinsicht nicht den Umfang eines sog. vollständigen Satzes überschreiten. Gespräche sind demgegenüber komplexer strukturiert. Ihre Beschreibung macht deshalb auch Analysekategorien erforderlich, die das einfache Sprechaktmodell Searles nicht enthält.

Auf der kommunikativ-pragmatischen Ebene beschreiben wir den Handlungscharakter der gesprächskonstitutiven Einheiten (Schritt, Sequenz, Phase), indem wir sie auf den Handlungsplan mit seinen verschiedenen Teilzielen beziehen, der dem Gespräch jeweils zugrunde liegt.

Auf der semantisch-thematischen Ebene untersuchen wir den Aufbau des Gesprächsinhalts aus den in den einzelnen thematischen Abschnitten ausgedrückten Teilinhalten.

Auf der grammatischen Ebene werden vor allem die syntaktischen Verknüpfungsbeziehungen zwischen den aufeinanderfolgenden Gesprächsbeiträgen der Interaktanten ins Auge gefaßt.

---

[2] S. dazu o. Abschn. 2.2.
[3] Vgl. dazu Brinker 1997, S. 144 f.; ders. 1988b, S. 155 ff. („Ebenen der Textbeschreibung")
[4] Der illokutionäre Akt ist der kommunikativ-pragmatischen Ebene zuzuordnen; der propositionale Akt wird auf der semantisch-thematischen Ebene und der Äußerungsakt auf der grammatischen (syntaktischen) Ebene erfaßt.

#### 4.2.1. Gesprächsschritt und Hörersignal

Wir gehen im folgenden von den Einheiten „Gesprächsschritt", „Gesprächssequenz" und „Gesprächsphase" aus und charakterisieren sie auf den genannten sprachtheoretischen Ebenen sowohl hinsichtlich ihrer internen Struktur als auch im Hinblick auf ihre Funktion für das Gespräch als Ganzes.

### 4.2. Der Gesprächsschritt / Turn

#### 4.2.1. Gesprächsschritt und Hörersignal

Der Gesprächsschritt („turn") gilt allgemein als die Grundeinheit des Dialogs. E. Goffman definiert ihn als „alles das, was ein Individuum tut und sagt, während es an der Reihe ist"[5].

Nun äußern sich die Gesprächspartner nicht nur dann, wenn sie „an der Reihe" sind, sondern der jeweilige Gesprächsschritt wird in der Regel von sog. Hörersignalen[6] begleitet. Es handelt sich dabei um kurze sprachliche und nichtsprachliche Äußerungen des Hörers, die nicht auf eine Übernahme der Sprecherrolle zielen. Mit ihnen signalisiert der Hörer dem Sprecher in erster Linie Aufmerksamkeit, eventuell noch Zustimmung oder Ablehnung. In sprachlicher Hinsicht können vor allem Partikeln und Kurzäußerungen (wie *ja, mhm, stimmt, genau, ich weiß, ja gut, eben, na ja, ich weiß nicht* usw.) angeführt werden; im nichtsprachlichen Bereich sind besonders gestisch-mimische Mittel (z. B. Kopfnicken oder Kopfschütteln sowie Blickkontakt) zu nennen. Solche Hörersignale fungieren primär als Antwortsignale, mit denen der Hörer auf entsprechende Signale des Sprechers (etwa auf Vergewisserungsformeln wie *nicht?, ja?, verstehst du?* usw.) reagiert (s. auch unten). Sie werden in der Gesprächsforschung deshalb als „Kontaktsignale" bezeichnet[7] und unter dem Begriff des „Rückmeldeverhaltens" („back-channel-behavior") zusammengefaßt.[8]

Über das „reine" Rückmeldeverhalten hinaus gehen die Höreräußerungen, die einen kurzen Kommentar, eine sog. Einstellungsbekundung — etwa in Form eines Zwischenrufs oder dergleichen — ausdrücken (z. B. *das ist ja interessant, das glaube ich nicht, ach Gott* usw.).[9] Mit ihnen intendiert der Hörer

---

[5] Goffmann 1974, S. 201
[6] Vgl. dazu Schwitalla 1979, S. 92 ff. (dort weitere Literatur zum Thema „Hörersignale"); Henne 1979; Lappé 1983, S. 88 ff.
[7] Franck 1980, S. 51
[8] Vgl. Duncan 1974, der verschiedene Typen des „back-channel-behavior" unterscheidet (vgl. dazu Henne/Rehbock 1982, S. 27).
[9] Vgl. Schwitalla 1979, S. 93; Henne/Rehbock 1982, S. 179 f.

## 4. Einheiten und Strukturen

zwar ebenfalls keinen Sprecherwechsel; sie haben aber eine wichtige gesprächssteuernde Funktion. So kann der Sprecher durch sie gezielt zu bestimmten Äußerungen veranlaßt werden, auf die der Hörer nach einem Sprecherwechsel dann eingehen will.

Schließlich müssen noch die sog. gesprächsschrittbeanspruchenden Signale („claiming-of-the-turn-signals") erwähnt werden.[10] Der Hörer versucht mit ihnen, die Sprecherrolle zu erlangen, kann sich aber nicht durchsetzen.

Ob eine Höreräußerung lediglich eine „Rückmeldung" darstellt oder ob sie (auch noch) eine andere Funktion hat, kann häufig nur durch eine kontextuelle Analyse ermittelt werden, die auch parasprachliche und nichtsprachliche Kommunikationsmittel (z. B. Intonation, Mimik, Gestik) berücksichtigt.

Gesprächsschritt und Hörersignal werden unter dem Begriff des Gesprächsbeitrags („Äußerung" im Sinne von Kap. 2) zusammengefaßt.

Wir wollen die getroffenen begrifflichen Abgrenzungen nun an einem kurzen Gesprächsausschnitt verdeutlichen.[11]

Beispiel (1):

```
1   B:  ich wollt dich einmal aufwecken
2   A:  das aber gut ich bin schon längst aufgeweckt B
3   B:  äh von wem?
4   A:  ja also von selbst
5       ⌈nich? ich werde⌉
6   B:  ⌊ach so also    ⌋
7   A:  ja selbst wach
8       ⌈ne?⌉
9   B:  ⌊ah ⌋
10      du wirst von selb ich hab gedacht
11      KURZES LACHEN
12      ah ja stimmt na aber aufgeweckt warst du ja schon
13      immer nicht? und da
14  A:  ja
15      ⌈doch B           ⌉
16  B:  ⌊is das natürlich ⌋
17      keine schwierigkeit
```

[10] Vgl. Duncan 1972; 1973; 1974; Henne/Rehbock 1982, S. 28 und S. 176 ff.
[11] Es werden in den Gesprächsausschnitten dieses Kapitels folgende in Abschn. 3.3.3.2. noch nicht erwähnte Transkriptionszeichen verwendet: Fragezeichen (?) für Frageintonation; eckige Klammern ([]) für simultanes Sprechen.

## 4.2.1. Gesprächsschritt und Hörersignal

```
18      ⎡nich?⎤
19  A:  ⎣ja ja⎦
20      ja seit wann bist denn wieder im
21      ⎡lande?⎤
22  B:  ⎣äh seit⎦
23      gestern abend
24  A:  du kli du klingst also sehr verschlafen
25  B:  nein ich hab ein bißchen schnupfen
26  A:  aha
27  B:  ich bin dadurch bin ich so immer um äh acht aufge-
28      standen nicht?
29  A:  ⎡ mhm  ⎤
30  B:  ⎣und da⎦
31      drum bin
32      ⎡ich auch schon so früh wach⎤
33  A:  ⎣und dann kriegst           ⎦
34      dann kriegst du n schnupfen
```

Der Ausschnitt stammt aus einem privaten Telefongespräch zwischen zwei Freunden[12] und schließt direkt an das Begrüßungsritual an.

Hörersignale verschiedener Art liegen z. B. vor in:

(6) *ach so* („Rückmeldung") — *also* („Gesprächsschrittbeanspruchung") — B kann aber erst in (9/10) die Sprecherrolle übernehmen.

(14/15) *ja doch* („Zustimmung")

(19/20) *ja* (nur die beiden ersten, simultan gesprochenen; das dritte *ja* fungiert als Gliederungssignal — s. u. Abschn. 4.2.4.).

(26) *aha* — Dieses Signal geht wohl über das „reine" Rückmeldeverhalten hinaus; es handelt sich um eine Einstellungsbekundung ohne Gesprächsschrittbeanspruchung.

(29) *mhm* — „reines" Hörersignal

Der Zusammenhang von Sprecher- und Hörersignal wird besonders deutlich in (5/6), (13/14/15), (18/19), (28/29): *nich! — ach so; nicht? — ja doch; nicht? — ja, nicht? — mhm.*

---

[12] Abgedruckt in: Texte gesprochener deutscher Standardsprache III, S. 62 ff. (anderer Transkriptionsschlüssel)

## 4.2.2. Formen des Sprecherwechsels

Das Gespräch unterscheidet sich — wie bereits ausgeführt wurde — vom (monologischen) Text grundlegend durch das Merkmal des Sprecherwechsels („turn-taking"), d.h. durch den Übergang des Rederechts vom Sprecher an den Hörer.[13] Dieses Prinzip impliziert, daß Gespräche durch mehr als eine Sprecherperspektive gekennzeichnet sind und daß mit jedem Sprecherwechsel von allen Beteiligten erneut zu prüfen ist, ob und inwieweit sich die gemeinsame Voraussetzungsbasis hinsichtlich des Gesprächsinhalts und/oder der Beziehungskonstellation verändert hat oder nicht.[14]

Wir können Sprecherwechsel insbesondere unter zwei Aspekten klassifizieren:

— nach der Art ihres Entstehens/Zustandekommens
— nach der Art ihres Verlaufs

Sprecherwechsel können durch Aufforderung („Fremdzuweisung") oder Selbstwahl („Selbstzuweisung") zustandekommen.[15] Bei der Aufforderung übergibt der Sprecher — je nach Gesprächstyp ein Gesprächspartner oder der Gesprächsleiter — den Gesprächsschritt an den Hörer, indem er bestimmte verbale und/oder nonverbale Signale („turn-yielding-signals") äußert (z. B. Frage plus Namensnennung, Kopfnicken usw.). Bei der Selbstwahl sind zwei Grundformen zu unterscheiden, die Selbstwahl mit und die ohne Unterbrechung des Sprechers. Wenn der Hörer den Sprecher unterbricht, so kommt es in der Regel zunächst zu einer Simultansequenz, d. h. zu gleichzeitigem Sprechen von Sprecher und Hörer, ehe sich der Hörer als neuer Sprecher durchsetzt. Damit ist bereits der zweite Gesichtspunkt angesprochen. Nach der Art ihres Verlaufs ergeben sich — wenn wir das Zweiergespräch zugrunde legen — folgende Möglichkeiten:[16]

— der „glatte" Wechsel
Der Sprecherwechsel erfolgt ohne Simultansequenz, d.h., der Sprecher übergibt das Rederecht an den Hörer, der seinerseits die Sprecherrolle übernimmt. Das kann durch Fremdzuweisung oder Selbstwahl erfolgen.

---

[13] Das „turn-taking" ist im einzelnen durch die amerikanischen Ethnomethodologen Sacks, Jefferson, Schegloff und Duncan untersucht worden (vgl. etwa Sacks u.a. 1974). Fürs Deutsche vgl. die differenzierte Darstellung von Rath 1979, S. 36 ff.; vgl. auch Rath 2001
[14] Vgl. Franck 1980, S. 44
[15] Vgl. auch Henne/Rehbock 1982, S. 23 f.; Rath 1979, S. 46 ff.
[16] Vgl. dazu Rath 1979, S. 52 ff.; Henne/Rehbock 1982, S. 193 (im Anschluß an die Arbeiten von Sacks, Duncan u.a.)

### 4.2.2. Formen des Sprecherwechsels

— Sprecherwechsel nach Pause
Der Sprecher beendet seinen Gesprächsschritt. Der Hörer übernimmt die Sprecherrolle erst nach einer deutlichen Pause (damit ist nicht die kurze Denk- oder Entscheidungspause gemeint, wie sie häufig nach einer Fragehandlung auftritt).

— Sprecherwechsel nach Unterbrechung
Der Hörer versucht, den Gesprächsschritt bereits zu einem Zeitpunkt zu übernehmen, zu dem ihn der Sprecher noch nicht übergeben will, sondern weiterzureden beabsichtigt. Da der Unterbrechungsversuch des Hörers nicht unmittelbar akzeptiert wird, ergibt sich eine mehr oder weniger lange Simultansequenz. Ein Sprecherwechsel liegt in solchen Fällen nur dann vor, wenn sich der Hörer durchsetzt. Behauptet der Sprecher seine Sprecherrolle, so handelt es sich auf der Seite des Hörers um eine Gesprächsschrittbeanspruchung, die zu den sog. Höreraktivitäten gerechnet wird (kein Gesprächsschritt!). Zu beachten ist, daß nicht jede Unterbrechung eine Gesprächsschrittbeanspruchung darstellt; es kann auch ein Hörersignal vorliegen, ohne daß ein Rollentausch beabsichtigt ist (s. auch o.).

Die Unterscheidungen sollen nun an einigen Beispielen verdeutlicht werden:

Glatter Wechsel durch Selbstwahl liegt in Beispiel (1) z. B. in Zeile (2), (3) und (24) vor. Beispiele für einen glatten Wechsel durch Fremdzuweisung finden sich in Zeile (3/4), (20/21/22) und (24/25). Es handelt sich um Frage-Antwort-Sequenzen. Während die Frage in (3) und (20/21) direkt realisiert wird, handelt es sich in (24) um eine Feststellung, die aber als indirekte Fragehandlung zu interpretieren ist (und von B auch so verstanden wird).

Einen Sprecherwechsel nach Pause zeigt der folgende Ausschnitt aus einem privaten Gespräch eines Pastorenehepaars.[17] Der Mann (B) hat die Inkonsequenz seiner Frau (A) in der Erziehung des Sohnes kritisiert.

Beispiel (2):
A: nun gibst du mir doch schuld
B: des is des is des des äh diese ver_flu_chte projektion mensch
   +20+
A: würdest du dich da du erinnerst dich nie an deine kindheit oder?

A übernimmt nach einer längeren Pause (ca. 20 Sekunden) die Sprecherrolle, wobei sie eine Themenverschiebung vornimmt.

---

[17] Abgedruckt in Texte (s. Anm. 12), S. 37

## 4. Einheiten und Strukturen

Ein Beispiel für den Sprecherwechsel nach Unterbrechung ist der folgende Gesprächsausschnitt aus einem Talkshowinterview mit dem Schauspieler Klaus Kinski (aus: NDR-Talkshow vom 18. 10. 1985).

Beispiel (3):

```
1  K.: na was auch immer was auch immer der grund ist
2      okay
3  B:  ja aber jetzt hör doch mal
4       ⎡einen moment hör doch mal nen moment⎤
5  K.:  ⎣alles andere ist quatsch            ⎦
6       ⎡ich brauche⎤
7  B:   ⎣also       ⎦
8  K.: keine komplimente von dir
9       ⎡das ist ja entzückend          ⎤
10 B:   ⎣ich will kein kompliment machen⎦
11      ⎡ich wollte etwas ganz normales                  ⎤
12 K.:  ⎣daß du mir ein kompliment machst aber äh ich⎦
13 B:  sachliches sagen und wollte sagen daß aus dem buch
14     zum beispiel hervorgeht das haben Sie herr Kinski
15     gesagt daß Sie immer die ursache von leid und
16     elend erkennen wollen
```

K (Gast) hält den Gesprächsschritt; B (Moderatorin) versucht ziemlich massiv (durch direkte Aufmerksamkeitsappelle), das Rederecht zu erkämpfen, was ihr aber erst nach einer längeren Simultansequenz in (13) gelingt.

In der Forschung hat man die Frage gestellt, wovon Sprecherwechsel abhängen. R. Rath nennt vor allem drei Faktoren:[18]

— die Art der Sprechsituation
Merkmale wie Spontaneität (etwa in einem Gespräch unter Freunden), Öffentlichkeitsgrad (z. B. privates Zweiergespräch versus Diskussionsrunde im Fernsehen), Anzahl der Beteiligten, aber auch das Rollenverhältnis zwischen den Gesprächspartnern (etwa die situativ bedingte Dominanz des Interviewers oder Diskussionsleiters) bestimmen, ob Sprecherwechsel des ersten oder dritten Typs häufiger sind.

— der soziale Status der Kommunikationsteilnehmer
Der vorgegebene soziale Status der Interaktanten (Gleichberechtigung bzw. Nichtgleichberechtigung, etwa im Prüfungsgespräch, Behördengespräch,

---

[18] Rath 1979, S. 41 ff.

Unterrichtsgespräch oder Arzt-Patienten-Gespräch) hat Einfluß auf die Form des Sprecherwechsels (der Bevorrechtigte kann jederzeit unterbrechen).

— die Organisiertheit des Gesprächs
In organisatorisch vorgeplanten oder voll formalisierten Gesprächen — wie sie sich in bestimmten gesellschaftlichen Institutionen ausgebildet haben (etwa in Parlamentsdebatten mit ihren festen Regelungen) — sind andere Typen des Sprecherwechsels zu erwarten als in ungeplanten Familiengesprächen.

Es wird deutlich, daß der Sprecherwechsel nicht nur ein formales, äußerliches Merkmal von Gesprächen ist; in Art und Zahl der Sprecherwechsel manifestieren sich vielmehr grundlegende Interaktionsbedingungen. Daraus folgt, daß die Untersuchung von Formen und Strukturen des Sprecherwechsels ein wichtiger Teilschritt innerhalb des gesprächsanalytischen Vorgehens darstellt.

### 4.2.3. Zum Handlungscharakter von Gesprächsschritten und Hörersignalen

Gesprächsschritte sind kommunikative Handlungen, die durch sprachliche und/oder nicht-sprachliche Kommunikationsmittel vollzogen werden. Sie können zwar mit den elementaren Einheiten der Kommunikation, den Sprechakten, zusammenfallen, sind aber nicht mit diesen gleichzusetzen, da sie häufig komplexer strukturiert sind (s. u. 4.2.4.). Ihr Handlungscharakter besteht darin, daß sie — wie die elementaren Sprechakte — eine bestimmte kommunikative Funktion (eine sog. illokutive Bedeutung) signalisieren und damit einen bestimmten Handlungstyp repräsentieren (Versprechen, Ratschlag, Frage, Vorwurf, Drohung usw.).[19] Wir wollen diese Handlungsbedeutung (im Sinne der Sprechakttheorie) als die Basisfunktion des jeweiligen Gesprächsschritts ansehen, von der die Gesprächsfunktion abzuheben ist. Die

---

[19] Der Handlungstyp wird — wenn auch nicht immer eindeutig — durch bestimmte sprachliche bzw. grammatische Mittel angezeigt wie durch die sog. explizit performative Formel (*ich verspreche dir, ich rate dir* usw.), den Satztyp (etwa Frage-, Aufforderungs- und Aussagesatz der traditionellen Grammatik), das Satzmuster (Satzbauplan, der die grundlegenden grammatischen Informationen wie Modus, Tempus, Numerus, Person usw. enthält), die sog. Abtönungspartikeln (z. B. *aber, doch, bloß, nur*), die Modalwörter (z. B. *bestimmt, hoffentlich, zweifellos*) usw. Solche handlungsanzeigenden sprachlichen Mittel werden „Indikatoren des Sprechakttyps" oder „Illokutionsindikatoren" genannt. — Vgl. dazu vor allem Sökeland 1980, Kap. 4; einführend auch Brinker 1997, S. 87 ff.

Gesprächsfunktion bezeichnet die konkrete kontextuelle Bedeutung des Gesprächsschritts im Hinblick auf den „Stand der Kommunikation"[20], d. h. vor dem Hintergrund der unmittelbar vorangegangenen Gesprächsbeiträge sowie bestimmter Bedingungen und Gegebenheiten der Gesprächssituation (insbesondere der Beziehungskonstellation).

Zwischen der Basisfunktion und der Gesprächsfunktion eines Gesprächsschritts besteht zwar ein Zusammenhang, keinesfalls aber eine 1:1-Beziehung.

Daß es sinnvoll ist, zwischen Basis- und Gesprächsfunktion zu unterscheiden, soll an den beiden folgenden Beispielen verdeutlicht werden.

Beispiel (4):

1 A: und äh äh noch eine zahl die den erfolg äh
2    charakterisiert in wieviel exemplaren sind
3    Ihre bücher in wieviel stück
4 B: hm
5 A: sind sie verkauft?
6 B: ich schreibe bücher aber ich zähle sie nicht

Der Ausschnitt stammt aus einem Talkshowinterview mit der Schriftstellerin Sandra Paretti (aus der Sendung „III nach neun" vom 13. 1. 1978). Der Moderator (A) hat in den vorangegangenen Gesprächsbeiträgen deutlich zu erkennen gegeben, daß er die literarische Qualität der Romane S. Parettis nicht besonders hoch einschätzt. Vor diesem Bewertungshintergrund impliziert die Frage in Zeile (1—3/5) eine Disqualifikation der Autorin und ihrer Bücher (nach dem Motto: Quantität statt Qualität). Die Gesprächsfunktion (provokative Partnerabwertung) dominiert die Basisfunktion (Frage). Die Frage wird deshalb von B auch durch die Feststellung in Zeile (6) zurückgewiesen.

Beispiel (5):

1 A: ... ich habe hier die evangelischen kommentare ...
2 B: da steht das nich drin
3    ⎡dann zeign Sie das mal her⎤
4 A: ⎣da steht auf                  ⎦
5    korrupte weise drin
6    ⎡diese drei worte⎤
7 B: ⎣gibt es              ⎦

---

[20] Franck 1980, S. 52. — Dieser Aspekt wird in Abschn. 5.3.2.1. unter dem Begriff des lokalen Managements weitergeführt.

### 4.2.3. Zum Handlungscharakter von Gesprächsschritten und Hörersignalen

```
8      viele vermögn die in diesem lande von politikern er-
9      worbn wordn sind das
10     ⌈stimmt⌉
11  A: ⌊ja    ⌋
12  B: leider gottes
13  A: ja
14  B: und da solltn wir gemeinsam
15     ⌈unsre anstrengung⌉
16  A: ⌊auf korrupte weise⌋
17  B: zusammennehmen und viele anstrengung hier im raume
18     dieses ans tageslicht zu bringn weil das nämlich der
19     demokratie und der freiheit und der stabilität dieses
20     staates
21     ⌈enorm schadn wird⌉
22  A: ⌊herr Baring       ⌋
23     ich komme auf Sie selber zurück
```

Der Ausschnitt ist einem Talkshowinterview mit Prof. Baring (aus: „III nach neun" vom 18. 2. 1983) entnommen. Der Moderator (A) hat bereits in den vorangegangenen Gesprächsbeiträgen versucht, den Gast (B) auf eine bestimmte Äußerung festzulegen (daß die Politiker „auf korrupte Weise" ihr Vermögen gebildet hätten). B bestreitet entschieden, sich in dieser Form („auf korrupte Weise") geäußert zu haben. Da beide Gesprächspartner auf ihrer Meinung beharren, droht eine Eskalation des Konflikts. In dieser Situation lenkt B plötzlich ein (Zeile 7 ff.: Basisfunktion dieses Gesprächschritts „Feststellung" — Gesprächsfunktion „ein Zugeständnis machen" / „Einlenken"). Er formuliert in den Zeilen (14/15) und (17/21) eine direkte Aufforderung zu gemeinsamem Handeln, die als Adhortativ realisiert wird, d. h., B bezieht sich in die Forderung, die er stellt, selbst mit ein (*wir*). Die Basisfunktion dieses Gesprächsschritts ist somit als „Aufforderung", als „Appell" zu bezeichnen; die Gesprächsfunktion können wir zunächst als „Kooperationsangebot" umschreiben. Beide Schritte (7 ff. und 14 ff.) sind eng aufeinander bezogen; sie sind insgesamt als ein Versuch Bs zu werten, zu deeskalieren, d. h. die Dissenssituation zu entschärfen und womöglich einen (Schein-)Konsens zu erreichen. Darin besteht ihre gemeinsame Gesprächsfunktion. Bs Initiative wird von A nicht aufgenommen; sie führt aber zum Themenwechsel (22/23).

Es stellt sich nun die Frage, inwieweit auch den sog. Sprecher- und Hörersignalen ein Handlungscharakter zuzusprechen ist. Nach der Sprechakttheorie bestehen sprachliche Handlungen aus einem illokutiven Teil, der den Sprechhandlungstyp bezeichnet (z.B. Versprechen, Ratschlag, Befehl), und einer propositionalen Komponente, die den Inhalt der Handlung (z.B. den versprochenen Sachverhalt) ausdrückt. Eine solche Differenzierung ist aber bei den Sprecher- und Hörersignalen zumeist gar nicht möglich. Es handelt sich hier in der Regel um illokutive Akte ohne propositionalen Gehalt. Ihre kommunikative Bedeutung besteht darin, daß sie — wie bereits in Abschnitt 4.2.1. ausgeführt wurde — eine Kontaktfunktion (im weitesten Sinn) erfüllen.

### 4.2.4. Zur Binnenstruktur von Gesprächsschritten

Gesprächsschritte können — wie (monologische) Texte — in grammatischer Hinsicht einfach oder komplex strukturiert sein. Während ein einfacher Gesprächsschritt nicht den Umfang eines sog. vollständigen Satzes überschreitet, sind komplexe Gesprächsschritte dadurch charakterisiert, daß sie sich aus mehreren Sätzen und/oder nicht-satzwertigen Einheiten zusammensetzen, deren Propositionen — wie bei Texten — vor dem Hintergrund eines thematischen Kerns durch semantische Relationen miteinander verbunden sind.[21]

Diese Gemeinsamkeit zwischen Gesprächsschritten und Texten darf aber die wesentlichen Unterschiede nicht verdecken. So sind Gesprächsschritte prinzipiell anders gegliedert als Texte. Der Sprecher verwendet eigene sprachliche (und parasprachliche) Mittel, um seinen Gesprächsbeitrag zu strukturieren. Die Forschung spricht hier von Gliederungssignalen.[22] Neben prosodischen (z.B. Tonhöhenverlauf, Sprechpausen) sind vor allem bestimmte lexikalische Mittel zu nennen (etwa Ausdrücke und Wendungen wie *und, also, nicht, ja, ich meine, ich glaube, und so weiter*); sie dienen dem Sprecher dazu, seinen Gesprächsbeitrag zu eröffnen („Eröffnungssignale", z.B. *ja*) und zu beenden („Schlußsignale", z.B. *ja?*) sowie ihn für den Hörer überschaubar zu portionieren.

Die einzelnen Gliederungssignale sind zwar oft nicht eindeutig, sie treten im konkreten Gespräch aber vielfach in Verbänden, in sog. Clustern auf und geben dann zusammen mit anderen Gliederungsmitteln (etwa Formulierungshandlungen wie Anrede und Namensnennung, Aufmerksamkeitsappellen, Evaluierungen usw.) deutlich Aufschluß darüber, wie der Sprecher seinen Beitrag gegliedert haben will.[23]

Die Gliederungssignale unterscheiden sich in funktionaler Hinsicht von den bereits erwähnten Sprechersignalen, die an den Hörer gerichtet sind und vornehmlich eine Kontaktfunktion haben (z.B. die sog. Vergewisserungsformen

---

[21] Vgl. dazu Brinker 1997, S. 54 ff.
[22] Vgl. dazu Gülich 1970; Stellmacher 1972; Rath 1979, S. 93 ff.
[23] Vgl. Rath 1979, S. 100 ff.; Schank 1981, S. 56 ff.

#### 4.2.4. Zur Binnenstruktur von Gesprächsschritten

wie *ja?, nicht?* usw., die den Hörer zu einem entsprechenden Hörersignal veranlassen). Allerdings können manche Signalformen beide Funktionen erfüllen (wie z. B. die Partikel *ja*), so daß eine klare Abgrenzung im konkreten Gespräch oftmals schwierig ist. Es ist durchaus möglich, daß ein und dieselbe Signalform zugleich text- und partnerorientiert verwendet wird, d. h. sowohl eine Gliederungs- als auch eine Kontaktfunktion hat.

Im Unterschied zu den kontaktbezogenen Sprecher- und Hörersignalen kann den „reinen" Gliederungssignalen keine eigenständige illokutive Rolle (im Sinne der Sprechakttheorie) zugesprochen werden.[24]

Dazu einige Beispiele:

In Beispiel (1) leitet A seine Fragehandlung *seit wann bist du denn wieder im lande?* (20) mit einem dreimaligen *ja* ein (19/20). Während die ersten beiden wohl als Hörersignale zu dem Sprechersignal *nich?* (18) einzustufen sind (s. o.), hat das dritte *ja* primär Gliederungscharakter; mit ihm eröffnet A ein neues Thema.

Beispiel (6):

```
 1  A: ... es is n bißchen nebelig es können es könnten sich
 2      so feine tröpfchen in der luft
 3     ⌈befinden ne?         ⌉
 4  B: ⌊ah das macht nichts⌋
 5      das ah na das macht nichts ja ich müßt nur ich käm
 6      dann öh wenn mir net zu dunkel wird da
 7  A: ja
 8  B: mittags
 9  A: mhm
10  B: wart einmal
11     ⌈wann⌉
12  A: ⌊ja    ⌋
13  B: etwa?
14  A: mhm B äh aber das muß ich dir voraussagen stunden-
15      lang hab ich nicht zeit
16     ⌈ne? ich bin       ⌉
17  B: ⌊das begreif ich⌋ A
18  A: ich bin nämlich wieder in bedrückung äh
19  B: wie was heißt?
20  A: ja
21  B: in
```

---

[24] Anders Henne/Rehbock (1982, S. 28), die die Gliederungssignale als „gesprächsschritt-gliedernde Sprechakte" bezeichnen.

## 4. Einheiten und Strukturen

```
22      ⌈druck?⌉
23   A: ⌊also  ⌋
24      in druck ja
25   B: ja ja
26      ⌈mhm     ⌉
27   A: ⌊insofern⌋
28      als ich öh mein paper für den NN-zwei fertig machen
29      muß und das wäre gestern fällig gewesen und ich hab
30      dann grade angefangen ne?
31      ⌈aber⌉
32   B: ⌊mhm ⌋
33   A: aber wir können uns hier n bißchen unterhalten
```

Der Ausschnitt stammt ebenfalls aus dem bereits angeführten privaten Telefongespräch.

Die Partikel *ne* (3) kann als Schlußsignal interpretiert werden, das nicht auf ein entsprechendes Antwortsignal des Hörers angelegt ist — anders als in (16), wo *ne* als Sprechersignal verwendet wird (so faßt es jedenfalls B auf: *das begreif ich*). Schwieriger ist As Gesprächsschritt in Zeile (27 ff.) zu beurteilen; er wird einerseits durch die Partikel *ne* (30) sinnvoll gegliedert (zunächst Darlegung der Gründe für den Zeitmangel, dann — eingeleitet durch die Konjunktion *aber* — das Zugestehen eines Besuchs); andererseits kann *ne* als „verständnisheischendes" Signal des Sprechers A angesehen werden, auf das B mit dem Hörersignal *mhm* reagiert.

Ein eindeutiges Gliederungssignal ist die Partikel *ja* in Zeile (5); sie segmentiert den Gesprächsschritt in zwei Teile „Reaktion auf As Äußerung" (1—3) und „Initiierung eines neuen Themas". Ein Cluster aus Signal (*mhm*) und Namensnennung eröffnet z. B. As Gesprächsschritt in Zeile (14). Auch die Konjunktion *und* in Zeile (29) hat Gliederungsfunktion.

Außerdem finden sich zahlreiche nichtsprachliche Gliederungsmittel (z. B. sog. gefüllte Pausen mit *äh*, Stimmsenkung am Ende von Gesprächsbeiträgen bzw. Stimmhebung bei Fragehandlungen usw.).

Beispiel (7):

```
1   B: gut also
2      ⌈bis⌉
3   A: ⌊gut⌋
4      B ja und werd richtig wach nicht? und
5      ⌈kurier⌉
6   B: ⌊ja    ⌋
7   A: deinen schnupfen
```

*4.2.5. Klassifikation von Gesprächsschritten*

Wir haben einen Ausschnitt aus der Beendigungsphase desselben Telefonats vor uns. Neben den noch zu behandelnden Gesprächsbeendigungssignalen (s. u. Abschn. 4.3.) hat das *ja* (in 4) eindeutig Gliederungscharakter; es grenzt das Schlußzustimmungssignal *gut B* von den beiden folgenden Aufforderungshandlungen ab, die jeweils durch das Gliederungssignal *und* eingeleitet werden. Die Partikel *nicht* kann zwar ebenfalls Gliederungsfunktion haben (als Zwischenglied zwischen den beiden Appellen); sie ist aber hier in erster Linie als Sprechersignal zu werten (so scheint es auch B aufzufassen, der mit *ja* reagiert).

### 4.2.5. Klassifikation von Gesprächsschritten

Ausgangspunkt für eine Klassifikation von Gesprächsschritten ist die für das dialogische Prinzip konstitutive Unterscheidung zwischen initiierenden und respondierenden (reaktiven, reagierenden) Schritten.[25] Mit einem initiierenden Gesprächsschritt fordert der Sprecher den Hörer zu einer bestimmten Reaktion auf. Es gehört zu den Basisregeln der Kommunikation, daß der Angesprochene antwortet; er ist sozusagen verpflichtet, aus einer beschränkten Anzahl von Fortsetzungsmöglichkeiten eine bestimmte Antwort zu realisieren. Mit dem respondierenden Gesprächsschritt erfüllt er dann die mit dem initiierenden Schritt etablierten Obligationen. Dieses Prinzip ist am deutlichsten in Frage-Antwort-Sequenzen ausgeprägt.

Grob gesehen gibt es drei Grundmöglichkeiten[26], auf einen initiierenden Schritt zu reagieren:

— Akzeptierung

Der Angesprochene erfüllt alle Erwartungen und Verpflichtungen, die mit der initiierenden Sprecheräußerung verbunden sind. So gibt er z. B. auf eine Frage eine sog. echte Antwort. Die Forschung spricht in diesem Fall von „Responsivität"[27].

---

[25] Vgl. dazu Schwitalla 1979, S. 95 ff.; Franck 1980, S. 53 ff.; Lappé 1983, S. 139 f.
[26] Unter Anknüpfung an Franck 1980, S. 55
[27] Die Termini „Responsivität", „Nonresponsivität" und „Teilresponsivität" nach Schwitalla 1979, S. 133 ff.

## 4. Einheiten und Strukturen

Beispiele:

Aus dem Gesprächsausschnitt (1) sind hier z. B. die Zeilen (4) und (22/23) anzuführen. Ein weiteres Beispiel aus diesem Gespräch ist die folgende Frage-Antwort-Sequenz:

B: bischt du zuhaus heut?
A: mhm ich bin zuhause ja

— Zurückweisung

Der Angesprochene lehnt die mit dem initiierenden Gesprächsschritt etablierten Obligationen ab. So verweigert er z. B. die Antwort auf die Frage. Es liegt „Nonresponsivität" vor.

Beispiele:

Diese Möglichkeit wird — wie bereits besprochen — in Ausschnitt (4) realisiert.

Aus Beispiel (6) könnte der Gesprächsbeitrag in Zeile (14/15) herangezogen werden. A beantwortet Bs Frage (*wann etwa?*) nicht, sondern erklärt, wenig Zeit zu haben. Damit wird Bs Frage — zumindest indirekt — zurückgewiesen; erst das Zugeständnis in (33) ermöglicht dann die konkrete Verabredung.

— Selektion

Der Angesprochene gibt zwar zu erkennen, daß er grundsätzlich bereit ist, auf die initiierende Äußerung einzugehen; er erfüllt die spezifischen Erwartungen des Sprechers aber nur teilweise, indem er in seinem respondierenden Beitrag z. B. lediglich einen Teil- oder Randaspekt der initiierenden Äußerung behandelt. Solche Reaktionen zeichnen sich durch das Merkmal der „Teilresponsivität" aus; sie stellen einen Zwischentyp dar.

Beispiel (8):

```
 1  A: frau Paretti Sie äh sind eine äh autorin in
 2     einer zeit eine frau die schreibt in einer zeit
 3     in der frauen um ihre rechte kämpfen zum teil in
 4     sehr aggressiver form ich nenne ein paar äh äh
 5     schlagworte feminismus emanzipation verhältnis
 6     zum mann verhältnis zur gesellschaft zur politik äh
 7     wie stehen sie in diesem fall
 8  B: Sie haben mir so viele fragen auf einmal gestellt
 9     könnten wir da uns auf ein
10  A: fangen Sie irgendwo an feminismus
```

## 4.2.5. Klassifikation von Gesprächsschritten

Der Ausschnitt ist dem bereits herangezogenen Talkshowinterview mit Sandra Paretti (B) entnommen (s. o. Beispiel 4).

Auf die in Zeile (1—7) aufgeworfenen Fragen des Moderators reagiert B mit der Bitte, das Prinzip der Selektion anwenden zu dürfen (8/9), was vom Moderator auch akzeptiert wird (10).

Beispiel (9):

```
1  A: ob es denn eine wunschrolle für Sie überhaupt noch gibt
2     gibt es noch was was Sie noch mal spielen wollen?
3     ⌈kohle hin oder her ⌉
4  K: ⌊aber wie ich werde ⌋
5     spie das wort spielen es ist wirklich anstrengend das
6     wort spielen man muß die vokabeln richtig setzen nicht
```

Der Ausschnitt stammt aus dem bereits erwähnten Talkshowinterview mit Klaus Kinski (s. o. Beispiel 3).

K greift aus der Frage des Moderators (1—3) das Wort *spielen* auf und geht metakommunikativ auf Sprach- und Verständigungsprobleme ein. Diese Art der Selektion entfernt sich so weit von der in der Frage ausgedrückten Erwartung des Moderators, daß sie auch als indirekte Zurückweisung der Frage interpretiert werden kann.

Nun sind mit der Gegenüberstellung „initiierend — respondierend" nicht alle Grundtypen von Gesprächsschritten erfaßbar. Wir müssen noch den gemischten („reaktivierenden") Gesprächsschritt hinzufügen[28], der sowohl initiierende als auch respondierende Komponenten enthält. Das ist z.B. bei Zwischenfragen der Fall.

Beispiel (10):

```
1  A: die frauen in Ihren büchern agieren die nicht
2     wie frauen die äh äh relativ unaufgeklärt ein
3     bißchen töricht und ein bißchen einfältig sind
4     und die tatsache daß sie so viel erfolg haben
5     mit Ihren büchern beeinflussen Sie die frauen
6     von heute nicht mit dieser törichten haltung
7     mit der einfältigkeit und mit der äh auffas-
8     sung daß eine frau ihren platz irgendwo hat
9     und der mann seinen irgendwo daneben oder drüber
```

---

[28] Der Terminus „reaktivierend" wird bei Lappé (1983, S. 139) verwendet; Franck (1980, S. 54) spricht von „reaktiv-initiativen oder auch gemischten Zügen".

*4. Einheiten und Strukturen*

```
10      meinen Sie nicht daß Sie die frauen verdummen
11  B:  welche
12      ⌈figur meinen Sie jetzt          ⌉
13      ⌊((Beifall aus dem Publikum))    ⌋
14  A:  ich will Sie nicht auf eine figur festlegen
15      ich meine
```

Der Ausschnitt ist ebenfalls dem Talkshowinterview mit S. Paretti (B) entnommen (s. o. Beispiel 4).

Mit der (Zwischen-)Frage (11/12) reagiert B einerseits auf die kritische Frage des Moderators (das Thema „Romanfiguren" wird beibehalten). Darin ist das respondierende Moment dieses Gesprächsschritts zu sehen. Die initiierende Komponente besteht darin, daß B den Moderator mit ihrer Reaktion zu einer Präzisierung seiner Aussage veranlassen möchte.

Der sog. gemischte Typ ist besonders charakteristisch für Gespräche, in denen sich die Beteiligten gleichberechtigt miteinander auseinandersetzen.

Insgesamt wird deutlich, daß sich in der Unterscheidung zwischen initiierendem, respondierendem und reaktivierendem Gesprächsschritt der Sequenzcharakter von Gesprächen manifestiert, auf den wir im nächsten Abschnitt genauer eingehen wollen.

## 4.3. Die Gesprächssequenz

### 4.3.1. Zur grammatischen Verknüpfung von Gesprächsschritten

Die in Abschnitt 4.2.4. vorgestellte Klassifikation macht deutlich, daß Gesprächsschritte in vielfältiger Weise aufeinander bezogen sind. Wir können diesen Zusammenhang in Analogie zur Textkohärenz „Gesprächskohärenz" nennen.[29] Sie beruht letztlich darauf, daß die Gesprächspartner in der Regel wechselseitig die Geltung des Kooperationsprinzips als gemeinsame Basis unterstellen (vgl. auch Abschn. 5.3.1.) und jeden Gesprächsschritt in den inhaltlichen und kommunikativen Rahmen einordnen, der durch die vorausgehenden Gesprächsbeiträge geschaffen wurde. Das heißt: Jeder Gesprächsschritt eines Gesprächsteilnehmers wird als Reaktion auf den bzw. die unmittelbar vorausgehenden Schritte der anderen Teilnehmer interpretiert.

---

[29] Zur Textkohärenz vgl. Brinker 1997, Kap. 3

### 4.3.1. Zur grammatischen Verknüpfung von Gesprächsschritten

Die Gesprächskohärenz drückt sich nun in spezifischen grammatischen, thematischen und kommunikativ-funktionalen Beziehungen zwischen den einzelnen Gesprächsschritten aus.

In grammatischer Hinsicht finden sich in Gesprächen ähnliche Verknüpfungsmittel, wie sie auch zur Textbildung eingesetzt werden. Vor allem ist hier das Prinzip der Wiederaufnahme zu nennen. Auf Gespräche bezogen, besteht dieses Verfahren darin, daß ein bestimmter sprachlicher Ausdruck (ein Wort oder eine Wortgruppe) durch einen oder mehrere Ausdrücke (z. B. durch die sog. Proformen) in den nachfolgenden Gesprächsschritten in Referenzidentität oder in semantischer Kontiguität wieder aufgenommen wird. Im ersten Fall sprechen wir von „expliziter", im zweiten Fall von „impliziter" Wiederaufnahme.[30]

Beispiele:

Für die Relation der expliziten Wiederaufnahme ist die Wiederaufnahme durch sog. Proformen besonders wichtig. Sie findet sich z. B. in Gesprächsausschnitt (1), Zeile 2 (*das*) oder in Ausschnitt (6), Zeile 4/5 (*das*). Eine andere Form der expliziten Wiederaufnahme ist die Wiederholung desselben Substantivs. Sie liegt z. B. in Ausschnitt (4), Zeile 3/6 (*bücher*) oder in Ausschnitt (10), Zeile 12/14 (*figur*) vor.

Die Relation der impliziten Wiederaufnahme kann an den beiden folgenden Gesprächsausschnitten[31] verdeutlicht werden:

Beispiel (11):

```
1  B:  bereit einen kaffee nicht?
2      ⎡und⎤
3  A:  ⎣öh ⎦
4      dann bring mal n bißchen pulver mit
```

Beispiel (12):

```
1  B:  sagen Sie müssen Sie denn unbedingt n foto-
2      apparat mitnehmen?
```

---

[30] Vgl. dazu Brinker 1997, S. 27 ff. — Hier wird die Unterscheidung von expliziter und impliziter Wiederaufnahme im einzelnen erläutert.

[31] Ausschnitt (11) stammt aus dem bereits zitierten privaten Telefongespräch (s. o. Anm. 12), Ausschnitt (12) aus einer Unterhaltung zwischen drei jungen Frauen beim Kaffeetrinken im Büro (abgedruckt in: Texte gesprochener deutscher Standardsprache III, S. 51 — anderer Transkriptionsschlüssel).

```
3  C: ich würd schon einen mitnehmen
4  B: na ja schön is
5     ⎡es natürlich         ⎤
6  A: ⎣ich mein es ist natürlich⎦
7     schön
8  C: schön is es machen Sie dias?
9  A: ja das is natürlich ganz schön
10 C: also ich würd ihn mitnehmen
```

Zwischen den Ausdrücken *kaffee* (als Getränk) und *pulver* sowie *fotoapparat* und *dias* besteht keine Referenzidentität, wohl aber ein spezifisches Kontiguitätsverhältnis, das ontologisch bzw. kulturell begründet ist.[32]

Das Prinzip der Wiederaufnahme ist — wie gesagt — für Texte und für Gespräche konstitutiv. Es gibt allerdings gesprächsspezifische Ausprägungen wie die sog. Konstruktionsübernahme.[33] Zwei aufeinander folgende Gesprächsschritte sind dadurch miteinander verbunden, daß der Folgeschritt die syntaktische Struktur des Vorgängerschritts ganz oder teilweise bewahrt, sie sozusagen wiederholt (also eine Form der Wiederaufnahme durch Repitition).

Beispiele:

Ausschnitt (12) aus einer zwanglosen Unterhaltung zwischen drei Frauen belegt diese für Alltagsgespräche charakteristische Form der Wiederaufnahme besonders eindringlich (vgl. Zeile 1/2/3/10 einerseits, Zeile 4/5/6/7/8/9 andererseits). Aus Ausschnitt (6) könnte man die beiden Gesprächsbeiträge (21/22) und (23/24) anführen.

Beispiel (13):

```
1  B: so um äh halb eins ist das recht?
2  A: ja
3     ⎡okay⎤
4  B: ⎣oder⎦
5     um ein uhr lieber?
6  A: wie du willst wie du willst
```

---

[32] Die Unterscheidung verschiedener Formen der Kontiguität geht auf Harweg (1968, S. 192 ff.) zurück. — Vgl. dazu Brinker 1997, S. 37

[33] Vgl. auch Rath 1979, S. 143 f.; Lappé 1983, S. 164 f. — Konstruktionsübernahmen sind zu unterscheiden von sog. Satzvollendungen („sentence completions"), mit denen der Gesprächspartner den Gesprächsschritt des Sprechers lediglich syntaktisch vollendet (vgl. hierzu Kap. 5, Beispiel 6, Z13/14); sie sind als Hörersignal einzustufen (vgl. Duncan 1974, S. 166; Jefferson 1973; Henne/Rehbock 1982, S. 27).

7  ⎡ich⎤
8 B: ⎣ach das is dir wurscht⎦
9 A: und das is mir völlig gleichgültig

Während in den bisher angeführten Beispielen auch die lexikalischen Einheiten (sozusagen das Wortmaterial) weitgehend beibehalten wird, übernimmt der Sprecher A in dem privaten Telefongespräch zwischen zwei Freunden (Ausschnitt 13; s. o. Anm. 12) nur die syntaktische Struktur; den dialektalen Ausdruck *wurscht* tauscht er gegen das standardsprachliche Lexem *gleichgültig* aus.

Insgesamt können wir feststellen, daß Konstruktionsübernahmen zumeist eine Bestätigungsfunktion haben; sie signalisieren noch intensiver als die entsprechenden Hörersignale (wie *genau, richtig, ja, stimmt, eben* usw.), daß der Sprecher mit dem vorausgehenden Gesprächsschritt inhaltlich völlig übereinstimmt.[34]

## 4.3.2. Zur thematischen Verknüpfung von Gesprächsschritten

Das Prinzip der Wiederaufnahme in seinen verschiedenen Formen stellt nicht das einzige Mittel der Gesprächsschritt-Verknüpfung dar. Grammatische Verknüpfungssignale können sogar weitgehend entbehrlich sein, wenn die Gesprächspartner über ein ausreichendes thematisches und kontextuelles Hintergrundwissen verfügen (vgl. auch Abschn. 5.3.1.). Dennoch haben die Wiederaufnahmeverfahren eine wichtige Bedeutung für die Gesprächskohärenz, da in den verschiedenen Wiederaufnahmen (vor allem nominaler und pronominaler Art) die Einheitlichkeit des Kommunikationsgegenstands sprachlich zum Ausdruck kommt.

Wir können das an dem folgenden Ausschnitt aus unserem privaten Telefongespräch (s. Anm. 12) verdeutlichen.

Beispiel (14):

1 B: dann komm ich um eins dann
2  ⎡komm⎤
3 A: ⎣ja⎦
4 B: ich um eins
5 A: ⎡ja⎤
6 B: ⎣bereit⎦

---

[34] Vgl. auch Auer/Uhmann 1982

## 4. Einheiten und Strukturen

```
7        einen kaffee nicht?
8        ⎡und⎤
9    A:  ⎣öh ⎦
10       dann bring mal n bißchen pulver mit ich hab
11       nämlich zu wenig pulver
12   B:  ach so ja
13       ⎡wir⎤
14   A:  ⎣ja ⎦
15   B:  brauchen keinen aber wenn s gern bring ich mit
16       willst du
17       ⎡einen?⎤
18   A:  ⎣ja    ⎦
19       ja ja doch doch
20   B:  doch dann
21       ⎡äh gemahlenen  ⎤
22   A:  ⎣tee hab ich auch⎦
23       ja ja ja ja daß ich filtern kann ne?
24   B:  ah
25       ⎡gut          ⎤
26   A:  ⎣ich hab nämlich⎦
27       vergessen zu einzukaufen also ich hätt äh hätte
28       gerade noch na ich weiß es gar nich ob es für
29       zwei tassen
30       ⎡reicht also ich hab das noch nicht abgeschätzt⎤
31   B:  ⎣nee nee ich bring schon mit bring schon mit  ⎦
32       na das
33       ⎡is kein problem⎤
34   A:  ⎣das wäre       ⎦
35       gut ne?
36   B:  ja
37       ⎡selbstverständlich⎤
38   A:  ⎣ja                ⎦
```

Die Analyse der (nominalen Wiederaufnahmen ergibt das folgende Bild: Die Ausdrücke *kaffee* (als Getränk) und (Kaffee-)*pulver* bezeichnen die kommunikativen Hauptgegenstände (die dominierenden Referenzträger) des Ausschnitts.

Die substantivische Wortgruppe *einen kaffee* (7) wird explizit wieder aufgenommen durch

— *keinen/einen* (15/17), mit Ersparung des implizit vorhandenen Substantivs *Kaffee* („implizite" Wiederholung)

— *für zwei tassen* (Kaffee) — (28/29)

Das Substantiv *pulver* (10/11) wird explizit wieder aufgenommen durch

### 4.3.2. Zur thematischen Verknüpfung von Gesprächsschritten

— *gemahlenen* (Kaffee) in (21): in diesem Zusammenhang eine referenzidentische Umschreibung für (Kaffee)pulver
— *es* (28): Wiederaufnahme durch eine Pro-Form

Zwischen den beiden Bezugsausdrücken *kaffee* und *pulver* besteht — wie bereits ausgeführt — die Relation der impliziten Wiederaufnahme (genauer: ein ontologisch begründetes Kontiguitätsverhältnis).

Es wird deutlich, daß sich in den verschiedenen nominalen und pronominalen Wiederaufnahmen von „Kaffee" bzw. „Pulver" die thematische Orientierung manifestiert. Die Wiederaufnahmestruktur fungiert gewissermaßen als Trägerstruktur für die thematischen Zusammenhänge.

Allerdings ist das Thema den kommunikativen Hauptgegenständen übergeordnet; es umfaßt auch das, was „in nuce" über diese zentralen Gegenstände ausgesagt wird, d. h. den Grund- oder Leitgedanken eines Gesprächs bzw. einer Gesprächsphase.[35] So ist das Thema unseres Ausschnitts auch nicht einfach „Kaffeepulver", sondern das „Mitbringen von Kaffeepulver durch B".

Die Entfaltung des Themas kann als Gefüge von Beziehungen zwischen dem Thema (als Kern des Gesprächsinhalts) und den in den einzelnen Gesprächsschritten ausgedrückten Teilinhalten (Teilthemen) beschrieben werden. Nach der Art der Relationen lassen sich verschiedene Formen thematischer Entfaltung unterscheiden, z. B. die deskriptive (beschreibende), die narrative (erzählende), die explikative (erklärende) und die argumentative (begründende) Themenentfaltung. Es handelt sich dabei um Grundformen, die sich im Laufe der Zeit in der Sprachgemeinschaft herausgebildet haben; sie gehören zum Alltagswissen der Sprachteilhaber und geben den Kommunizierenden mehr oder weniger feste Orientierungen für die thematische Gestaltung ihres Sprachhandelns (vgl. die in Abschn. 5.3.1. erwähnten Handlungsroutinen) — sowohl im Bereich der monologischen als auch der dialogischen Kommunikation. Für diese Formen, die in den konkreten Gesprächen in vielfältigen Ausprägungen und Kombinationen erscheinen können, sind jeweils bestimmte semantisch-thematische Kategorien charakteristisch.[36]

Der Gesprächsausschnitt (14) zeigt eine Verbindung von argumentativer und deskriptiver Themenentfaltung.

---

[35] Zum Thema-Begriff im einzelnen vgl. Brinker 1997, S. 54 ff.
[36] Zum Begriff der thematischen Entfaltung und den Grundformen thematischer Entfaltung, den thematischen Mustern, vgl. Brinker 1997, S. 60 ff.; 1988a, S. 26 ff.; 1996a

Für die argumentative Themenentfaltung ist kennzeichnend — wenn man das Argumentationsmodell von S. Toulmin zugrunde legt —, daß zu einer These (Konklusion) als Begründung bestimmte Argumente (Daten) angeführt werden, daß der Schritt von den „Daten" zur These durch eine Schlußregel („warrant") legitimiert und die Zulässigkeit der Schlußregel durch eine Stützung („backing") erwiesen wird.[37] Wie zumeist in Alltagsargumentationen ist auch in unserem Ausschnitt die argumentative Grundform nur ansatzweise realisiert. Die These ist in der Handlungsaufforderung (10) implizit enthalten (etwa: Das Mitbringen von Kaffeepulver durch B ist notwendig). Die Begründung der These erfolgt in zwei Richtungen, einmal durch den Hinweis darauf, daß zu wenig Pulver vorhanden sei (10/11), zum andern durch die Angabe des Handlungsziels (Kaffee trinken wollen — 6/7; 15–17; 18/19).

Zentrale Kategorien der deskriptiven Themenentfaltung sind die Spezifizierung und die Situierung (einer festgestellten oder behaupteten Sache bzw. eines Sachverhalts). In unserem Beispiel wird der dominierende Kommunikationsgegenstand „Pulver" schrittweise spezifiziert (*pulver*→*gemahlener (Kaffee)*→*daß ich filtern kann*). Damit wird Pulverkaffee (= Kaffee-Extrakt in Pulverform) ausgeschlossen. Eine weitere Spezifizierung liegt vor in den Formulierungen *zu wenig pulver* (11)→*ich weiß es gar nicht ob es für zwei tassen reicht* (28—30). Das Thema wird außerdem durch eine Vorgeschichte situiert (*ich hab nämlich vergessen einzukaufen* — 26/27), die zugleich das erste Argument stützt. Die deskriptive Themenentfaltung ist also in den argumentativen Rahmen integriert.

Wir müssen uns hier mit diesen Andeutungen begnügen, da der Bereich der Gesprächsthematik noch recht unerforscht ist.[38]

**4.3.3. Die Gesprächssequenz als kommunikativ-funktionale Einheit**

Der Begriff der Gesprächssequenz bezieht sich weder auf die grammatische noch auf die thematische Gesprächsschritt-Verknüpfung; er ist vielmehr ausschließlich kommunikativ-funktional definiert: Eine Folge von mindestens zwei Gesprächsschritten verschiedener Sprecher konstituiert einen spezifischen Handlungszusammenhang, der folgendermaßen expliziert werden

---

[37] Vgl. dazu Toulmin 1958, Kap. III; zur Verwendung des Modells in der Text- und Gesprächsanalyse vgl. Brinker 1997, S. 72 ff., und Brinker 1988a, S. 36 ff.
[38] Vgl. dazu Brinker 1988a, S. 26 f.; s. auch u. Abschn. 4.4.4.

### 4.3.3. Die Gesprächssequenz als kommunikativ-funktionale Einheit

kann. Gesprächsschritte haben — wie bereits ausgeführt wurde — Handlungscharakter; sie repräsentieren in der Regel einen (dominierenden) Sprechhandlungstyp (z. B. einen Vorwurf, ein Versprechen, eine Bitte, eine Behauptung usw.). Ein Handlungstyp ist nun nicht nur durch seinen „illocutionary point"[39], d. h. durch die kommunikative Absicht, die der Sprecher verfolgt, sondern auch durch seine (möglichen) Positionen im Gesprächsverlauf definiert. So sind z. B. direktive Sprechhandlungen (Aufforderungen, Bitten, Anweisungen, Fragen usw.) immer initiativ; sie bestimmen den Handlungscharakter sequenzeröffnender Gesprächsschritte. Entschuldigungen, Rechtfertigungen, Danksagungen usw. sind demgegenüber immer reaktiv; sie dienen dazu, eine Sequenz abzuschließen. [40] An die (initiativen) Handlungstypen sind per Konvention bestimmte Reaktionsmöglichkeiten gebunden. Dieses Reaktionspotential legt den Gesprächspartner für seine eigenen Aktivitäten jeweils auf bestimmte Handlungsalternativen fest. So kann z. B. einer Vorwurfshandlung in der Regel nur mit den Sprachhandlungstypen „Bestreiten", „Sich-Rechtfertigen" oder „Sich-Entschuldigen" begegnet werden. Man kann sagen, daß ein initiierender Gesprächsschritt aufgrund seiner Handlungsqualität ein bestimmtes „Raster an Fortsetzungsmöglichkeiten"[41] für den Gesprächspartner erstellt, das allerdings in unterschiedlichem Maße festgelegt ist. So etabliert z. B. ein Vorwurf ein offeneres Fortsetzungsraster als ein Gruß (der regelgerecht nur mit einem Gegengruß beantwortet werden kann).

In der amerikanischen Gesprächsforschung[42] hat man diesen funktionalen Zusammenhang zwischen bestimmten Gesprächsschritten mit dem Begriff „conditional relevance", d. h. „bedingte Erwartbarkeit"[43], bezeichnet. Die Realisierung eines bestimmten Handlungstyps (z. B. Gruß) zieht die Äußerung eines anderen Handlungstyps nach sich (z. B. Gegengruß); die Folge-Handlung ist an dieser Stelle aufgrund von Konventionen zu erwarten. Solche nach dem Prinzip der „konditionalen Relevanz" verbundenen Folgen aus zwei Gesprächsschritten verschiedener Sprecher werden „adjacency pairs" genannt[44], d. h. Paare unmittelbar aufeinanderfolgender, sich kommunikativ-

---

[39] Vgl. dazu Searle 1975 (dt. 1982), S. 17 ff.
[40] Vgl. dazu Wunderlich 1976, S. 77 f., der diesen Aspekt als ein Kriterium für die Klassifikation von Sprechhandlungen berücksichtigt.
[41] Vgl. dazu Franck 1980, S. 50 und S. 52 f.
[42] Vgl. etwa Schegloff 1972, S. 388 f.; Schegloff/Sacks 1973, S. 295 ff.; Sacks/Schegloff/Jefferson 1974, S. 716 f.
[43] Terminus nach Henne/Rehbock 1982, S. 24
[44] Vgl. Schegloff/Sacks 1973, S. 295 ff.

funktional bedingender Schritte wie Frage-Antwort, Gruß-Gruß, Angebot-Annahme/Ablehnung, Abschied-Abschied, Bitte-Versprechen, Vorwurf-Rechtfertigung, Vorwurf-Entschuldigung usw. Es handelt sich durchweg um zweigliedrige Sequenzen, die jeweils nur aus einem initiierenden und einem respondierenden (reaktiven) Gesprächsschritt bestehen (sog. Paarsequenzen).

Das Prinzip der „bedingten Erwartbarkeit" beinhaltet auch, daß alle Abweichungen vom konventionellen Schema (z. B. wenn auf einen Gruß kein Gegengruß erfolgt oder eine Frage nicht beantwortet wird) eine besondere Bedeutung erhalten, u. U. sogar Sanktionen (etwa eine Beziehungsverschlechterung) nach sich ziehen können.

Wenn man von den stark ritualisierten Sequenztypen (wie Gruß-Gruß, Abschied-Abschied usw.), die innerhalb der amerikanischen Konversationsanalyse vor allem untersucht wurden, einmal absieht, dann läßt sich feststellen, daß die zu einer Gesprächssequenz gehörenden Gesprächsschritte nicht immer unmittelbar aufeinander folgen müssen. Unter bestimmten Bedingungen sind auch Einschübe, sog. „side-sequences", möglich.[45] Das mit dem sequenzeröffnenden Schritt etablierte „Fortsetzungsraster" ist aber dennoch einzuhalten. Der Gesprächspartner muß den entsprechenden Folgeschritt nachholen, andernfalls würde er gegen Basisregeln der Kommunikation, insbesondere gegen das Kooperationsprinzip, verstoßen.

Ein gutes Beispiel für solche „Nebensequenzen" sind Zwischenfragen. Wir wollen dazu das folgende (konstruierte) Gespräch, eine Wegauskunft, betrachten, das eine starke Verschachtelung von Frage-Antwort-Sequenzen zeigt.[46]

Beispiel (15):

$A_1$: Bitte können Sie mir sagen, wie ich am schnellsten zum Bahnhof komme?

$B_1$: Ja, eh, wollen Sie zum Südbahnhof oder zum Hauptbahnhof?

$A_2$: Ich weiß nicht. Welcher ist denn näher?

$B_2$: Der Südbahnhof. Nur fünf Minuten oder so.

$A_3$: Halten da aber auch Eilzüge?

$B_3$: Ja ja, Eilzüge schon, Nur der Intercity nicht.

$A_4$: Also dann geh' ich wohl am besten dahin.

---

[45] Vgl. dazu Jefferson 1972
[46] Beispiel und Analyseschema nach Franck 1980, S. 62 f. — Vgl. auch Kap. 5, Beispiel (5)

### 4.3.3. Die Gesprächssequenz als kommunikativ-funktionale Einheit

$B_4$: Ja also da gehen Sie einfach diese Straße ganz hoch bis zu der Ampel dort, sehen Sie, und dann liegt der gleich rechts um die Ecke, das sehen Sie dann, wenn Sie da einbiegen.
$A_5$: Vielen Dank.

Die Zusammenhänge zwischen den Fragen und den Antworten lassen sich schematisch folgendermaßen darstellen:

$A_1$ = Frage 1
  $B_1$ = Frage 2
    $A_2$ = Frage 3
    $B_2$ = Antwort 3
    $A_3$ = Frage 4
    $B_3$ = Antwort 4
  $A_4$ = Antwort 2
$B_4$ = Antwort 1

Es wird deutlich, daß die Abfolge nicht willkürlich ist: „Die Abarbeitung der noch offenen Obligationen erfolgt von innen nach außen"[47], d. h., sobald eine Zwischenfrage beantwortet ist, muß die Frage, die unmittelbar zurückliegt und noch offen ist, zuerst behandelt werden.

Vielfach werden zweigliedrige Sequenzen zu dreigliedrigen erweitert.[48] Der erste Sprecher beantwortet dann die Reaktion seines Partners mit einer (positiven oder negativen) Honorierung. So kann eine Vorwurf-Rechtfertigungs-Sequenz durch einen weiteren Gesprächsschritt, der die Rücknahme des Vorwurfs ausdrückt, verlängert werden. Der (erste) Sprecher kann aber auch auf seinem Vorwurf beharren und durch dieses Insistieren eine oder mehrere Wiederholungen der Sequenz herbeiführen.

Abschließend ist noch darauf hinzuweisen, daß nicht jede Folge von Gesprächsschritten eine Gesprächssequenz (im oben definierten Sinn) darstellt. Vor allem in Dissensgesprächen wird häufig die mit einem sequenzeröffnenden Gesprächsschritt (z.B. einem Vorwurf) gesetzte „Obligation", in einem bestimmten Handlungsrahmen zu reagieren, vom Gesprächspartner nicht erfüllt. Der Angegriffene antwortet dann z.B. mit einem Gegenvorwurf. Wir können das an dem folgenden Ausschnitt aus einem Streitgespräch zwischen K. v. Dohnanyi (A) und W. L. Kiep (B) verdeutlichen, das unmittelbar vor einer Landtagswahl in Hamburg gesendet wurde (am 9.12.1982 im 3. Programm Nord).

---

[47] Franck 1980, S. 62
[48] Vgl. dazu Kienpointner 1983, S. 47 f.

## 4. Einheiten und Strukturen

Beispiel (16):

```
1  B:  zunächst mal möchte ich Sie daran erinnern herr
2      von Dohnanyi es gibt eine wahl
3  A:  richtig
4  B:  frei und geheim
5  A:  richtig und Sie habn dagegn gestimmt daß das
6      parlament aufgelöst wird
7  B:  herr von Dohnanyi würdn Sie vielleicht
8  A:  ja
9  B:  in unseren gesprächn eins unterlassn was ich
10     also nicht vertragn kann immer diesen finger
```

A wirft B vor, sich auf eine von ihm nicht gewollte Tatsache zu berufen ( *es gibt eine wahl* — 2/5/6). B geht auf diesen Vorwurf nicht ein; er nimmt vielmehr einen plötzlichen „Switch" auf die Beziehungsebene vor, indem er A bittet, das Deuten mit dem Finger auf den Gesprächspartner zu unterlassen (7/9/10). Damit bewertet er das Verhalten As als einen Verstoß gegen eine allgemein anerkannte Verhaltensnorm (das Deuten mit dem Finger auf Menschen gilt allgemein als ungehörig bzw. anmaßend und schulmeisterlich). Bs Reaktion gehört nicht zu den mit dem Sprechhandlungstyp „Vorwerfen" etablierten Fortsetzungsalternativen; B durchbricht also das konventionelle Schema.

Es stellt sich nun die Frage, ob der Begriff der Gesprächssequenz nicht zu eng gefaßt ist, wenn man ihn nur auf die in besonderer Weise konventionalisierten bzw. ritualisierten Gesprächsschrittpaare bezieht. Auch die Folge Vorwurf-Gegenvorwurf erfüllt ja in gewisser Weise die Bedingung der „bedingten Erwartbarkeit", zumindest im Rahmen eines Streitgesprächs. Für diesen Gesprächstyp ist es keinesfalls ungewöhnlich, daß ein Vorwurf einen Gegenvorwurf nach sich zieht. Allerdings unterscheidet sich eine solche Folge grundsätzlich von einer Gesprächss e q u e n z (wie Vorwurf-Rechtfertigung oder Vorwurf-Entschuldigung). Mit einem Gegenvorwurf zu reagieren, gehört nicht zu den sequentiellen Implikationen, die mit einer Vorwurfshandlung verbunden sind. Gegenvorwürfe sprengen vielmehr die mit einem Vorwurf etablierten interaktiven Verbindlichkeiten; sie verstoßen gegen die „rituelle Ordnung", die als Basis von Interaktion überhaupt angesehen werden muß.[49] Deshalb drohen eine Eskalation des Konflikts oder gar der Gesprächsabbruch.

Es ist somit gut begründet, wenn wir den Begriff „Gesprächssequenz" primär auf die sog. Paarsequenzen beziehen. Eine Gesprächsschrittfolge, die nicht

---

[49] Vgl. dazu Goffman 1971, S. 50 ff.; Holly 1979, S. 35 ff.

auf der Relation der bedingten Erwartbarkeit (im engeren Sinn) beruht, soll demgegenüber als „Gesprächsschritt-Verknüpfung" bezeichnet werden.[50]

### 4.3.4. Zur interaktiven Funktion von Gesprächssequenzen

Gesprächssequenzen erfüllen wichtige Funktionen im Hinblick auf die Beziehungskonstitution in Gesprächen. Die Gesprächsforschung hat in dieser Hinsicht vor allem die Bedeutung bestimmter Sequenztypen für die Imagearbeit untersucht (E. Goffman, W. Holly u. a.).[51] Wir wollen im folgenden auf diesen Aspekt näher eingehen; er dient uns auch als Kriterium zur Klassifikation von Sequenzen.

E. Goffman definiert „Image" („face") als „ein in Termini sozial anerkannter Eigenschaften umschriebenes Selbstbild"[52]; es handelt sich also um „das alltägliche Selbstbild eines jeden, das unbewußt bleiben kann und im allgemeinen Gegenstand automatisierter Handlungen ist"[53]. Das Image repräsentiert einen „sozialen Wert", der im Unterschied etwa zu Würde, Ehre, gutem Namen usw. nicht auf situationsübergreifende Eigenschaften bezogen ist, sondern in jeder Gesprächssituation neu aufgebaut bzw. gestützt werden muß.[54] Die Aufrechterhaltung von Images wird als grundlegend für jede Interaktion betrachtet.[55] Man geht davon aus, daß die Interaktanten bestrebt sind, das eigene Image wie auch das der anderen zu wahren, zumindest auf einer oberflächlichen (höflichen) Ebene („Wahrung des Scheins")[56]. Sie erhalten dadurch die rituelle Ordnung, die als Bedingung für das Funktionieren von Interaktion überhaupt gilt.[57] Die Interaktanten leisten so ständig Imagearbeit,

---

[50] Vgl. dazu auch Wunderlich 1974, S. 347, der im Rahmen der Sprechakttheorie zwischen „Sequenz" (wenn „unbedingte Obligationen zur Fortsetzung vorliegen") und „Verkettung" (ohne solche Obligationen) unterscheidet. — Vgl. auch Henne/Rehbock 1982, S. 204 f.
[51] Goffman 1971; Holly 1979; Selting 1987. — Wir orientieren uns im folgenden an Hollys Darstellung (1979); vgl. auch Holly 2001
[52] Goffman 1971, S. 10
[53] Holly 1979, S. 35 f.
[54] Holly 1979, S. 36; Selting 1987, S. 335
[55] Goffman 1971, S. 17; Holly 1979, S. 41
[56] Zur Oberflächlichkeit ritueller Muster vgl. Holly 1979, S. 44 f.
[57] Goffman 1971, S. 50 ff. — Unter „Ritual" versteht Goffman „eine mechanische, konventionalisierte Handlung, durch die ein Individuum seinen Respekt und seine Ehrerbietung für ein Objekt von höchstem Wert gegenüber diesem Objekt oder seinem Stellvertreter bezeugt" (Goffman 1974, S. 97). — Zum Ritualbegriff vgl. außerdem Hartmann 1973, S. 136 ff.; Holly 1979, S. 39 f.; Werlen 1984, Kap. 1, bes. S. 64 ff.; Werlen 2001

## 4. Einheiten und Strukturen

d. h., sie betreiben wechselseitig „Imagepflege" und achten darauf, daß die „Imagebalance" nicht gestört wird.[58]

Unter dem Aspekt der Imagearbeit können nun zwei Klassen von Gesprächssequenzen voneinander abgehoben werden, die „bestätigenden" und die „korrektiven" Sequenzen.[59]

Wir wollen uns zunächst kurz mit den Bestätigungssequenzen befassen. Eine bestätigende Sequenz liegt dann vor, wenn auf einen bestätigenden Gesprächsschritt eines Interaktanten ein bestätigender Schritt eines anderen Gesprächsteilnehmers folgt. Es ergibt sich also folgende Struktur:[60]

1. Schritt
(Interaktant A)

2. Schritt
(Interaktant B)

In der Forschung werden vier Grundtypen unterschieden:[61]

— Sympathie- bzw. Interessebekundungen (Typ I)

Typische Sequenzen sind z. B.: Informationsfrage — Höfliche Auskunft; Selbstlob — Zustimmung/Bestätigung; Interessewerbung — Interessebekundung; Interessierte Frage — Dank/Auskunft; Kompliment/Lob — Dank/Zustimmung/Abschwächung usw.

— Höfliche Angebote (Typ II)

Typische Sequenzen sind etwa: Höfliches Angebot — Dank/Akzeptieren; Einladung — Dank/Höfliche Ablehnung; Willkommenheißen — Dank usw.

---

[58] Vgl. die Beschreibung von „Techniken der Imagepflege" in Goffman 1971, S. 10—53
[59] Nach Holly 1979, S. 47 ff. (im Anschluß an Goffman 1974, S. 97—254)
[60] Nach Holly 1979, S. 48
[61] Vgl. dazu die schematische Übersicht bei Holly 1979, S. 51 f.

### 4.3.4. Zur interaktiven Funktion von Gesprächssequenzen

— Ratifizierungen (Typ III)

Typische Sequenzen sind u. a.: Mitteilung (über Veränderung) — Anerkennung/Würdigung/Zustimmung/Glückwunsch/Beileidsbezeugung; Anerkennung/Zustimmung/Glückwunsch/Beileidsbezeugung — Dank/Abschwächung usw.

— Zugänglichkeitsbekundungen (Typ IV)

Typische Sequenzen sind z. B.: Begrüßung — Begrüßung; Verabschiedung — Verabschiedung; Eröffnung — Bestätigung; Beendigung — Bestätigung usw.

Die Typen I und II sind nach interpersonalen Themen, die Typen III und IV nach speziellen Funktionen (für die Bestätigung der Beziehung) voneinander abgegrenzt.[62]

Außerdem wird noch die Art des Imagebezugs berücksichtigt.[63] So können sich die Typen I und III sowohl auf das Image des Initianten als auch des Partners beziehen (vgl. Interessewerbung — Interessebekundung vs. Interessebekundung/Kompliment — Dank/Zustimmung; Mitteilung — Anerkennung vs. Glückwunsch — Dank). Sequenzen des Typs II betreffen das Image des Reagierenden, während Zugänglichkeitsrituale (Typ IV) immer beiden Images gelten.

In konkreten Gesprächen kommen die Typen auch in vielfältigen Kombinationen vor, so daß sich erweiterte (drei- und mehrgliedrige) Sequenzen ergeben können. So wird z. B. ein Dank oft mit einer Bagatellisierung (*keine Ursache, nicht dafür* u.ä.) honoriert.[64]

Wir wollen Bestätigungssequenzen nun exemplarisch an den beiden folgenden Gesprächsausschnitten verdeutlichen:

Beispiel (17):

A: es gibt ja viele umschreibungen aber toilettendame ist eigentlich richtig
B: ja sicher und wenn es uns nicht gäbe könnte keiner hingehen
A: da ham Sie völlich recht

Der Ausschnitt entstammt der Eröffnungsphase eines Interviews, das die Moderatorin M. L. Steinbauer (A) am 4.2.1983 in der NDR-Talkshow mit einer Toilettenfrau (B) aus Hamburg führte.

---

[62] Vgl. Goffman 1974, S. 101 und 103
[63] Vgl. Holly 1979, S. 51 f.
[64] Vgl. Holly 1979, S. 52 f.

## 4. Einheiten und Strukturen

Wir können zwei miteinander verbundene Bestätigungssequenzen unterscheiden. Beide sind dem Typ I zuzuordnen, unterscheiden sich aber in ihrem Imagebezug.

Die Moderatorin eröffnet die erste Sequenz mit einer deutlichen Partnerbestätigung bzw. -aufwertung (signalisiert durch die Wahl des positiv besetzten Ausdrucks *toilettendame*). B schließt die Sequenz im ersten Teil ihres Gesprächsbeitrags mit einer Zustimmung (*ja sicher*) ab und initiiert zugleich mit ihrem zweiten Teilschritt (*und wenn es ...*), der eine Selbstbestätigung, (Selbstlob o. ä.) ausdrückt, eine neue Sequenz; diese wird dann durch eine explizit formulierte Zustimmung seitens der Moderatorin beendet. In der Terminologie W. Hollys liegt im ersten Fall eine „Reagentenbestätigungsrunde" und im zweiten Fall eine „Initiantenbestätigungsrunde" vor.[65]

Beispiel (18):

```
1  B: meine partnerin in einem Wallace-film damals äh
2     Sie wissn ja ich hab son paar von den dingern
3     gemacht also dieser partnerin trachtetn krokodile
4     nach dem lebn die lag in sonem grabn da untn drin
5     und die krokodile kamen und rissen die mäuler auf
6     und die zähne standn da und ich hatte also wirklich
7     angst das warn besonders hübsches mädchn ein
8     starlett damals und äh wie ich gesehn hab also
9     diese krokodile diesm entzückndn kind da nach dem
10    leibe trachtetn und sich da son hübsches frühstück
11    vorstelltn da hab ich gedacht jetzt muß ich ein-
12    schreitn dieses hübsche mädchn hieß Uschi Glas
13    weißt du noch wo das war
14 A: ja das war in in in im SCHNALZEN aquarium in in
15    Berlin
16 B: Berlin im aquarium ja
```

Dieser Ausschnitt ist einem Gespräch entnommen, das der Moderator J. Fuchsberger (B) am 24. 5. 1983 in der Talkshow „Heut' abend" mit der Schauspielerin U. Glas geführt hat.

---

[65] Unter dem Aspekt der (positiven bzw. negativen) Bewertung unterscheidet Holly (1979, S. 73 ff.) vier Grundtypen ritueller Muster: Selbstbestätigungen und Partnerbestätigungen einerseits, Selbstkritiken und Partnerkritiken andererseits. Diesen evaluativen Typen entsprechend werden dann typische bestätigende und korrektive Sequenzen („Runden") unterschieden wie die Initiantenbestätigungsrunde (= bestätigte Selbstbestätigung), die Reagentenbestätigungsrunde (z. B. Kompliment und dessen Bestätigung), die Partnerbestätigungsrunde (z. B. Gruß — Gegengruß) usw.

### 4.3.4. Zur interaktiven Funktion von Gesprächssequenzen

Es handelt sich um eine erweiterte (dreigliedrige) Bestätigungssequenz. Der sequenzeröffnende Schritt (1—13) enthält zwar auch Elemente der Selbstbestätigung, es dominiert aber die Partnerbestätigung. Wir finden durchweg Bestätigungen des Typs I, insbesondere (indirekte) Komplimente.

Da B seinen Gesprächsschritt mit einer „interessierten Frage" abschließt, braucht A zunächst nicht auf die Komplimente einzugehen (zumal diese auch indirekt realisiert sind); die mit der Frage etablierte Obligation hat Vorrang. A erfüllt diese (ritualisierte) Erwartung, indem sie die „Auskunft" gibt. Dabei wird durch die Partikel *ja* sowie die Konstruktionsübernahme (*das war* ...) zusätzlich Bestätigung und Zustimmung signalisiert. Diese zweigliedrige Kernsequenz (1—13 und 14/15) wird nun durch einen dritten Schritt erweitert (16), mit dem B die Reaktion As positiv honoriert (Bestätigung durch Wiederholung plus Zustimmungspartikel *ja*). Was den dominierenden Imagebezug betrifft, so liegt eine sog. Reagentenbestätigungssequenz vor.

Bestätigende Sequenzen haben im Gespräch die Aufgabe, durch Aufrechterhaltung der Imagebalance eine harmonische Beziehung zu konstituieren. Wird dieses (rituelle) Gleichgewicht durch irgendwelche Verhaltensweisen (Handlungen, Äußerungen o. dergl.) gestört, sind „korrektive" Schritte, d. h. „Ausgleichshandlungen"[66], notwendig, um den Ausgangszustand wieder herzustellen. Einer korrektiven Sequenz geht also ein Verhalten des einen Interaktanten voraus, das von dem anderen als „Zwischenfall"[67], d. h. als Verstoß gegen die Regeln der rituellen Ordnung und damit als Imagebedrohung bzw. -verletzung interpretiert wird. Zwischenfälle können durch zu wenig Selbstachtung („sich gehen lassen"), durch zu wenig Achtung gegenüber fremden Images („zu nahe treten") oder durch zu wenig Zurückhaltung gegenüber dem eigenen Image („angeben") hervorgerufen werden.[68] Ein solches Verhalten wird in der Regel dadurch als Zwischenfall markiert, daß vom Gegenüber eine „Veranlassung"[69] (Vorwurf, Vorhaltung, Anklage, Beschwerde u. ä.) geäußert wird. Damit ist die Sequenz eröffnet.[70] Der zweite Schritt der Sequenz ist dann der sog. Korrektivschritt. Mit der Äußerung eines Korrektivs[71] nimmt

---

[66] Goffman 1971, S. 25
[67] Terminus nach Holly 1979, S. 53 ff.
[68] Vgl. dazu Holly 1979, S. 53
[69] Terminus nach Holly 1979, S. 54
[70] Im Unterschied zu Holly, der den „Zwischenfall" als ersten Schritt der Sequenz zählt (1979, S. 54).
[71] In der Linguistischen Pragmatik wird dieser zweite Schritt auch „Account" genannt (z. B. von Rehbein 1972, S. 295 im Anschluß an Scott/Lyman 1968). Im

der Angegriffene insofern eine Umdeutung bezüglich der negativen Interpretation seines Verhaltens vor, als er klarstellt, daß keine Imageverletzung intendiert war. Die Sequenz wird durch einen dritten Schritt, der eine (positive oder negative) Honorierung ausdrückt, abgeschlossen. Der korrektiven Sequenz liegt also eine dreigliedrige Kernstruktur zugrunde, die schematisch folgendermaßen dargestellt werden kann:[72]

1. Schritt
(Interaktant A)

2. Schritt
(Interaktant B)

3. Schritt
(Interaktant A)

Eine Erweiterung ist möglich, und zwar bei positiver Honorierung (Entgegenkommen) durch zusätzliche Bestätigungshandlungen bzw. -sequenzen (z. B. Dank; Dank-Bagatellisierung u. ä.). Eine negative Honorierung (Insistieren)[73] führt demgegenüber zur Wiederholung der Sequenz.

In der Forschung hat man sich besonders um eine Typologie von Korrektiven bemüht.[74] Wir wollen kurz auf die wichtigsten Typen eingehen. Eine grundlegende Unterscheidung wird zunächst zwischen „Entschuldigungen" und

---

Unterschied zu „Korrektiv" ist „Account" nicht nur auf die (möglichen) Entgegnungen in rituellen Vorwurfssequenzen bezogen (in denen es den Interaktionspartnern primär um die Wiederherstellung verletzter Images im Sinne von Goffman und Holly geht), sondern auf die (konventionellen) Reaktionen in Vorwurfsinteraktionen überhaupt (also auch auf „instrumentelle", in denen die Klärung von Vorwürfen im Vordergrund steht). — Vgl. auch Holly 1979, S. 54 f. — Zum allgemeinen Begriff des „account" s. Abschn. 5.3.2.

[72] Die beiden ersten Schritte entsprechen der sog. Vorwurf-Rechtfertigungssequenz, die in der Linguistischen Pragmatik bereits genauer beschrieben wurde (als Musterbeispiel für Sprechaktsequenzen). Vgl. etwa Rehbein 1972; Fritz/Hundsnurscher 1975; Frankenberg 1979; Kopperschmidt 1980, S. 77 ff.; Kienpointner 1983, S. 48 ff.

[73] Zum „Insistieren" vgl. Franke 1983

[74] Vgl. die Übersicht bei Holly 1979, S. 72 (im Anschluß an Goffman 1974, S. 138 ff.)

### 4.3.4. Zur interaktiven Funktion von Gesprächssequenzen

„Rechtfertigungen" gemacht.[75] Als Kriterien fungieren dabei die beiden folgenden Gesichtspunkte:[76]

— Übernahme der vollen Verantwortung für die in Frage stehende Handlung

— Anerkennung der im Vorwurf ausgedrückten negativen Bewertung der Handlung

Mit einer Rechtfertigung übernimmt der Reagent die volle Verantwortung für die verurteilte Handlung, nicht aber deren negative Bewertung. Mit der Entschuldigung verhält es sich genau umgekehrt: Die negative Bewertung der Handlung wird akzeptiert, die volle Verantwortung aber zurückgewiesen.

Eine weitere Möglichkeit, auf einen Vorwurf zu reagieren, ist das Bestreiten der Handlung oder der Täterschaft.

Wir wollen diese Haupttypen korrektiver Schritte nun an einigen Gesprächsausschnitten verdeutlichen:

Beispiel (19):

```
 1  A: lass mich doch lassn Sie
 2     ⌈mich zu ende⌉
 3  B: ⌊ja          ⌋
 4     bitte
 5  A: redn äh
 6     ⌈ich         ⌉
 7  B: ⌊wenn Sie nur⌋
 8     nicht gegn meinen stuhl tretn
 9     ⌈herr Baring     ⌉
10  A: ⌊ich werde meinem⌋
11     ich werde
12     ⌈meinem landesverband äh⌉
13  C: ⌊LACHEN ((Applaus))    ⌋
14  A: das kommt in der erregung
15     ⌈des schönen gesprächs⌉
16  B: ⌊ja ja ja irgndwo     ⌋
17     bleibt das
18     ⌈lampnfieber⌉
19  A: ⌊ja         ⌋
20  B: hängn ja
```

---

[75] Vgl. Holly 1979, S. 62f., der im Anschluß an Scott/Lyman 1968 (dt. 1976, S. 76ff.; S. 82ff.) eine Reihe von Untertypen unterscheidet. — Vgl. auch Rehbein 1972, S. 305 ff.
[76] Nach Holly 1979, S. 62

## 4. Einheiten und Strukturen

21  A: ja ja ähm da ham Sies ja leichter weil Sies häufiger
22      machn

Der Ausschnitt ist dem bereits zitierten Talkshowgespräch (s. o. Beispiel 5) zwischen Prof. Baring (A) und dem Moderator E. Chr. Hirsch (B) entnommen (C = Studiopublikum).

B unterbricht As Ausführungen mit einer ironischen Zurechtweisung (die den Vorwurf impliziert, gegen geltende Höflichkeitsregeln verstoßen zu haben). A reagiert mit einer Entschuldigung, indem er sich auf ein unkontrollierbares Verhalten („Erregung") beruft und damit die volle Verantwortung für sein Fehlverhalten ablehnt. B akzeptiert diesen Korrekturschritt sofort (*lampenfieber*). Die Sequenz wird erweitert um einen Schritt As, in dem dieser als Dank für das Entgegenkommen eine Partnerbestätigung ausdrückt (Hervorhebung von Bs medialer Erfahrung).

Beispiel (20):

1  B: also in diesem falle wenn du dich entschieden
2      hast dafür dann hättest du
3  A: ich hab es entschieden und ich hab getan was
4      du gewollt hast net
5      ⌈wahr?⌉
6  B: ⌊ja    ⌋
7      sicherlich

Der Ausschnitt entstammt dem bereits zitierten privaten Gespräch, das ein Ehepaar (A = Frau; B = Mann) über Erziehungsfragen führt (s. o. Beispiel 2).

Vorgeschichte: A und B waren gemeinsam ausgegangen und hatten ihr Kind allein zu Haus gelassen. A hatte auf die Aufforderung ihres Mannes hin die Tür des Kinderzimmers abgeschlossen, obwohl sie das Einschließen im Grunde nicht für gut hält. Sie war noch einmal zurückgegangen, als das Kind gegen die Tür geschlagen hatte.

B stuft dieses inkonsequente Verhalten seiner Frau als Zwischenfall ein und eröffnet die Sequenz mit einem Vorwurfschritt, der zwar elliptisch bleibt, aus dem Kontext heraus aber folgendermaßen expliziert werden kann: Wenn du dich tatsächlich dafür entschieden hättest, unser Kind nicht einzuschließen, dann hättest du auch entsprechend handeln müssen. A weist zwar im ersten Teil von (3/4) den Vorwurf der Entscheidungsschwäche zurück, sie fügt dann aber eine Entschuldigung hinzu, indem sie angibt, primär dem Willen ihres Mannes entsprochen zu haben (aus Angst vor Sanktionen, wie sie etwas später sagt: *denn hätt ich nicht abgeschlossen hättest du mich wieder geschimpft im auto furchtbar und das wollt ich auch wieder net*). A beruft sich also darauf, in der Realisierung ihrer Entscheidung (das Kinderzimmer nicht abzuschlie-

## 4.3.4. Zur interaktiven Funktion von Gesprächssequenzen

ßen) nicht frei gewesen zu sein. B schließt die Sequenz mit einer positiven Honorierung ab (er signalisiert Zustimmung).

Beispiel (21):

```
1  A:  dies erscheint mir als scharlatanerie nehmen Sie's
2      mir nicht übel
3  B:  herr Lindlau Sie haben keine ahnung von der materie
4      sind Sie mir nicht böse?
5  A:  natürlich nicht
```

Es handelt sich um einen Ausschnitt aus einem Talkshowinterview (aus: „III nach neun" vom 19. 4. 1985) zwischen dem Moderator D. Lindlau (A) und dem Arzt Prof. Hackethal (B).

A nimmt Bs Publikationen zur Krebstherapie zum Anlaß, um eine Anklage zu formulieren (1), wobei der Ausdruck *scharlatanerie* aufgrund seiner negativen Konnotationen eine massive Imageverletzung darstellt. B übernimmt mit seinem Korrektivschritt zwar die volle Verantwortung für sein Handeln, spricht A aber die Berechtigung (Kompetenz) ab, einen solchen Vorwurf überhaupt zu äußern. Er realisiert damit einen Subtyp der Rechtfertigung, der in der Literatur zur Vorwurf-Rechtfertigungs-Interaktion als „Nichtanerkennung der Autorisierung des Vorwurfs" bezeichnet wird.[77]

In die Vorwurf-Rechtfertigungssequenz sind nun weitere Korrektivschritte eingebettet. So beenden A und B ihren Gesprächsschritt jeweils mit der Höflichkeitsfloskel *nehmen Sie's mir nicht übel* bzw. *sind Sie mir nicht böse*. Diese Äußerungen sind einem Korrektivtyp zuzuordnen, den wir noch nicht erwähnt haben, der sog. Bitte („request")[78], die eine Art präventiver Höflichkeitsmaßnahme darstellt, um die mit dem Vorwurf verbundene Imageverletzung abzumildern und dadurch die gestörte rituelle Ordnung zumindest dem Schein nach wiederherzustellen. Während A in (5) eine positive Honorierung ausspricht, signalisiert B kein Entgegenkommen.

Beispiel (22):

```
1  B:  Sie haben Sie haben der politik und allen politikern
2      vorgeworfen und zwar so pauschal daß es mich schon
3      geärgert hat ATEM HOLEN daß sie korrupt seien auf
4      eine korrupte
```

---

[77] Rehbein 1972, S. 313
[78] Vgl. dazu Goffman 1974, S. 163 ff.; Holly 1979, S. 70 („Höfliche Ersuchen")

*4. Einheiten und Strukturen*

```
5      ⎡weise          ⎤
6   A: ⎣ich habe nicht ⎦
7   B: korrupt gemacht
8      ⎡Sie haben ⎤
9   A: ⎣wenn Sie s⎦
10     gelesen haben und wenn Sie s gelesen
11     ⎡hätten   ⎤
12  B: ⎣Sie haben⎦
13     gesagt
14  A: was in Ihrem gewerbe leider gottes auch nicht
15     ⎡immer die regel ist⎤
16  B: ⎣Sie haben gesagt   ⎦
17     auf korrupte weise Ihr vermögen gebildet auf
18     korrupte weise
19     ⎡und zwar  ⎤
20  A: ⎣das hab ich⎦
21     nicht gesagt das ...
```

Dieser Ausschnitt ist wieder dem Baring-Hirsch-Gespräch (s. o. Beispiel 5) entnommen. Er verdeutlicht die Reaktion des Bestreitens, die oben als dritte Möglichkeit genannt wurde, um auf einen Vorwurf zu antworten. B eröffnet die Sequenz mit dem Vorwurf, A habe die Politiker in einer zu pauschalen Weise der Korruption bezichtigt. A bestreitet, die Handlung überhaupt begangen zu haben (d. h. in diesem Fall: sich in der verurteilten Form geäußert zu haben — es geht dabei um den Ausdruck *korrupt*). Er kombiniert diesen Korrektivschritt mit einem „sequenzsprengenden" Gegenvorwurf (9—11 und 14/15). B geht weder auf das Korrektiv noch auf den Gegenangriff ein; er insistiert auf seinem Vorwurf; die Sequenz wird iteriert: Die Wiederholung des Vorwurfs ist in den Zeilen (8, 12/13, 16—19) enthalten; der Antwortschritt (20/21) besteht in nochmaligem Bestreiten.

Es ist nun zu beachten, daß die behandelten Sequenztypen Grundformen darstellen, die nicht immer so explizit realisiert werden wie in den analysierten Gesprächsausschnitten. Je nach Gesprächssituation (institutionellem Rahmen, Art der Partnerbeziehung usw.) sind verschiedene Ausprägungen (Varianten) möglich.[79] So können u. a. Schritte umgestellt oder weggelassen werden. Wenn wir uns auf die korrektive Sequenz beschränken, so ist z. B. festzustellen, daß in Alltagsgesprächen zwischen Partnern, die einander fremd sind oder sich nur flüchtig kennen, nicht selten der Vorwurfsschritt entfällt, da der Regelverletzer bereits von sich aus einen Korrektivschritt vollzieht. Diese Variante läßt sich an dem folgenden Ausschnitt aus einem telefo-

---

[79] Vgl. dazu Holly 1979, S. 58 ff.

### 4.3.4. Zur interaktiven Funktion von Gesprächssequenzen

nischen Beratungsgespräch (A: Berater, B: anonyme Anruferin) verdeutlichen.

Beispiel (23)[80]:

```
B: gut vielen dank
A: ⎡bitte schön   ⎤
B: ⎣das war schön ⎦
    daß ich Sie mal ((Geräusch)) huch ich fall mit m stuhl
    um entschuldigung
B: bitte schön
```

In der Beendigungsphase des Gesprächs entschuldigt sich die Anruferin für eine akustische Störung, die sie plötzlich verursacht hat (Typ: Entschuldigung durch Berufung auf unglücklichen Umstand o.ä.), noch bevor dieser Vorgang von A überhaupt als Zwischenfall markiert wird bzw. werden könnte. A quittiert die Entschuldigung mit einer positiven Honorierung.

Anzumerken ist noch, daß einzelne Schritte beider Sequenztypen in Alltagsgesprächen oft nur nonverbal (etwa durch mimisch-gestische Mittel) realisiert werden.[81]

Abschließend wollen wir nochmals betonen, daß wir in diesem Abschnitt Gesprächssequenzen nur in ihrer Funktion bezüglich des Wechselprozesses von „Imagepflege" und „Imagebalance" beschrieben und klassifiziert haben. Häufig werden Gesprächssequenzen auch primär „instrumentell" verwendet.[82] Sie sind dann weniger auf die Aufrechterhaltung von Images als auf die Erfüllung anderer Ziele gerichtet. So dienen etwa Vorwurf-Rechtfertigungssequenzen dazu, Sachfragen zu klären, Handlungsbewertungen vorzunehmen, Geltungsansprüche auszuhandeln u.a.m. Sie sind dann aber zumeist in komplexere Interaktionsmuster integriert (z.B. in Argumentationen)[83]. Allerdings ist Goffman[84] wohl darin zuzustimmen, daß auch in solchen (instrumentellen) Interaktionen die rituelle Ordnung als allgemeine kommunikative Basis Gültigkeit behält, wenn auch vielfach nur im Sinne oberfläch-

---

[80] Aus: Texte gesprochener dt. Standardsprache I, S. 138 (anderer Transkriptionsschlüssel)
[81] Vgl. auch Goffman 1974, S. 206 f.
[82] Vgl. auch Holly 1979, S.55 und 59; s. auch Anm. 71 sowie das Beispiel (7) in Kap. 5
[83] Vgl. dazu Kienpointner (1983, S. 49 f.), der meint, es gehöre zur „Charakteristik" der Vorwurf-Rechtfertigungssequenz, „daß sie in Argumentationen münden kann."
[84] Vgl. Goffman 1971, S. 16 f.; dazu auch Holly 1979, S. 44

licher Höflichkeit (vgl. etwa die Höflichkeitsfloskeln in Gesprächsausschnitt 21).

Die dargestellten Sequenztypen (vor allem die Bestätigungssequenzen) sind in ihrer rituellen Bedeutung besonders charakteristisch für die Eröffnungs- und die Beendigungsphase von Gesprächen; in der Kernphase spielen sie in der Regel eine untergeordnete Rolle.[85]

Damit ist die oberste Struktureinheit des Gesprächs angesprochen, die Gesprächsphase, der wir uns nun zuwenden wollen.

## 4.4. Die Gesprächsphase

### 4.4.1. Grundsätzliches zur Phasengliederung

Gespräche lassen sich prinzipiell in drei Phasen gliedern, in eine Eröffnungs-, eine Kern- und eine Beendigungsphase. Die Eröffnungsphase dient dazu, die Vorstellungen hinsichtlich der Gesprächssituation zu koordinieren („Situationsdefinition") und wechselseitig Gesprächsbereitschaft herzustellen. In der Kernphase werden Kommunikationsgegenstände (die Gesprächsthemen) abgehandelt und Gesprächsziele verfolgt. Die Funktion der Beendigungsphase besteht dann in der gemeinsamen Auflösung der Gesprächsbereitschaft.[86]

In der Forschung hat man sich besonders intensiv mit der Struktur von Eröffnungs- und Beendigungsphasen befaßt.[87] Das liegt darin begründet, daß diese Phasen aus stark ritualisierten Elementen bestehen und einen relativ einfachen Aufbau aufweisen. Es gibt allerdings eine Reihe von Varianten, da zum einen die Kommunikationsformen (wie Telefongespräch, „face-to-face"-Gespräch, Rundfunk- und Fernsehgespräch) besondere Formen der Eröffnung und Beendigung ausgebildet haben, zum anderen verschiedene Faktoren der sozialen Situation die Ausprägung dieser Phasen zusätzlich beeinflussen. Wir wollen das in den nächsten Abschnitten an einigen Beispielen ansatzweise verdeutlichen.

---

[85] Vgl. Holly 1979, S. 73
[86] Vgl. auch Ramge 1978, S. 82; Henne/Rehbock 1982, S. 20 ff. (Sie sprechen statt von „Kernphase" von „Gesprächsmitte".); Spiegel/Spranz-Fogasy 2001
[87] Vgl. etwa Schegloff 1972; Schegloff/Sacks 1973; Jäger 1976; Berens 1981; Werlen 1984, Kap. 4

## 4.4.2. Zur Struktur von Gesprächseröffnungen

Im Unterschied zur Eröffnungs- und Beendigungsphase wirft die Beschreibung der Kernphase noch zahlreiche Probleme auf.[88] Kernphasen sind in der Regel nicht nur weitaus komplexer strukturiert, sondern auch in einem viel höheren Maße offen für individuelle Gestaltungsmöglichkeiten. Es haben sich aber in der Sprachgemeinschaft gesprächstypspezifische Ablaufmuster (sog. Handlungspläne) entwickelt, die den Interaktanten mehr oder weniger feste Orientierungen für ihr Sprachhandeln geben. Entsprechende Untersuchungen liegen bisher nur für wenige Gesprächstypen vor (z. B. Wegauskunft, telefonische Kurzberatung, Verkaufsgespräch).[89] Die Gesprächsanalyse befindet sich in diesem Bereich noch in einem recht vorläufigen Forschungsstadium. Wir werden auf die Struktur von Kernphasen ansatzweise in Abschnitt 4.4.4. eingehen.

### 4.4.2. Zur Struktur von Gesprächseröffnungen

Die Grundstruktur der Eröffnungsphase soll an der Kommunikationsform „Telefongespräch" erläutert werden. Telefongespräche sind innerhalb der Gesprächsforschung bereits genauer untersucht worden; sie bieten sich vor allem deshalb an, weil in ihnen — im Unterschied zu „face-to-face"-Gesprächen — alle Elemente (Schritte) verbalisiert werden müssen.[90] Nach E. A. Schegloff (1972) werden Telefongespräche mit einer Aufforderung-Antwort-Sequenz („summons-answer-sequence") eröffnet. Als Aufforderung fungiert das Klingelzeichen. Der Anrufer manifestiert dadurch seine Gesprächsbereitschaft. Die „Antwort" besteht zumeist im Abnehmen des Hörers; es können aber auch zusätzlich Partikeln wie *ja? hallo?* geäußert werden. Der Angerufene zeigt dadurch, daß er „bedingt gesprächsbereit" ist.[91] Wesentlich für den Aufbau der Eröffnungsphase ist nun eine weitere Paarsequenz, die als wechselseitige Identifizierung charakterisiert werden kann: Der Angerufene setzt seine Reaktion („Antwort") mit einer Identifikationshandlung fort, die insofern initiativ ist, als sie eine Aufforderung zur Gegenidentifikation darstellt. Identifikation und Gegenidentifikation verbinden sich häufig mit einer Begrüßungssequenz.

Für das Eröffnungsritual sind also folgende Paarsequenzen konstitutiv:

---

[88] Vgl. auch Henne/Rehbock 1982, S. 22
[89] Vgl. z. B. Wunderlich 1978 (Wegauskunft); Schank 1981 (Telefonische Kurzberatung); Holly 1981 (Verhör); Hundsnurscher/Franke 1985 (Verkaufs-/Einkaufs-Gespräch)
[90] Vgl. aus der in Anm. 87 angegebenen Literatur bes. Werlen 1984, S. 233—250
[91] Vgl. dazu Werlen 1984, S. 236

## 4. Einheiten und Strukturen

Klingeln — Antwort
Identifikation — Gegenidentifikation   *u.S. Schema*
Gruß — Gegengruß

Eine Erweiterung durch die sog. Wohlergehenssequenz (Frage nach dem Wohlergehen — Dank) ist möglich. Mit der Einführung des Themas durch den Anrufer beginnt dann die Kernphase des Gesprächs. Der Eintritt in die Kernphase vollzieht sich allerdings in der Regel nicht abrupt, sondern wird häufig angekündigt (etwa durch Formulierungen wie *ich habe da einen Fall, über den ich mit dir gern sprechen möchte; ich habe folgendes Problem, und zwar* ... o. ä.). Eine solche Äußerung ist als ein weitgehend ritualisierter „Übergangsschritt" zu betrachten[92], der für den Anrufer die Funktion hat, sich der Bereitschaft des Angerufenen zu versichern, in die Kernphase einzutreten.

Es ist nun zu beachten, daß das Schema eine Art Grund- oder Idealform repräsentiert, die in den konkreten Telefongesprächen in vielfältigen Ausprägungen (Varianten) erscheinen kann. So ist die Reihenfolge der Schritte nur z.T. festgelegt. Häufig sind Identifizierungs- und Grußschritte eng miteinander verflochten.[93] Auch sind nicht immer alle Schritte realisiert. Es wird z. B. die Gegenidentifikation weggelassen, wenn der Angerufene den Anrufer bereits an der Stimme erkennt. Ein Gegengruß entfällt, wenn der Anrufer unmittelbar nach der Identifikation (+ Gruß) das Thema einführt. In Gesprächen mit Institutionen kann die Grußsequenz sogar ganz fehlen.

Dazu nun einige Beispiele:[94]

Beispiel (24):

(Telefon klingelt)

A: xxx yyy guten tag
B: ja guten tag B können Sie mir jemand geben aus der autozubehörabteilung

---

[92] Werlen (1984, S. 244 ff.) rechnet die Themaeinführung noch zum Eröffnungsritual (der Anrufer schlage mit der Einführung des Themas „eine gewisse Situationsdefinition" vor, die der Angerufene mit seinem Eingehen auf das Thema akzeptiere — ebd. S. 246). Diese Auffassung berücksichtigt u.E. nicht genügend, daß sich die Themaeinführung durch ihre spezifische Ausrichtung auf die Kernphase deutlich vom allgemeinen Eröffnungsritual abhebt.

[93] Vgl. auch Werlen 1984, S. 237

[94] Vgl. dazu auch Werlen 1984, S. 235 ff., der die Eröffnungen aller in „Texte gesprochener deutscher Standardsprache" veröffentlichten Telefongespräche aus dem „Freiburger Korpus" untersucht hat (29 Gesprächsanfänge). — Beispiel (24) ist abgedruckt in „Texte" IV, S. 56; Beispiel (25) in „Texte" IV, S. 63; Beispiel (26) in „Texte" III, S. 147.

### 4.4.2. Zur Struktur von Gesprächseröffnungen

(Anfang eines Telefongesprächs mit einem Supermarkt; A = Angestellter, B = Kunde; xxx = Name der Firma, yyy = Name der Stadt)

Es sind alle im Schema aufgeführten Schritte realisiert; die Grußsequenz wird mit der Identifikationssequenz kombiniert (also: Identifikation + Gruß — Gegengruß + Gegenidentifikation).

Beispiel (25):

(Telefon klingelt)
A: auskunft hauptbahnhof xxx
B: ja guten tag B äh ich hätt gern eine zugverbindung ...
(Anfang eines Telefongesprächs mit der Bundesbahn; A = auskunftgebender Beamter; B = Anrufer; xxx = Name der Stadt)

In diesem Beispiel fehlt der Gruß des Angerufenen, so daß sich die folgende Struktur ergibt: (Klingeln) — („Antwort") + Identifikation — Gruß + Gegenidentifikation. Es handelt sich um eine Variante, die für Gespräche mit Institutionen charakteristisch ist.

Beispiel (26):

(Telefon klingelt)
A: A
B: guten abend hier B könnte ich herrn professor N einmal sprechen?
A: der is im moment noch nicht da
(Beginn eines privaten Telefongesprächs; A = Name der Angerufenen; B = Name des Anrufers)

In diesem Beispiel fällt der Gegengruß des Angerufenen weg. Da B nach der Gegenidentifikation unmittelbar das Thema (in Frageform) einführt, ist ein Gegengruß des Angerufenen nicht mehr angebracht.[95] Die mit der Frage verbundene „Obligation" (Beantwortung) hat Vorrang. Die Untersuchung einer größeren Zahl von Telefongesprächen (insbesondere mit Institutionen) führt zu dem Ergebnis, daß Gegengrüße häufig dann unterbleiben, wenn der Angerufene mit seiner Identifikation k e i n e n Gruß verbindet.[96]

Beispiel (27):

(Telefon klingelt)
A: Marcus guten abend

---

[95] Vgl. dazu auch Werlen 1984, S. 238
[96] Vgl. Werlen 1984, S. 239

## 4. Einheiten und Strukturen

B: guten abend doktor Marcus ich habe Ihre sendung ...

Beispiel (28):

(Telefon klingelt)

A: vier-vier-eins-sieben-sieben-sieben Marcus

B: ja guten abend doktor Marcus

A: guten abend

Beide Eröffnungen stammen aus Telefongesprächen der Sendung „Was wollen Sie wissen?" des NDR 2. Da die Anrufer anonym bleiben sollen, ist eine Gegenidentifikation nicht realisiert.[97] Was die Grußsequenz betrifft, so ist sie in (27) mit der Identifikation verknüpft, während sie in (28) separat auftritt. In beiden Beispielen verbindet der Anrufer seinen Gruß mit einer Anrede.[98]

Beispiel (29):

(Telefon klingelt)

A: A
B: morgen A
A: ⎡hallo⎤ B
B: ⎣hallo⎦ ich wollt dich einmal aufwecken

(Beginn des bereits zitierten privaten Telefongesprächs zwischen Freunden — s. Beispiel 1; A meldet sich mit seinem Familiennamen; danach werden nur Vornamen gebraucht)

In diesem Beispiel kann die Gegenidentifikation wegbleiben, da A seinen Freund offenbar an der Stimme erkennt. Der zweite Gesprächsschritt (Gruß + Anrede) übernimmt aber gewissermaßen die Funktion einer Identifikation. Indem B spricht, identifiziert er sich gegenüber A.[99] So läßt sich erklären, daß B den Gruß (*hallo B*) simultan erwidert, obwohl er bereits gegrüßt hat.

Wir wollen damit unsere Präsentation von telefonischen Eröffnungen abschließen. Es konnten nur einige gängige Realisierungsmöglichkeiten der Grundstruktur aufgeführt werden; das Spektrum ist natürlich sehr viel breiter.

---

[97] Vgl. auch Werlen 1984, S. 238 (am Beispiel von „Hollander-Gesprächen" aus dem Freiburger Korpus)
[98] Zur Verbindung von Begrüßungen mit Anreden vgl. Werlen 1984, S. 243
[99] So auch Werlen 1984, S.239

### 4.4.3. Zur Struktur von Gesprächsbeendigungen

Die Beendigungsphase eines Gesprächs wird eingeleitet, wenn zwischen den Interaktanten darüber Einverständnis erzielt worden ist, daß das „eigentliche" Gespräch, d. h. die Behandlung der Gesprächsthemen, abgeschlossen ist. Dieser Prozeß gestaltet sich u. U. recht schwierig, denn jede Themenbeendigung kann die Einführung eines neuen Themas bewirken.[100] Es gibt verschiedene Mittel, die eine Themenbeendigung anzeigen (z. B. simultanes Sprechen identischer Äußerungen, Wiederholungen, bestimmte Abschlußsignale wie *gut, das wär's* usw.).[101] Entscheidend ist, daß jeder Beendigungsversuch der Bestätigung durch den bzw. die Gesprächspartner bedarf; erst dann kann es zur Beendigung des Gesprächs kommen. Die gemeinsame Themenbeendigung geht also als Abschluß der Kernphase der Beendigungsphase voraus.[102]

Wir wollen die Struktur von Gesprächsbeendigungen wiederum an Telefongesprächen verdeutlichen. Es sind im wesentlichen die folgenden zweigliedrigen Sequenztypen, die für die Beendigungsphase dieser Kommunikationsform charakteristisch sind:

— die Resümeesequenz

Sie folgt der gemeinsamen Themenbeendigung. Einer der Interaktanten (zumeist der Anrufer) gibt eine Art Zusammenfassung (Fazit) des Gesprächs bzw. wichtiger Aspekte des Gesprächs; der andere reagiert vielfach mit einer Bestätigung (*ja, gut* usw.).

— die Danksequenz

Diese Sequenz besteht aus den Handlungstypen Dank — Gegendank/Zustimmung/Bagatellisierung o. ä.

— die Wunschsequenz

Es handelt sich um eine Paarsequenz mit den Handlungstypen Wunsch/Ratschlag — Dank

---

[100] Vgl. Schegloff/Sacks 1973; Henne/Rehbock 1982, S. 22; Jäger 1976; Werlen 1984, S. 250—259
[101] Vgl. Werlen 1984, S. 252
[102] Im Unterschied zu Werlen, der bereits die Themabeendigung zur Beendigungsphase rechnet (1984, S. 250 ff.).

## 4. Einheiten und Strukturen

— die Verabschiedungssequenz

In ihr werden wechselseitig Abschiedsgrüße ausgetauscht.[103]

Auch für die Gesprächsbeendigung gibt es eine Reihe von Varianten. Im Unterschied zur Eröffnungsphase wird die Reihenfolge der Schritte zwar nur selten verändert[104]; es kommen aber nicht immer alle Sequenzen vor; am häufigsten fehlen die Dank- und die Wunschsequenz; sie sind in der Regel mit bestimmten Gesprächssituationen bzw. Gesprächstypen verbunden. In ihrer elementarsten Form umfaßt die Beendigungsphase nur das sog. Verabschiedungsritual (Abschiedsgruß — Abschiedsgruß).

Die folgenden Beispiele zeigen einige Realisationsformen.[105]

Beispiel (30):

```
1  A:  hm gut B dann bis gleich
2  B:  ja
3      ⎡bis⎤
4  A:  ⎣ne?⎦
5  B:  ein uhr
6      ⎡nicht?⎤
7  A:  ⎣ja    ⎦
8  B:  ⎡mit gemahlenem⎤
9  A:  ⎣tschüß        ⎦
10 B:  kaffee
11     HUSTEN AUFLACHEN
12 A:  ja ja ja
13 B:  grüß dich
14 A:  bis dann
```

Es handelt sich um das Ende eines privaten Telefongesprächs. A und B (Anrufer), die sich gut kennen, treffen eine Verabredung zum Besuch. In (1) folgt den Themenabschlußsignalen (*hm gut* + Anrede) ein kurzes Resümee As (*dann bis gleich ne*), das B mit seinem Resümee fast simultan beantwortet. Nach wechselseitigem Austausch von Sprecher- und Hörersignal (*nicht? — ja*)

---

[103] Nach Werlen (1984, S. 259) besteht das Beendigungsritual von Telefongesprächen demgegenüber aus folgenden Schritten: Themabeendigung, Resümee, Dank — Dankantwort, Verabschiedung — Gegenverabschiedung; Wünsche, Ratschläge u. dergl. werden wohl zum Resümee gerechnet.
[104] Vgl. auch Werlen 1984, S. 259
[105] Die Beendigungen (30), (31), (32) werden z.T. auch von Werlen (1984, S. 253 ff.) analysiert. — Beispiel (30) ist abgedruckt in „Texte" III, S. 68/69; Beispiel (31) in „Texte" III, S. 66; Beispiel (32) in „Texte" III, S. 149.

### 4.4.3. Zur Struktur von Gesprächsbeendigungen

in (6/7) hält A die Resümeesequenz für beendet und geht direkt zum Verabschiedungsritual über (9). B quittiert diesen Schritt nicht; er liefert vielmehr noch einen Nachtrag zu seinem Resümee (8/10). A reagiert darauf (ein wenig ungeduldig?) mit einem dreimaligen *ja* (12). Nach dieser Unterbrechung wird die Verabschiedungssequenz erneut eingeleitet. Bs sequenzeröffnender Abschiedsgruß (13) verlangt eine entsprechende Antwort, die A dann in (14) in Form einer weiteren Grußformel gibt. Damit ist die Sequenz abgeschlossen.

Beispiel (31):

```
 1  B: gut also
 2     ⌈bis ⌉
 3  A: ⌊gut⌋ B ja und werd richtig wach nicht? und
 4     ⌈kurier⌉
 5  B: ⌊ja    ⌋
 6  A: deinen schnupfen
 7     KURZES AUFLACHEN
 8  B: das kommt schon
 9     KURZES LACHEN
10  A: gut
11     ⌈good-bye wiederhören⌉
12  B: ⌊also                ⌋
13  A: bis dann
```

Diese Beendigung stammt aus der bereits zitierten telefonischen Besuchsabsprache zwischen Freunden (s. o. Beispiel 1).

B (Anrufer) quittiert die Themenbeendigung mit der Partikel *gut* und geht dann zum Resümee über (*also bis*), das A aber mit einer Bestätigung unterbricht (*gut* + Anrede), um eine Wunschsequenz anzubringen (3/4/6); B antwortet mit einer Zustimmung (*ja — das kommt schon —* 5/8). A leitet daraufhin mit der Partikel *gut* (hier in der Funktion eines Gliederungssignals) die Verabschiedungssequenz ein; er reiht dabei drei Grußformeln aneinander (11/13). Der entsprechende Abschiedsgruß Bs (12) bleibt auf der Tonbandaufzeichnung des Gesprächs unverständlich.

Beispiel (32):

```
1  B: ja gut recht vielen dank
2     ⌈und entschuldigen Sie⌉
3  A: ⌊nichts zu danken     ⌋
4  B: die störung
5     ⌈bitte nicht?⌉
6  A: ⌊das macht   ⌋
7     gar nichts
```

## 4. Einheiten und Strukturen

8   ⎡auf wiedersehen herr B⎤
9 B: ⎣schön                 ⎦
10    auf wiedersehen

Die Interaktanten dieser telefonischen Terminabsprache kennen sich nur flüchtig (B = Anrufer). Nachdem B die Themenbeendigung mit *ja gut* quittiert hat, leitet er die Beendigungsphase mit einem Dank ein, den A mit einer Bagatellisierung beantwortet (1–3). Mit dieser Sequenz verbindet sich ein (dreigliedriges) Entschuldigungsritual: Bitte um Entschuldigung (2/4/5) – Entgegenkommen (6/7) – Dank (9). Eine Verabschiedungssequenz (8/10) beendet das Gespräch.

Beispiel (33):

1 B: na ja ist gut dann werd ich das wohl mal machen
2 A: ja
3 B: erst mal schönen dank
4   ⎡ne   ⎤
5 A: ⎣bitte⎦
6    und sehr viel erfolg dabei
7 B: ja danke tschüs
8 A: tschüs

Wir haben die Beendigung eines telefonischen Beratungsgesprächs aus der Reihe „Was wollen Sie wissen" (NDR 2) vor uns.

Die Anruferin (B) akzeptiert in (1) die Handlungsanweisung des Beraters und signalisiert dadurch die Beendigung des Themas. A quittiert diesen Schritt mit der Partikel *ja*. Mit der Annahme des Ratschlags ist das Gesprächsziel eines solchen Beratungsgesprächs erreicht; ein Resümee ist zumeist überflüssig. So initiiert die Anruferin unmittelbar nach Abschluß der Kernphase eine Danksequenz (3/4). Mit der Quittierung (5) verbindet der Berater noch einen Wunsch (6), auf den die Anruferin mit einem Dank reagiert (7). Es folgt die abschließende Grußsequenz (7/8).

Wir wollen damit die Ausführungen zu Formen der Gesprächsbeendigung in Telefongesprächen abschließen. Anzumerken ist, daß sich in „face-to-face"-Gesprächen grundsätzlich die gleichen Sequenztypen finden, wenn auch verknüpft mit nonverbalen Beendigungsritualen. Die Kommunikationsformen „Telefongespräch" und „face-to-face"-Gespräch unterscheiden sich vor allem in der Eröffnungsphase.[106]

---

[106] Vgl. Werlen 1984, S.263 und S. 250 (im Anschluß an Schegloff 1980)

### 4.4.4. Zur Struktur von Kernphasen

Im Unterschied zu Eröffnungs- und Beendigungsphasen, die sich in verschiedenen Gesprächstypen mehr oder weniger ähneln und nur hinsichtlich ihrer situations- oder institutionsbedingten Ausführlichkeit variieren, zeigen Kernphasen spezifische, typbedingte Ablaufstrukturen. Es liegen dazu jedoch noch kaum Untersuchungen vor (s. Anm. 89). Wir beschränken uns deshalb im folgenden auf die Darstellung begrifflicher und methodischer Grundlagen für die Analyse von Kernphasen.

Einleitungs- und Schlußphasen lassen sich — wie wir gesehen haben — weitgehend als einfache Folgen von bestimmten Sequenztypen (vornehmlich bestätigenden Charakters) beschreiben. Kernphasen sind demgegenüber in der Regel weitaus komplexer aufgebaut. Es ist deshalb nicht sinnvoll, von Gesprächssequenzen auszugehen. Wir müssen zunächst größere Struktureinheiten ausgrenzen. Diese Einheiten können — entsprechend der Funktion von Kernphasen für die Abhandlung von Themen und die Verwirklichung von Handlungszielen — auf zwei eng miteinander verbundenen Ebenen dargestellt werden, auf der thematischen Ebene und auf der Handlungsebene.

Wir gehen zuerst auf die thematische Gliederung ein. Der Bereich der Gesprächsthematik ist bisher am ausführlichsten von G. Schank behandelt worden.[107] Schank gibt einen Überblick über verschiedene Aspekte der Themenforschung und konzentriert sich dann auf die Bestimmung des thematischen Abschnitts als einer grundlegenden Beobachtungseinheit der Gesprächsanalyse. Ein thematischer Abschnitt ist dadurch gekennzeichnet, daß die Bedingungen für die Einheitlichkeit eines Themas eingehalten sind, d. h. daß die Aufmerksamkeitsausrichtung (Fokus) der Gesprächsteilnehmer auf einen Gegenstand oder Sachverhalt konstant bleibt. Es handelt sich also um den Ausschnitt eines Gesprächs, der „zwischen zwei Themenwechseln liegt". Die Ausgrenzung thematischer Abschnitte erfolgt über Signale und Formulierungshandlungen, allerdings auf der Basis einer inhaltlichen Grobsegmentierung des Gesprächs, die der Forscher unter intuitiver Anwendung des Kriteriums „Themenwechsel" vornimmt.[108]

Wir wollen das Verfahren an zwei Ausschnitten aus einem telefonischen Beratungsgespräch verdeutlichen (A: Berater Dr. M.; B: Anruferin).[109]

---

[107] Schank 1977 und 1981, Teil I
[108] Vgl. Schank 1981, S. 21 ff. und S. 51 ff. (Definition: S. 51)
[109] Aus der NDR-Sendereihe „Was wollen Sie wissen?" vom 17. 1. 1985

*4. Einheiten und Strukturen*

Beispiel (34):

```
 1  B: ich höre immer Ihre sendung und möchte Sie selber
 2     mal + um rat fragen
 3  A: ja
 4  B: HOLT LUFT und zwar lerne also bin ich verkäuferin
 5  A: ja
 6  B: bin achtzehn jahre alt + und habe + einen jungen
 7     kennengelernt der ist dreiundzwanzig
 8     ⌈und⌉
 9  A: ⌊ja ⌋
10  B: ich weiß einfach nicht wie ich den näher
11     kennenlernen könnte
12  A: ja erzählen Sie einmal wie haben Sie ihn denn
13     überhaupt kennengelernt
14  B: ja also ich muß öfters botengänge machen
15  A: mhm
16  B: und denn bedient er mich hin und wieder und ich
17     find ihn also ganz toll
18  A: und was meinen Sie denn wie er Sie findet
```

Der Ausschnitt schließt sich unmittelbar an die Eröffnungsphase an und umfaßt zwei thematische Abschnitte. Das Thema (Inhaltskern, „Fokus") des ersten Abschnitts (1—11) wird von der Anruferin in Gesprächsschritt (10/11) formuliert und kann auf einer abstrakteren Ebene folgendermaßen paraphrasiert werden: Problem der Kontaktaufnahme zu einem jungen Mann. Die Informationen zur eigenen Person (Alter, Beruf) und zu dem jungen Mann (Alter) sind als Unterthemen zu betrachten. Es fällt auf, daß dieser Abschnitt nicht durch Signale und/oder Formulierungshandlungen im Schankschen Sinn abgegrenzt ist.[110]

---

[110] Signale sind bei Schank (1981, S. 56 ff.) Lexeme aus verschiedenen Wortarten mit Gliederungsfunktion (wie *also, übrigens, außerdem, aber, dann, ja* usw.) sowie bestimmte prosodische und nonverbale Phänomene (wie stille Pausen, Sprechtempo, Lachen usw.). — Formulierungshandlungen werden definiert als „Handlungen, mit denen die Gesprächsteilnehmer — sei es explizit verbal, sei es nicht explizit verbal — über einzelne Merkmale der sozialen Situation, die ihr Gespräch darstellt, kommunizieren", also als „metakommunikative" Handlungen (Schank 1981, S. 71 ff.). Im Zentrum der Untersuchung stehen dabei die Handlungen, die sich auf das Thema des Gesprächs beziehen, da sie als relevant für die thematische Gliederung eingestuft werden (z. B. Anrede und Namensnennung, Aufmerksamkeitsappelle, Strukturierungen, Evaluierungen, Resümees usw.).

#### 4.4.4. Zur Struktur von Kernphasen

Der zweite Abschnitt (12—17) hat die Vorgeschichte der Beziehung (das Kennenlernen des jungen Mannes) zum Thema. Er wird vom Berater initiiert. Als Gliederungssignal fungiert hier die Partikel *ja*, die aber kein spezifisches Einleitungssignal für thematische Abschnitte darstellt (wie etwa der Gesprächsschritt in Zeile 14 zeigt). Eine Formulierungshandlung (Typ: Evaluierung) markiert das Ende des Abschnitts (16/17).

Mit Zeile (18) beginnt ein weiterer thematischer Abschnitt; er wird durch eine Fragehandlung des Beraters initiiert (Thema: Bewertung der Anruferin aus der Sicht des jungen Mannes).

Beispiel (35):

```
 1  B:  ich hab mir schon gesagt
 2      ⌈wenn ich⌉
 3  A:  ⌊was    ⌋
 4  B:  nun mal schreibe
 5  A:  ja
 6  B:  aber ich ja auf der anderen seite ich weiß es
 7      nicht ob das richtig ist
 8  A:  es ist aber auch etwas umständlich ihm zu
 9      ⌈schreiben⌉
10  B:  ⌊mhm      ⌋
11  A:  Sie könnten es ihm dann ja auch sagen
12  B:  ach nee das das mag ich eben nicht ich +
13      ich weiß nicht
14  A:  das bereitet Ihnen schwierigkeiten
15  B:  ja
```

Dieser Ausschnitt (aus demselben Gespräch) besteht ebenfalls aus zwei thematischen Abschnitten. Das Thema des ersten Abschnitts (1—10) läßt sich mit „Kontaktaufnahme durch Schreiben" paraphrasieren. Während Einleitungssignale fehlen, kann der Gesprächsschritt in Zeile (8/9) als evaluative Formulierungshandlung (im Sinne Schanks) interpretiert werden, auf die die Anruferin mit dem Hörersignal *mhm* antwortet.

Der nächste Abschnitt (11—15) mit dem Thema „Kontaktaufnahme durch Ansprechen" wird wiederum ohne Einleitungssignal eröffnet. Als Abschlußsignal kann man die Partikel *ja* (15) ansehen, die die Antwort auf eine Rückfrage des Beraters darstellt (mit der er sich noch einmal vergewissert, ob er die Ratsucherin richtig verstanden hat).

Die Themen beider Abschnitte stehen in einem engen Zusammenhang; sie könnten auch als Subthemen zu dem übergeordneten Thema „Möglichkeiten der Kontaktaufnahme" betrachtet werden; als Hyperthema (Kernthema) des Gesprächs würde dann die Nennung des Problems im ersten thematischen Abschnitt (s. o.) fungieren. Auf diese Weise ließe sich die thematische Struktur des Gesamtgesprächs als Hierarchie von Themen (und thematischen Abschnitten) darstellen.

Die Analysen zeigen, daß die Segmentierung in thematische Abschnitte nicht unproblematisch ist. Die Schwierigkeiten bestehen zum einen darin, daß die von Schank aufgeführten Signale und Formulierungshandlungen — falls überhaupt vorhanden — nur selten eindeutige Indikatoren für den Themenwechsel sind. So ergeben sich zwischen der intuitiven Segmentierung durch den Forscher und der Gliederung, die die Teilnehmer erkennbar signalisieren, oftmals erhebliche Unterschiede.[111] Zum anderen hängt die Anzahl der ausgegrenzten Themen und ihre Unterteilung in Haupt- und Subthemen sowohl von dem Gesamtverständnis ab, das der Forscher von dem Gespräch gewinnt, als auch besonders von der Abstraktionsebene, auf der die thematische Analyse jeweils durchgeführt wird.[112] Es läßt sich keine „mechanische" Prozedur angeben, die nach endlich vielen Schritten automatisch zur „richtigen" Themenausgrenzung führen würde. Die Segmentierung in thematische Abschnitte ist ein interpretatives Verfahren. So können auch verschiedene Forscher für ein und dasselbe Gespräch zu durchaus unterschiedlichen Ergebnissen kommen. Trotz dieser Problematik (Subjektivität der Gliederung) bildet eine Aufteilung der Kernphase in thematische Abschnitte eine wichtige Grundlage für die Analyse eines Gesprächs. Es läßt sich damit eine erste Gliederung des Gesprächsverlaufs gewinnen, auf der weiterführende Untersuchungen, etwa zur Handlungs- und Beziehungskonstitution, aufbauen können.

Wir kommen nun zum zweiten Segmentierungsverfahren, das auf der Handlungsebene angesiedelt ist. Es ist ebenfalls von G. Schank entwickelt worden. Schank geht vom Begriff des Handlungsplans aus, den er definiert als „eine antizipierte Abfolge von Teilzielen und die auf die Realisierung derselben gerichtete Abfolge von Intentionen, durch die ein gegenwärtig bestehender Zustand in einen kontrafaktischen erstrebten Zielzustand überführt werden soll"[113].

---

[111] Vgl. auch Brinker 1988a, S. 27
[112] Darauf weisen auch Boueke/Klein (1981, S. 193 f.) hin, die die Themen in Alltagsgesprächen von Kindern untersucht haben.
[113] Schank 1981, S. 181 (unter Rückgriff auf Miller u. a. 1973)

### 4.4.4. Zur Struktur von Kernphasen

Gesprächstypen sind jeweils durch spezifische Handlungspläne gekennzeichnet. Schank konzentriert sich in seiner Untersuchung ausschließlich auf telefonische Kurzberatungen, für die der Handlungsplan „Beraten" grundlegend ist.[114] In solchen Gesprächen geht es darum, einen negativen Ausgangszustand (AZ) des Ratsuchers in einen positiven Zielzustand (ZZ) zu überführen. Der Ausgangszustand wird markiert durch das Ratsucherproblem; der Zielzustand ist erreicht, wenn es gelingt, eine Handlungsanweisung zu finden, die geeignet erscheint, die negative Lage des Ratsuchers (die zu dem Gespräch geführt hat) ins Positive zu wenden (was natürlich außerhalb des Gesprächs liegt).

Für den Handlungsplan „Beraten", wie er sich im untersuchten Gesprächstyp „Telefonische Kurzberatung" manifestiert, sind nach Schank nun folgende Teilziele konstitutiv:

— die Explizierung des Problems durch den Ratsucher (PE)

— die Erfassung der Lage und Person des Ratsuchers durch den Berater (PLR)

— die Ratsuche (RS), d.h. das gemeinsame Erarbeiten einer Handlungsanweisung für den Ratsucher

— die Überprüfung der Akzeptabilität (AK) des Ratschlags (durch Akzeptationshandlungen des Ratsuchers)

Mit Hilfe dieser Teilziele versuchen die Gesprächspartner (Berater und Ratsucher), den Handlungsplan zu erfüllen und den Zielzustand (Formulierung einer Handlungsanweisung für den Ratsucher) zu erreichen. Wir wollen die Teile der Kernphase, in denen jeweils ein Teilziel realisiert wird, „Teilphasen" nennen.

Zu ergänzen ist noch ein weiteres Element des Handlungsplans, nämlich die „Schaffung einer Vertrauensbasis" (VB); sie gilt als „eine notwendige Voraussetzung für ein erfolgreiches Beratungsgespräch" und wird von Schank deshalb als „Rahmenhandlungsplan" betrachtet, in den der Handlungsplan „Beraten" eingebettet ist.[115]

---

[114] Vgl. dazu im einzelnen Schank 1981, S. 182 ff. — Wir geben im folgenden eine knappe Zusammenfassung der wichtigsten Ergebnisse.
[115] Schank 1981, S. 189 ff.

## 4. Einheiten und Strukturen

Schematisch läßt sich die Struktur des Gesprächstyps „Telefonische Kurzberatung" folgendermaßen darstellen:[116]

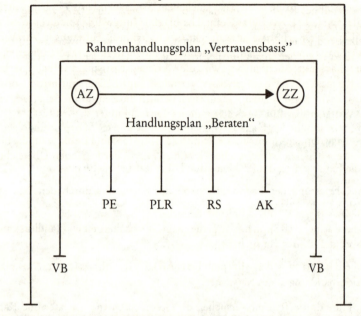

Es handelt sich um eine idealtypische Präsentation. Nur bei einem „glatten" Ablauf kommen die einzelnen Teilziele in der dargestellten Weise nacheinander im Gespräch vor. Bei den meisten Gesprächen ist eine diskontinuierliche Realisierung der Teilziele festzustellen, d. h., es kann ein früheres Teilziel später wieder aufgenommen werden, wenn sich herausstellt, daß es nicht ausreichend behandelt wurde. Schank spricht in solchen Fällen von „Schleifenbil-

---

[116] In Anlehnung an das Diagramm, das Schank (1981, S.199) gibt (vgl. dazu auch Schanks Grafik ebd. S.184)

#### 4.4.4. Zur Struktur von Kernphasen

dung"[117]. Wenn z.B. der Ratsucher in der Teilphase PLR erkennt, daß der Berater sein Problem noch nicht richtig verstanden hat, kann er nochmals zum Teilziel PE zurückkehren.

Eine besondere Rolle spielt das Planelement „Vertrauensbasis"; es hat prinzipiell keine feste Position im Gesprächsablauf. Häufig wird es zu Beginn oder am Ende der Kernphase ausgedrückt (s. Diagramm); Äußerungen zur Vertrauensbasis sind aber auch zwischendurch möglich. In Kurzberatungen des von Schank untersuchten Typs wird die Vertrauensbasis kaum verbalisiert, da der Ratsucher bereits ein gewisses Vertrauen zum Berater mitbringt (sonst würde er ihn nicht anrufen); im übrigen ist auch die Zeit für die Schaffung einer Vertrauensbasis in Gesprächen dieses Typs zu kurz.[118]

Wenn wir nun die Gesprächsausschnitte (34) und (35) im Hinblick auf die besprochenen Teilziele untersuchen, kommen wir zu der folgenden Übersicht:

| Thematischer Abschnitt | Teilziel | | Teilphase |
|---|---|---|---|
| (34) Z. 1—11 | PE | (Initiant: Ratsucher) | PE |
| Z. 12—17 | PLR | (Initiant: Berater) | PLR |
| Z. 18 ff. | PLR | (Initiant: Berater) | |
| (35) Z. 1—10 | RS | (Initiant: Ratsucher) | RS |
| Z. 11—15 | RS | (Initiant: Berater) | |

Ein Hinweis auf die bestehende Vertrauensbasis findet sich in der ersten Zeile von Beispiel (34), und zwar in Form einer indirekten Bestätigung (*ich höre immer Ihre sendung.*)

Die Aufstellung macht deutlich, daß zwischen der thematischen und der handlungsorientierten (zielorientierten) Gliederung der Kernphase kein 1:1-Verhältnis besteht; ein und dasselbe Teilziel kann in einem, in mehreren aufeinanderfolgenden oder in mehreren nicht direkt miteinander verbundenen thematischen Abschnitten verfolgt werden. In methodischer Hinsicht ist es sinnvoll, die Segmentierung in (zielorientierte) Teilphasen auf die thematische Gliederung zu beziehen. So lassen sich die unterschiedlichen thematischen Initiativen der Gesprächspartner bei der Verwirklichung der Teilziele

---

[117] Zu „glattem Ablauf" und „Schleifenbildung" vgl. im einzelnen Schank 1981, S. 213 ff.
[118] Vgl. Schank 1981, S. 190 f.

differenziert erfassen und dadurch Einsichten in den komplexen Zusammenhang von Zielrealisierung und Themenbehandlung gewinnen.

Gesprächstypspezifische Handlungspläne mit ihren konstitutiven Teilzielen sind bisher kaum untersucht worden; es gibt auch noch keine ausgearbeitete Typologie von Gesprächen. Wir wollen auf diese Problemstellung abschließend kurz eingehen.

### 4.4.5. Zum Problem der Typologisierung von Gesprächen

Gespräche lassen sich — wie (monologische) Texte[119] — unter verschiedenen Aspekten klassifizieren.[120] Die Grundfrage lautet auch hier: Welche Merkmale können überhaupt als zentral für eine Typologisierung gelten? Einzelne Kriterien wie etwa „Teilnehmerzahl" oder „Öffentlichkeitsgrad" führen für sich genommen nur zu recht groben Einteilungen (wie Zweiergespräch/ Gruppengespräch; Privatgespräch/Mediengespräch). Es ist deshalb in der Gesprächsforschung (wie in der Textlinguistik) sehr verbreitet, bei der Lösung des Problems von Merkmalskatalogen und Merkmalskombinationen auszugehen.[121] So umfaßt z. B. das Freiburger Redekonstellationsmodell (s. dazu auch o. Abschn. 2.2.) die folgenden (außersprachlichen) Kriterien: Sprecherzahl, Zeitreferenz, Verschränkung von Text und sozialer Situation, Rang, Grad der Vorbereitetheit, Zahl der Sprecherwechsel, Themafixierung, Modalität der Themenbehandlung, Öffentlichkeitsgrad.[122] Die in einem bestimmten Kommunikationsakt auftretende Merkmalskombination wird „Redekonstellation" genannt. Der Redekonstellation entspricht auf der sprachlichen Seite das „Textexemplar". Redekonstellationen mit gleichen oder annähernd gleichen Merkmalsausprägungen bilden einen Redekonstellationstyp, dem die „Textsorte" als Klasse von Textexemplaren zugeordnet wird.[123]

Anhand einer Auswahl von Kriterien aus der Freiburger Liste läßt sich z. B. der folgende Redekonstellationstyp beschreiben:[124]

Teilnehmerzahl:        2 Sprecher
Rang:                  1 Sprecher privilegiert

---

[119] Zum Problem der Textsortendifferenzierung vgl. Brinker 1997, S. 126 ff.
[120] Vgl. dazu auch Techtmeier 1984, S. 51
[121] Vgl. etwa die Klassifikationsansätze von Sandig 1972; Steger u. a. 1974; Dimter 1981; Isenberg 1984
[122] Vgl. Steger u. a. 1974, S. 78 ff.
[123] Steger u. a. 1974, S. 62
[124] Nach Schank/Schoenthal 1976, S. 41

### 4.4.5. Zum Problem der Typologisierung von Gesprächen

| | |
|---|---|
| Öffentlichkeitsgrad: | öffentlich |
| Kommunikationsmedium: | Face-to-face-Interaktion (mit massenmedialer Verbreitung) |
| Themenbehandlung: | argumentativ/deskriptiv |
| Zeitreferenz: | nicht-simultan |

Nach dem Freiburger Modell entspricht diesem Redekonstellationstyp eine bestimmte Textsorte, die „Interview" genannt wird. Es werden sechs Redekonstellationstypen unterschieden und exemplarisch zugehörige Textsorten in Form von alltagssprachlichen Textsortenbezeichnungen (wie Vortrag, Erzählung, Diskussion, Smalltalk, Interview) genannt. Dabei wird ausdrücklich betont, daß diese Termini „nicht als alltagssprachliche Ausdrücke zu verstehen" seien, „sondern sie sind definiert als sprachstrukturelle Bedingungen der jeweils zu einem Redekonstellationstyp gehörenden Textsorte"[125], d. h., es handelt sich bei diesen „Textsorten" um Konstrukte, die nicht unbedingt mit den alltagssprachlichen Textsortenkonzepten übereinstimmen müssen, für die allerdings eine eigene Nomenklatur nicht entwickelt wird.[126]

Zweifellos enthält die Freiburger Liste Kriterien, die für die Differenzierung von Gesprächstypen grundlegend sind; sie wirkt aber etwas ungeordnet und nicht ganz homogen, d. h., die aufgeführten Merkmale sind z.T. auf unterschiedlichen sprachtheoretischen Ebenen anzusiedeln (etwa auf der situativen und kommunikativ-funktionalen Ebene einerseits und der thematischen Ebene andererseits). Auch bleibt das Problem der Vollständigkeit ungeklärt, so daß relativ beliebig Merkmale hinzugefügt bzw. weggelassen werden könnten.[127]

Das gilt prinzipiell auch für den klassifikatorischen Ansatz, den H. Henne und H. Rehbock in ihrer „Einführung in die Gesprächsanalyse" vorgelegt haben und der eine Weiterentwicklung des Freiburger Modells darstellt.[128] In einem ersten Schritt unterscheiden die Autoren Gesprächsbereiche. „Gesprächsbereiche erfüllen für die Mitglieder der Gesellschaft je spezifische Funktionen (Zwecke) und sind demnach finalistisch, d. h. durch die Ziele und Zwecke der Gesprächsteilnehmer begründet".[129] Während z. B. der Ge-

---

[125] Steger u. a. 1974, S. 95. — Der Begriff der Textsorte bezieht sich hier auf monologische und dialogische Texte.
[126] Dimter (1981, S. 10) kritisiert, daß sich dieser Ansatz damit jeder Kritik unter empirischen Gesichtspunkten entziehe.
[127] Vgl. auch Dimter 1981, S. 10f.
[128] Vgl. Henne/Rehbock 1982, S. 32
[129] Henne/Rehbock 1982, S. 29

sprächsbereich „Kauf- und Verkaufsgespräche" vornehmlich eine instrumentelle Funktion erfülle, sei der Gesprächsbereich „Persönliche Unterhaltung" primär „kommunikativ" ausgerichtet, d. h. „arbeitsentlastet".[130] Die Gesprächsbereiche werden dann in kommunikativ-pragmatischer Hinsicht durch ein Kategorieninventar fundiert, das sich in vielen Punkten mit der Freiburger Liste berührt, aber systematischer konzipiert ist. Es umfaßt 10 „kommunikativ-pragmatisch bedeutsame Kategorien" (1. Gesprächsgattungen, 2. Raum-Zeit-Verhältnis, 3. Konstellation der Gesprächspartner, 4. Grad der Öffentlichkeit, 5. Soziales Verhältnis der Gesprächspartner, 6. Handlungsdimensionen des Gesprächs, 7. Bekanntheitsgrad der Gesprächspartner, 8. Grad der Vorbereitetheit der Gesprächspartner, 9. Themafixiertheit des Gesprächs, 10. Verhältnis von Kommunikation und nichtsprachlichen Handlungen).[131] Diese Kategorien werden jeweils in mehrere Subkategorien untergliedert (z. B. Kategorie 4 in „privat/nicht öffentlich/halb öffentlich/öffentlich"), die dann auf die konkreten Gespräche anzuwenden sind und eine Zuordnung zu bestimmten Gesprächstypen ermöglichen sollen. Die Gesprächstypen selbst werden „als kommunikativ-pragmatische Veranschaulichung (und evtl. Spezifizierung) der Gesprächsbereiche" aufgefaßt.[132]

An dem Kriterienkatalog von Henne und Rehbock kritisiert nun B. Techtmeier[133], daß nicht genügend zwischen primären und abgeleiteten Kriterien differenziert worden sei, so daß „Wesentlicheres und weniger Wesentliches" gleichberechtigt nebeneinander stünden. Als „primäre Kriterien" betrachtet sie die folgenden drei Merkmalskomplexe:

— „die gesellschaftliche Bedeutsamkeit und die Funktion des Gesprächs" (etwa die Punkte 4 und 10 bei Henne/Rehbock)

— „die soziale Partnerkonstellation des Gesprächs" (etwa die Punkte 5 und 7 bei Henne/Rehbock)

— „die äußere Konstellation des Gesprächs" (Punkt 2 bei Henne/Rehbock)

Von der Funktion abhängig seien aus dem Katalog von Henne/Rehbock z. B. die Punkte 1, 3, 4, 6, 8 und 9.[134] Diese kritischen Überlegungen führen aller-

---

[130] Henne/Rehbock 1982, S. 30
[131] Henne/Rehbock 1982, S. 32 f.
[132] Henne/Rehbock 1982, S. 31 f.
[133] Vgl. Techtmeier 1984, S. 51 ff.
[134] Techtmeier 1984, S. 54

### 4.4.5. Zum Problem der Typologisierung von Gesprächen

dings auch bei Techtmeier nicht zur Aufstellung einer geschlossenen Gesprächstypologie.

In Weiterführung der Kritik Techtmeiers stellt sich die Frage, ob beim Aufbau einer adäquaten Gesprächstypologie nicht von einem übergeordneten Kriterium ausgegangen werden sollte, so daß sich eine hierarchisch strukturierte Typologisierungsbasis ergäbe, wie sie — wenn auch mit etwas anderen Kategorien — bereits für (monologische) Texte zumindest umrißhaft entwickelt worden ist.[135] Als Basiskriterium würde sich die soziale Funktion, der gesellschaftliche Zweck von Gesprächen anbieten.

Insgesamt ist festzustellen, daß die linguistische Gesprächsforschung bisher noch damit beschäftigt ist, eine brauchbare Typologisierungsbasis zu erarbeiten; von der Aufstellung einer in sich stimmigen Gesprächstypologie ist man noch weit entfernt.[136]

Für die Analyse konkreter Gespräche ist eine solche Typologie auch nicht unbedingt notwendig; es genügt hier, den sozialen und situativen Kontext des jeweiligen Gesprächs (z. B. Kommunikationsform und Handlungsbereich) sowie die übergeordnete Funktion (Zweck, „Sitz im Leben") zu bestimmen, die das Gespräch in diesem Rahmen erfüllt bzw. erfüllen soll. Ziel dieser kontextuellen und kommunikativ-funktionalen Beschreibung ist es, die Interaktionsbedingungen und -normen zu rekonstruieren, die auf das Kommunikationsverhalten der Gesprächspartner einwirken. Bei diesem analytischen Schritt, der der gesprächsintern ausgerichteten Analyse vorauszugehen hat (s. dazu im einzelnen Kap. 6), können die besprochenen Merkmalskataloge durchaus wertvolle Dienste in h e u r i s t i s c h e r Hinsicht leisten.

---

[135] Vgl. dazu Brinker 1997, S. 133
[136] Zu neueren Überlegungen im Hinblick auf die Typologisierungsproblematik vgl. Mackeldey 1987; Knoblauch/Günthner 1997; Adamzik 2001; Sager 2001d

## 5. Interaktive Verfahren

### 5.1. Vorbemerkung

Dem Aufbau des Bandes entsprechend (s. o. Abschn. 2.3.) wollen wir uns im folgenden mit der Frage beschäftigen, wie denn die Gesprächspartner den Aktivitätskomplex „Gespräch" überhaupt herstellen. Die Einheiten und Strukturen werden sich bei dieser Sichtweise nicht als „fertige", vorgefundene Erscheinungen erweisen, sondern vielmehr als in einem permanenten Prozeß der sukzessiven Verfertigung entstehende interaktive Konstrukte. Haben wir also bisher das Gespräch von seinem manifesten (und dokumentierbaren) Ergebnis her betrachtet, wollen wir es nun in seinem prozeßhaften Zustandekommen analysieren. Dabei werden wir auf die Prinzipien und Basisverfahren einzugehen haben, die dieses Entstehen als solches ermöglichen.

Wenden wir uns diesen interaktiven Verfahren der Gesprächskonstituierung zu, werden wir feststellen können, daß mit dem Terminus des „interaktiven Verfahrens" eine begriffliche Ambiguität verbunden ist, die zunächst einmal genauer geklärt werden muß. So besteht zum einen die Möglichkeit, unter den „interaktiven Verfahren" solche der Gesprächsanalyse selbst zu verstehen. Damit wäre, im Gegensatz zu dem im vorangegangenen Kapitel beschriebenen analytischen Verfahren der Betrachtung struktureller Resultate, jene oben skizzierte prozeßorientierte Methode gemeint, die den Gesprächsverlauf in seinem Entstehen zu rekonstruieren versucht.[1] Zum anderen läßt sich der Begriff des „interaktiven Verfahrens" aber auch auf das Gespräch selbst beziehen. Er meint dann jenes wechselseitig aufeinander bezogene Kommunikationshandeln der Gesprächspartner, durch das ein Gespräch als solches erst entsteht.[2] Wir können „interaktives Verfahren" also sowohl im Sinne von wissenschaftlicher „interaktiver Verfahrensanalyse" als auch von

---

[1] Zur konversationsanalytischen Methodik im Sinne einer sukzessiven Verfahrensanalyse vgl. Bergmann 1981, S. 20 ff.; Psathas 1995; Deppermann 1997; 1999; Eberle 1997
[2] Diese interaktiven Methoden zur Herstellung von Gesprächen sind zentrales Ziel der Ethnomethodologie. Der Ausdruck „Methodologie" bezieht sich genau auf diese Verfahren der Gesellschaftsmitglieder, die im einzelnen zu rekonstruieren sind; dazu besonders Cicourel 1975; vgl. auch Heritage 1984.

### 5.2.1. Reflexivität und Indexikalität

alltagsweltlichem „interaktivem Handlungsverfahren" verstehen. Daß dies so ist, hängt nicht mit einer rein zufälligen Begriffsambiguität zusammen, sondern verweist auf ein zentrales und grundlegendes Problem jeder Gesprächsanalyse. Dieses Problem ist in der ethnomethodologischen Konversationsanalyse[3], auf die sich die folgenden Überlegungen weitgehend beziehen, unter den Termini der „Reflexivität und Indexikalität sprachlicher Kommunikation" diskutiert worden.[4]

Wir werden im folgenden Kapitel zunächst einmal diese beiden grundlegenden Begriffe erläutern, um danach auf den für eine Verfahrensanalyse zentralen Begriff des „Sinns" einzugehen. Vor dem Hintergrund dieser Diskussion wird es dann möglich, ein Kommunikationsmodell vorzuschlagen, das sich von dem bisher in der kommunikationsorientierten Linguistik verwendeten Konzept grundsätzlich unterscheidet.

## 5.2. Grundkonzepte

### 5.2.1. Reflexivität und Indexikalität

Reflexivität[5] der Sprache ist ein Phänomen, das bereits seit der Antike bekannt ist. Seine prägnanteste Formulierung hat es in der Antinomie vom Lügner gefunden. Wenn ich einen Satz äußere wie *Ich bin ein Lügner*, so besteht die damit verbundene logische Antinomie darin, daß dieser Satz nur dann wahr ist (ich also tatsächlich ein Lügner bin), wenn er falsch ist (ich also nicht gelogen habe und mithin auch kein Lügner bin), bzw. er ist nur dann falsch (also gelogen), wenn er wahr ist (ich also tatsächlich ein Lügner bin). B. Russels Lösung dieses logischen Problems bestand in der Entwicklung einer Typentheorie[6] der Sprache, bei der die Geltungsbereiche von Aussagen hierarchisch gegliedert werden. So muß man sehr genau trennen zwischen einer Objektsprache, in der etwa Aussagen über die Welt gemacht werden können (etwa: *Ich bin ein Lügner*) und einer Metasprache, in der Aussagen über die Objektsprache gemacht werden können (etwa: „Der Satz *Ich bin ein Lügner* ist wahr"). Der Geltungsbereich der Objektsprache ist somit ein anderer als der der Metasprache. Die oben skizzierte Antinomie, die sich auf alle Sätze

---

[3] Vgl. dazu im einzelnen o. Abschn. 2.2. (bes. Anm. 28)
[4] Diese beiden Begriffe werden diskutiert in Garfinkel/Sacks 1970 (dt. 1976).
[5] Deppermann 1997
[6] Whitehead/Russel 1910; vgl. auch Essler 1972, S. 121 ff.; zur Problematik aus ethnomethodologischer Sicht vgl. Garfinkel/Sacks 1970 (dt. 1976)

## 5. Interaktive Verfahren

bezieht, die sich selbst zum Gegenstand haben, besteht somit in der unzulässigen Vermengung der Geltungsbereiche von Objekt- und Metasprache.

In diesem Sinne sind sämtliche sprachwissenschaftlichen Aussagen stets solche einer Metasprache. Man kann also nur mit und in der Sprache über die Sprache reden. „Wenn ich über Sprache (...) rede", sagt L. Wittgenstein in den „Philosophischen Untersuchungen", „muß ich die Sprache des Alltags reden." Und er kommt dann zu dem provokativen Schluß: „Die Ergebnisse der Philosophie sind die Entdeckung irgendeines schlichten Unsinns und Beulen, die sich der Verstand beim Anrennen an die Grenze der Sprache geholt hat" (§ 119).[7] Man kann dieses Problem der „Unhintergehbarkeit der Sprache"[8] auf das Problem der Bedeutung sprachlicher Ausdrücke hin konkretisieren. Für Wittgenstein ist die „Bedeutung eines Wortes (...) sein Gebrauch in der Sprache" (§ 43).[9] Aber, so schreibt er in § 122: „Es ist eine Hauptquelle unseres Unverständnisses, daß wir den Gebrauch unserer Wörter nicht übersehen."[10] Denn, so heißt es in § 203: „Die Sprache ist ein Labyrinth von Wegen. Du kommst von einer Seite und kennst dich aus; du kommst von einer anderen zur selben Stelle, und kennst dich nicht mehr aus."[11] Oder, in einer umgekehrten Richtung gesehen, wird derselbe Gedanke in § 534 formuliert: „Eine Menge wohlbekannter Pfade führen von diesen Worten aus in alle Richtungen."[12]

Das Phänomen, auf das hier hingewiesen wird, ist einerseits das der Vagheit der Alltagssprache[13], in deren Äußerungen stets eine prinzipielle semantische Offenheit und Unbegrenztheit liegt, andererseits das Problem, diese Vagheit nur mittels derselben Alltagssprache, die eben Quelle dieser Vagheit ist, für den je gegebenen Fall zu präzisieren. Dies geschieht, wie es der Semiotiker U. Eco in einem anderen Zusammenhang ausdrückt, im Prozeß einer „unendlichen Semiose", bei der Sprache immer wieder durch Sprache gefaßt und gedeutet wird. Sprache ist ein „System, daß sich aus sich selbst heraus durch aufeinander folgende Systeme von Konventionen klärt, die sich gegen-

---

[7] Wittgenstein 1958 (dt. 1967, S. 68)
[8] Vgl. Holenstein 1980
[9] Wittgenstein 1958 (dt. 1967, S. 35)
[10] Wittgenstein 1958 (dt. 1967, S. 69)
[11] Wittgenstein 1958 (dt. 1967, S. 106)
[12] Wittgenstein 1958 (dt. 1967, S. 177)
[13] Zur Vagheitsproblematik aus linguistischer Sicht vgl. etwa Lakoff 1970 und Lakoff 1975 sowie Labov 1976; vgl. hierzu auch Müller 1984, S. 32 ff.

## 5.2.1. Reflexivität und Indexikalität

seitig erklären"[14]. Sowohl bei Wittgenstein wie bei Eco tritt in diesem Zusammenhang ein Gedanke auf, der ebenfalls in der Ethnomethodologie und der daraus sich entwickelnden Konversationsanalyse große Bedeutung erhält. Im Gegensatz zu den Logikern und Philosophen einer idealen Sprache[15], die versuchen, die sprachtypische Vagheit zu beseitigen und die Alltagssprache, vor allem aber die Wissenschaftssprache, durch eine präzise, in ihren Bedeutungen eindeutige, in letzter Konsequenz formalisierte Sprache zu ersetzen, wird hier die Vagheit und Unhintergehbarkeit der Sprache als ein entscheidender Vorteil betrachtet. Denn gerade in dieser „fruchtbaren" Ungenauigkeit werden der Reichtum und die nahezu unbegrenzten Möglichkeiten einer dialogisch verwendeten Sprache sichtbar, die „vermittels eines Systems kontinuierlicher Kommutationen durch das Verweisen von Zeichen zu Zeichen — wie eine Asymptote, die die kulturellen Einheiten niemals ‚berührt' — die kulturellen Einheiten umschreibt, die andauernd als Gegenstand der Kommunikation vorausgesetzt werden"[16]. Hier zeigt sich also ein Grundprinzip sprachlicher Kommunikation: Sprache ist nur durch Sprache deutbar. Die Teilnehmer an einem Gespräch sind ausschließlich auf die Mittel ihrer Sprache angewiesen, um sich gegenseitig und wechselweise zu verdeutlichen, wie denn das gemeint ist, was sie gerade sagen und tun. Mittel und Gegenstand der Sprachdeutung ist dieselbe, von jedem beherrschte und gemeinsam praktizierte Sprache. Wir besitzen alle ganz bestimmte Verfahren und Praktiken, diese alltägliche Interpretationsarbeit in Gesprächen zu bewältigen. Die Vagheit der Sprache ist dabei insofern von Vorteil, als sie die Sprache variabel und für alltägliche Bedürfnisse und Zwecke handhabbar hält.

Wie wir oben gesehen haben, muß aber auch der Gesprächsanalytiker, will er Aussagen über ein Gespräch machen, sich einer Metasprache bedienen. Auch er muß Sprache mittels Sprache deuten und klären. In letzter Konsequenz ist diese Metasprache des Analytikers eben auch die Alltagssprache der am Gespräch Beteiligten.[17] Diese Erkenntnis hat die Konversationsanalyse konsequent auf die Untersuchung von Gesprächen angewandt. Sie versucht, ausgehend von dem Prinzip der Reflexivität, deutlich zu machen, daß die Verfahren der Gesprächspartner im Prinzip die gleichen Verfahren sind, die auch der Gesprächsanalytiker anzuwenden hat, wenn er den Sinn der sozia-

---

[14] Eco 1972, S. 77
[15] Vgl. hierzu den Sammelband von Sinnreich 1972
[16] Eco 1972, S. 78
[17] Vgl. Garfinkel/Sacks 1970 (dt. 1976)

## 5. Interaktive Verfahren

len Interaktion „Gespräch" ermitteln will.[18] Im Gegensatz zum Textanalytiker (der sich mit der Untersuchung schriftlich fixierter sprachlicher Produkte beschäftigt)[19] hat der Gesprächsanalytiker den Vorteil, daß er in den Gesprächen die manifest gewordenen Deutungsversuche der Partner selber festzustellen und für seine eigene Deutungsarbeit zu verwerten vermag. Wie wir weiter unten sehen werden, benutzen die Gesprächspartner eine Reihe systematischer Praktiken, um Sinnhaftigkeit und Geordnetheit des laufenden Gesprächs sicherzustellen. J. Bergmann definiert in diesem Sinne als Ziel einer konversationsanalytischen Untersuchung die empirische Rekonstruktion derjenigen Verfahren, „mittels derer die Teilnehmer an einem Gespräch im Vollzug ihrer (sprachlichen) Handlungen die Geordnetheit der (sprachlichen) Interaktion herstellen, das Verhalten ihrer Handlungspartner auf die in ihm zum Ausdruck kommende Geordnetheit hin analysieren und die Resultate dieser Analyse wiederum in ihren Äußerungen manifest werden lassen" [20].

Diese reflexiven Verfahren der Gesprächsteilnehmer werden für den Analytiker faßbar durch die Indexikalität sprachlicher Äußerungen. Damit ist folgendes gemeint: Um die prinzipielle Vagheit sprachlicher Äußerungen handlungsgerecht aufzulösen, sind die Gesprächspartner ständig bemüht, ihre Äußerungen jeweils auf die aktuelle Situation zu beziehen — und dies sich wechselseitig deutlich zu machen. Diese fortwährenden „Bezüge auf die jeweiligen situativen und kontextuellen ‚Gegebenheiten'"[21] machen den Sinn der Kommunikation aus und präzisieren die Äußerungen in einem für die Alltagsbelange hinreichenden Maße.

Der über diese alltagsweltliche Präzision immer noch hinausgehende Rest an sprachlicher Vagheit wird dann allerdings dem Ökonomieprinzip der Kommunikation entsprechend in Kauf genommen. Das Ökonomieprinzip der Kommunikation besagt dabei, daß jede über die normalen Alltagsbelange hinausgehende Problematisierung der Kommunikation — zumindest vorläufig — zu vermeiden ist.[22] Nun gibt es eine Reihe von situativen Momenten in Gesprächen, in denen eine Problematisierung unumgänglich ist. Für die

---

[18] Vgl. Cicourel 1975
[19] Vgl. Brinker 1997, S. 19
[20] Vgl. Bergmann 1981, S. 15 f.
[21] Vgl. Bergmann 1981, S. 13
[22] Vgl. Bergmann 1981, S. 13

### 5.2.1. Reflexivität und Indexikalität

kommunikative Bearbeitung solcher „kritischen Momente"[23] stehen den Gesprächspartnern eine Reihe interaktiver Reparaturverfahren zur Verfügung.

Der Bezug auf die Situation wie den Handlungskontext ist in zweierlei Weise „Sinn"-stiftend. Zum einen erhält die Äußerung eine den jeweiligen Belangen entsprechende Genauigkeit und Eindeutigkeit aus der Situation heraus. Zum anderen konstituiert sie jeweils einen neuen Aspekt eben dieser Situation. Dieses wechselseitige Aufeinanderbezogensein von Situation und sinnhafter Äußerung charakterisiert die besondere Indexikalität sprachlicher Kommunikation in Gesprächen. Die Reflexivität manifestiert sich in diesem Sinne als indexikalischer Charakter der „Vollzugswirklichkeit"[24] von Gesprächen, bei denen die Mittel der Herstellung von sozial-interaktivem Sinn von den Gesprächspartnern ständig neu geschaffen und einander gegenseitig verdeutlicht werden.

Die sprachwissenschaftliche Analyse von Gesprächen muß diesem Grundprinzip interaktiver Ordnung Rechnung tragen. Der wissenschaftstheoretische Status, den gesprächsanalytische Aussagen haben, ist entsprechend zu bedenken. Denn auch der wissenschaftliche Prozeß der Analyse selber ist ja, wie wir gesehen haben, ein, wenn auch nur rekonstruierender, so doch immer reflexiver Sinngebungsprozeß. Der Analytiker muß sich bei seiner Rekonstruktion auf dieselben indexikalischen Eigenschaften der Äußerungen einlassen wie die beteiligten Gesprächspartner — und er muß sich auf die gleichen Interpretationsverfahren, Normen, Obligationen und Relevanzsetzungen verpflichten wie die von ihm analysierten Personen, will er nicht vollkommen an dem Sinn des Geschehens vorbeigehen. Auf diese Art und Weise wird, wie A. V. Cicourel betont, „die Untersuchung der Kodierungspraktiken des Forschers ununterscheidbar von der Verwendungsweise von Interpretationsverfahren durch den Sprecher-Hörer"[25]. Der Status gesprächsanalytischer Aussagen ist also immer der einer versuchs- und annäherungsweisen Präzisierung vorfindlicher und von den Beteiligten akzeptierter Vagheit i h r e r Situa-

---

[23] Das Phänomen der kritischen Momente wird detailliert bei Kallmeyer 1979 behandelt.
[24] Der Terminus „Vollzugswirklichkeit" ist, wie Patzelt (1987, S. 101) feststellt, die auf Bergmann 1974 zurückgehende Übersetzung des von Garfinkel verwendeten Begriffs des „accomplishment", vgl. Garfinkel 1967. Mehan/Wood benutzen in dem Zusammenhang den Ausdruck „reality work"; Mehan/Wood 1975 (dt. 1976); vgl. auch Heritage 1984; Drew/Heritage 1992; Schmidt 1994; Knoblauch 1995; Kallmeyer 1996; Deppermann 1997
[25] Cicourel 1975, S. 100

tion. Objektiv ist die Deutung insofern, als sie auf der Basis und vor dem Hintergrund eines wissenschaftlich explizit gemachten Wissens der gleichen Interpretationsnormen erfolgt, wie sie auch die Gesprächspartner sich wechselseitig unterstellen und im Gespräch gegenseitig verdeutlichen.

Daraus leitet sich ein methodologisches Grundprinzip der Gesprächsanalyse ab, das wir als analytische Maxime folgendermaßen formulieren wollen:

> Analysiere nur die Gespräche, die du auf der Grundlage deines Alltagswissens (deiner alltagssprachlichen Kompetenz) auch selber zu führen in der Lage bist!

Gespräche, die diese Bedingung nicht erfüllen, sind z. B. solche

— die in einer Sprache geführt werden, die der Analytiker nicht beherrscht,

— die Sachverhalte und Wissenskontexte behandeln, die dem Analytiker unbekannt sind,

— die nach Interaktionsnormen ablaufen, die der Analytiker nicht nachvollziehen kann,

— die im Rahmen institutioneller Strukturen stattfinden, die für den Analytiker undurchschaubar sind.

Die Aufzählung dieser Einschränkungen zeigt, daß die oben genannte Maxime durchaus nicht so restriktiv verstanden werden muß, daß man in der Gesprächsanalyse nur ohnehin Bekanntes ermitteln kann. Die Maxime soll vielmehr als Aufforderung verstanden werden, die noch nicht explizierten Voraussetzungen und Hintergründe, vor denen Gespräche ablaufen und funktionieren, aufzudecken und somit durch die Analyse eine Erweiterung der Alltagskompetenz zu erreichen. Positiv ließe sich die oben genannte Maxime in folgende gesprächsanalytische Norm umformulieren:

> Nur die Gespräche können in methodologischer Hinsicht als befriedigend analysiert gelten, die der Analytiker nach der Untersuchung so oder ähnlich auch selber zu führen imstande wäre.

Das heißt also: Für eine sinnvolle Gesprächsanalyse muß die Sprache, in der die Gespräche geführt werden, vom Analytiker gelernt, muß das Hintergrundwissen aufgearbeitet, müssen die Interaktionsnormen ermittelt und die institutionellen Strukturen aufgedeckt werden[26] — erst dann wird es möglich, den Sinn dessen, was sich in den Gesprächsbeiträgen der Teilnehmer manife-

---

[26] S. hierzu auch die Ausführungen in Kapitel 6

stiert, zu rekonstruieren und aufzuzeigen. Und genau darauf zielt letztlich auch das gesamte Verfahren der Gesprächsanalyse ab: zu rekonstruieren, welchen Sinn die Gesprächspartner mit ihren verbalen (und nonverbalen) Aktivitäten interaktiv gültig und verbindlich konstituieren.[27]

## 5.2.2. Der Sinnbegriff

Akzeptiert man diese Zielsetzung der Gesprächsanalyse, so stellt sich zunächst die Frage, was in dem Zusammenhang der Terminus „Sinn" meint. Da dieser Begriff zentral für die verstehende Interaktions- und Kommunikationswissenschaft ist, vor allem für die Ethnomethodologie und die sich auf sie beziehende Gesprächsanalyse, wollen wir genauer darauf eingehen. Wie wir im folgenden sehen werden, läßt sich aus der Diskussion um den Sinnbegriff ein Kommunikationsmodell entwickeln, das sich als eine Alternative zu den bisherigen Kommunikationskonzepten versteht. Dieses Modell erlaubt es, die verfahrensanalytischen Praktiken der Gesprächsanalyse systematisch zu erfassen und zu beschreiben.

Grundlegend für die gesprächsanalytisch relevante Sinnproblematik ist die umfassende Arbeit von A. Schütz zum „sinnhaften Aufbau der sozialen Welt".[28] In dieser Untersuchung[29] werden einige für die Gesprächsanalyse wichtige Unterscheidungen herausgearbeitet. Ihre Relevanz erhält die ganze Richtung durch die bereits von dem Soziologen G. Simmel formulierte Leitidee, daß alle sozialen Phänomene letztlich auf die zwischenmenschliche Dyade individuellen „face-to-face"-Verhaltens zurückzuführen sind.[30] Dieser Gedanke wird von M. Weber aufgegriffen und weiter ausgearbeitet. Überhaupt ist die deutsche Soziologie in den zwanziger und dreißiger Jahren von diesem Konzept bestimmt — so etwa auch M. Schelers „Soziologie des Wissens"[31] oder L. von Wieses „Beziehungssoziologie"[32]. Theoretischer Ausgangspunkt dieser von Phänomenologie und Hermeneutik geprägten Richtung war der Sinnbegriff. In den verschiedenen Arbeiten wurde immer wieder nach den „Sinn"-gebenden und „Sinn"-verstehenden Prozessen unmittelbarer sozialer Interaktion gefragt, um sie, gleichsam als die Grundbau-

---

[27] S. auch Abschn. 2.2.
[28] Schütz 1932 (1974).
[29] Es handelt sich um eine Auseinandersetzung mit der verstehenden Soziologie von M. Weber.
[30] Simmel 1908.
[31] Vgl. hierzu die Ausführungen in Berger/Luckmann 1966 (dt. 1986, S. 7 ff.).
[32] von Wiese 1933; vgl. auch Sager 1981a, S. 50 ff.

## 5. Interaktive Verfahren

steine aller sozialen Wirklichkeit, beschreiben zu können. Schütz sieht in diesem Sinne mit Weber alle „Kulturobjektivationen (...) auf das ursprüngliche Geschehenselement des sozialen Verhaltens Einzelner" zurückgeführt[33], wobei der Sinn eben derjenige ist, „den die in der Sozialwelt Handelnden mit ihren Handlungen verbinden"[34]. Entscheidend ist bei dieser Konzentration der Betrachtung auf das sinnhafte Handeln, daß der Sinn eben im Prozeß des Handelns entsteht, und zwar in der Deutung der Handelnden selber. Es gilt also, an das „Personal der Sozialwelt und dessen subjektive Sinngebungen heranzukommen"[35].

Was ist nun dieser mit der Handlung verknüpfte Sinn? Sinn konstituiert sich im „sinnhaften Erleben". Allerdings liegt das Sinnhafte nicht im bloßen Erleben oder reinen geistigen Wahrnehmen allein. Entscheidend für Schütz ist die Art und Weise, wie sich das Bewußtsein dem inneren Erleben „zuwendet". Zum sinnhaften Erleben müssen für Schütz zwei entscheidende Bedingungen gegeben sein:

1) Es muß sich um ein „wohlumgrenztes Erlebnis" handeln.

2) Wir müssen uns diesem aus dem allgemeinen Wahrnehmungs- und Empfindungsstrom herausgehobenen Erlebnis „intentional-meinend" zuwenden.

Diese beiden Aspekte bedingen sich gegenseitig. Nur das Erlebnis, dem ich mich absichtsvoll-verstehend zuwenden kann, kann ich auch als klar begrenzte Einheit erfassen, und nur mit einer solchen klar umgrenzten Bewußtseinseinheit kann ich bestimmte Absichten, Erkenntnisse und Empfindungen verbinden und es damit letztlich als Bauelement meiner sozialen Alltagswirklichkeit verwenden. Genau dies ist gemeint, wenn Schütz davon spricht, daß Sinn „eine besondere Attitüde des Ich zum Ablauf seiner Dauer" bezeichnet.[36] Das bloße Erleben von Bewußtsein reicht also nach Schütz noch nicht aus, um dieses Erleben auch sinnhaft werden zu lassen. Entscheidend ist die bewußte, reflektierende Zuwendung, die Schütz mit einem Lichtkegel vergleicht, welcher die Phasen des bewußtseinsmäßigen „Dauerstroms beleuchtet und dadurch abgrenzt"[37].

---

[33] Schütz 1932 (1974, S. 13)
[34] Schütz 1932 (1974, S. 13)
[35] Schütz 1932 (1974, S. 14)
[36] Schütz 1932 (1974, S. 54)
[37] Schütz 1932 (1974, S. 94)

### 5.2.2. Der Sinnbegriff

Ein solcher Sinnbegriff ist insofern besonders gut für die Gesprächsanalyse geeignet, als er die intentional-aktionale Zuwendung betont, die als notwendige Bedingung für Sinn und Sinnkonstituierung angenommen werden muß. Wie wir oben erläutert haben[38], ist das Gespräch als ein Geschehen definiert, das aus einer Folge von Äußerungen besteht, die dialogisch ausgerichtet und thematisch orientiert ist. Die gemeinsame Konzentration auf einen bestimmten thematischen Komplex entspricht nun genau der Schützschen intentional-meinenden Zuwendung zu den laufenden Ereignissen des Bewußtseinsstroms — nur, daß es sich beim Gespräch um eine zusätzliche sprachliche Objektivation und Hinausverlagerung des „wohlumgrenzten Ereignisses" in den kommunikativen Raum der wechselseitig ausgetauschten Gesprächsbeiträge handelt. Wie aus den kognitiven Konzepten innerer Zuwendung schließlich die kommunikativen Konstrukte[39] dialogisch-thematischer Aktivität werden, hat die Gesprächsanalyse im einzelnen zu zeigen. Hier folgt sie ebenfalls der Forderung von Schütz, dem es darum geht, den Prozeß des „Sinnsetzens" zu analysieren, und zwar zum Zeitpunkt der Kundgabe selbst. Das hat nach Schütz auf der Folie eines dem Handeln zu unterstellenden Um-zu-Motivs zu geschehen, das als eben jener intentional-meinende Entwurf dem Handeln zugrunde liegt.[40]

Vor diesem Hintergrund müssen wir „Sinn" für die praktischen Belange einer Gesprächsanalyse definieren. Wie wir eben gesehen haben, ist der Sinnbegriff zwischen den bewußtseinsmäßigen Akten intentional-meinender Zuwendung und den dialogischen Äußerungsakten themenorientierter Gesprächsfokussierung anzusiedeln. Unter „Sinn" können wir — so gesehen — alles das fassen, was zwischen einem Noch-nicht-Wissen und einem Nicht-mehr-ausdrücken-Können liegt.

Damit sind zwei Schwellen des Sinns angegeben, die eben jene Spanne zwischen bewußtseinsmäßiger Aufmerksamkeit und dialog-relevanter Thematisierung angeben, in der der Sinn dessen, was sie tun und sagen für die Gesprächsteilnehmer konstituiert wird. Mit dem Nicht-Wissen ist allerdings kein extrapoliertes Nicht-Wissen gemeint, also nicht jene Unkenntnis, die aus einer noch nicht gemachten Erfahrung bzw. der Unmöglichkeit zu einer Erfahrung resultiert, die aber zumindest ein Wissen um eine Leerstelle ist. So

---

[38] Siehe hierzu Abschn. 2.1.
[39] Zum Begriff des kommunikativen Konstrukts s. u.; vgl. auch Sager 1984; 1988, S. 34; 2000a
[40] Schütz 1932 (1974, S. 182)

## 5. Interaktive Verfahren

kann ich ja durchaus bewußtseinsmäßige, sinnhafte Konzepte entwickeln (und im Gespräch thematisieren) von etwas, was ich noch nicht erfahren habe (etwa Australien) oder auch niemals erfahren werde (etwa den dritten Planeten des Sirius). Sinn ist so gesehen durchaus referenzunabhängig. Hier geht es dagegen um jenen Zustand des Nicht-im-Bewußtsein-vorhanden-Seins, der jegliche Form von Sinnsetzung ausschließt und den wir als untere Sinnschwelle bezeichnen wollen.

Andererseits können wir Erfahrungen, Empfindungen oder Erlebnisse haben, die zwar in unserem Bewußtsein sind, aber nicht in unserem intentional-meinenden Blick, weil sie uns nicht als klar umgrenzte Komplexe gegeben sind, d. h., wir sind nicht in der Lage, sie zu bezeichnen — so etwa Farbwerte, die wir zwar wahrnehmen, sie aber nicht benennen können, Empfindungen, die wir haben, ohne sie ausdrücken zu können usw. Dies wollen wir als obere Sinnschwelle bezeichnen. Sinnkonstituierung besteht so gesehen in einem ständigen Prozeß des Sich-verfügbar-Machens von Bewußtseins- und Signifikationsbereichen. Diese uns verfügbaren Sinngrenzen verschieben sich permanent und werden auch stets in Gesprächen für die aktuellen Belange neu definiert.

Dabei ist der Prozeß der Sinnkonstituierung natürlich nicht voraussetzungslos. Die Gesprächspartner greifen stets auf Vorhandenes zurück. Wir können in dem Zusammenhang den Begriff der „Bedeutung" gegen den des „Sinns" abgrenzen.[41] Fassen wir die Bedeutung mit Eco als kulturelle Einheit eines mit einem bestimmten sprachlichen Ausdruck systemhaft-konventionell verbundenen Inhalts auf, so können wir den Sinn als den im dialogisch-reflexiven Gebrauch aus den verschiedenen indexikalisierten Bedeutungen entstehenden, für alle verfügbar werdenden aktuellen Inhalt sozialer Handlungen bestimmen. Wie aus dem je aktuellen Sinn der Kommunikation oder bestimmter Ausdrücke lexikalisierte Ausdrücke mit bestimmter konventioneller Bedeutung werden können, ist Gegenstand der Etymologie, die die Entstehung von Phrasen und Lexemen, etwa durch Entfaltung oder Prägung, untersucht.[42]

Die Gesprächsanalyse interessiert sich dagegen für den aktuell konstituierten Sinn, wie er in den geäußerten Beiträgen der Dialogpartner faßbar wird. „Sinn" ist dabei nicht nur das eigentliche Thema, sondern alles weitere, was in, durch und über den thematischen Aspekt hinaus an virtuellem Meinen

---

[41] S.u. Abschn. 5.3.2.2.
[42] Seebold 1981, S. 113 ff. — Schippan 1992

## 5.2.2. Der Sinnbegriff

bzw. Meinen-Können aufscheint. „Sinn" ist mit anderen Worten alles, worauf sich die Gesprächspartner im reflexiven Zugriff beziehen können, indem sie es explizit zum Thema machen oder auch nur implizit mitausdrücken.

Entscheidend für einen solchen dialogisch konstituierten Sinn ist, daß er im gemeinsamen, wechselseitigen Zusammenspiel von „Vollzug und Mitvollzug"[43] aller beteiligten Partner entwickelt wird. Auf diese Art und Weise entstehen themen- und handlungsspezifische Aktivitätskomplexe[44], in denen und durch die die Partner gemeinsam ihre soziale Ordnung schaffen, indem sie eine von allen akzeptierte und für alle gültige Wirklichkeit konstruieren. Diese Alltagswirklichkeit ist ihrerseits wiederum Grundlage für Deutungsschemata und weitere Aktivitäten.[45] Der phänomenologisch bestimmbare Inhalt kommunikativer Ereignisse ist somit auf dreierlei Weise analytisch faßbar:

1) als kognitives Konzept (Bewußtseinsinhalt)
2) als kommunikatives Konstrukt (Sinn)
3) als konventionell-kulturelle Symboleinheit (Bedeutung)

(1) ist primär Gegenstand einer Kognitionspsychologie, (3) ist Gegenstand einer Semiotik oder Semantik und (2) ist eigentlicher Gegenstand einer linguistischen Gesprächsanalyse. Diese drei Formen des Zugangs sind allerdings nicht unabhängig voneinander, sondern stellen drei aufeinander bezogene Momente desselben sozial-kommunikativen Verhaltens dar. Die Gesprächsanalyse muß auf der Basis des Wissens um die konventionellen Symboleinheiten der verwendeten Sprache die in den dialogischen Aktivitäten entstehenden kommunikativen Konstrukte herausarbeiten und nachzeichnen. Dabei wird sie die Bewußtseinsinhalte hypothetisch unterstellen — dies aber nur insoweit, als sie gängigen Erwartungen entsprechen und durch die spezifische Verwendung konventioneller Sprachmittel angezeigt sind (s. Abschn. 4.2.3., Anm. 19). In diesem Zusammenhang greift sie auf die als gängig akzeptierten Wissensbestände der jeweiligen Alltagswelt zurück. Die spezifischen kommunikativen Sinnkonstrukte, die sukzessive entstehen und von der Gesprächsanalyse rekonstruiert werden, sind Teilobjektivierungen der an ihrem Zustande-Kommen beteiligten individuellen Erfahrungen — also der ko-

---

[43] Waldenfels 1980, S. 170
[44] Vgl. hierzu die Begriffe „Sequenz" und „Phase" in Abschn. 4.3. und 4.4.
[45] Zum Begriff der Alltagswirklichkeit vgl. Berger/Luckmann 1966 (dt. 1986, S. 24); Patzelt 1987, S. 42 ff.; Knoblauch 1995; 1996

## 5. Interaktive Verfahren

gnitiven Konzepte der Gesprächspartner. Die Wissensbestände der Alltagswelt parzellieren sich dabei in charakteristische „Sinnenklaven"[46], die sich für die beteiligten Partner als bestimmte Relevanzbereiche[47] darstellen. Diese Relevanzbereiche hat die Gesprächsanalyse aufzudecken. Denn sie bilden letztlich die Folie, vor deren Hintergrund die Normen, Erwartungen und konkreten Handlungen der Gesprächsteilnehmer verstehbar werden; sie stecken somit den Rahmen[48] ab, innerhalb dessen der Sinn entsteht.

Aufgrund dieser Überlegungen läßt sich nun ein Kommunikationsmodell skizzieren, das dem oben entwickelten Verständnis vom prozeßhaften Funktionieren eines Gesprächs zugrunde liegt. Dieses Modell der Kommunikation unterscheidet sich grundlegend von bisher in der Linguistik diskutierten Konzepten.

### 5.2.3. Das Konstitutionsmodell der Kommunikation

Die bisherigen Modelle der Kommunikation haben alle im Prinzip die Struktur einer Transferkette. Ein Sender/Sprecher übermittelt eine Botschaft in einem bestimmten Medium über einen charakteristischen Kanal an einen Empfänger/Hörer, wobei die Botschaft nur verstanden wird auf der Grund-

---

[46] Berger/Luckmann 1966 (dt. 1986, S. 28). An den beiden Termini „parzellieren" wie „Sinnenklave" läßt sich eine charakteristische Methode des ethnomethodologischen Konzepts verdeutlichen, die Patzelt (1987, S. 35 f.) unter dem Begriff der „anthropologischen Verfremdung" diskutiert. Damit ist ein methodisches Verfahren gemeint, bei dem die Selbstverständlichkeiten alltagsweltlicher Kommunikation dadurch als gesonderte bzw. besondere Phänomene erfaßt werden können, daß sie in einer spezifischen Art und Weise bezeichnet und beschrieben werden. Der Ethnomethodologe versucht dabei, auch durch die spezielle Wahl seiner Termini und die damit zumeist verbundenen Konnotationen und Assoziationen eine gewisse Verfremdung einem bestimmten Phänomen der Alltagswirklichkeit gegenüber zu erreichen, die es dem Betrachter erlaubt, das bezeichnete Phänomen neu, anders oder überhaupt erst einmal wahrzunehmen.

[47] Der Begriff des Relevanzbereichs geht auf Dreitzel 1972 zurück, der darunter ein Handlungsfeld versteht, dem bestimmte Rollen- und Handlungserwartungen und -normen zugeordnet sind. Ein kurzer Überblick über den Ansatz von Dreitzel findet sich in Markowitz 1979, S. 48 ff. Berens u. a. sprechen in dem Zusammenhang von sozialen Domänen (1976, S. 21 f.). Die Eingliederung der Relevanzbereiche in ein Modell der Kommunikationssituation nimmt Sager 1981, S. 151 f. vor. Vgl. hierzu den in Abschn. 5.3.2.1. von uns verwendeten Begriff der Relevanzeinstufung.

[48] Goffman 1974; zur Bedeutung des Begriffs Rahmen (frame) innerhalb der Linguistik vgl. Müller 1984

### 5.2.3. Das Konstitutionsmodell der Kommunikation

lage der von Sprecher und Hörer sich überschneidenden Codes.[49] Dieses Modell wurde in der linguistischen Literatur in mehr oder weniger komplizierter Form immer wieder bemüht, um den Prozeß der Kommunikation in seinen Grundstrukturen beschreiben zu können.[50] Begriffe, die in dem Zusammenhang von Bedeutung waren, sind etwa: Senden, Empfangen, Decodieren, Encodieren, Verstehen, Mißverstehen, Gelingen, Mißlingen usw. Gleichgültig wie kompliziert diese Modelle auch ausgearbeitet waren, ihnen allen lag der Gedanke zugrunde, man könne Kommunikation in etwa mit dem Verschicken eines Pakets vergleichen: Vom Absender wird das Paket in bestimmter Weise gepackt und wohlverschnürt auf die Reise geschickt. Widerfährt dem Paket auf der Reise keinerlei Beschädigung, erhält es der Empfänger im gleichen wohlgeordneten Zustand und muß es nun seinerseits auspacken, um über den Inhalt verfügen zu können. Kommunikation wird dabei auf einen Prozeß bloßer Aktion und Reaktion, von Vollzug und Nachvollzug[51], von Produktion und Reproduktion reduziert. Daß im Prozeß der Kommunikation alle Beteiligten gemeinsam am Entstehen des Sinns dieser Kommunikation beteiligt sind[52], kann von diesem Modell nicht erfaßt werden.

Hier bedarf es eines Konstitutionsmodells der Kommunikation, das die komplexen Wechselprozesse von Aktion und Koaktion, von Vollzug und Mitvollzug[53] zu erfassen erlaubt. Im Gegensatz zur einfachen Transferkette muß man bei einem solchen Modell davon ausgehen, daß zwei oder mehr Partner ihre kommunikativen Aktivitäten zu einem gemeinsamen, gestalthaften Gebilde — einem kommunikativen Konstrukt[54] — zusammensetzen. Dieses Konstrukt ist zu jedem Zeitpunkt von allen Partnern aus deren jeweiligem Blickwinkel wahrnehmbar. Bei einer solchen Vorstellung werden also nicht kommunikative Einheiten von einem zum anderen transferiert, sondern in einem gemeinsamen kommunikativen Raum (in der Mitte) aufgebaut. Es werden — um ein analoges Bild zu entwerfen — keine wohlverschnürten Pakete hin- und hergeschickt, sondern gleichsam offene Kästen in der Mitte aufeinandergestapelt. Dabei können die einzelnen Partner in die Kästen aller anderen

---

[49] Eine gute Einführung in die Informations- und Kommunikationstheorie auf der Grundlage dieses Modells bietet Hörmann 1970, S. 53 ff.; vgl. aber auch Burkart 1998, S. 56
[50] Vgl. hierzu Meier 1969; Wunderlich 1972b; Eschbach 1980; Burkart 1998
[51] Waldenfels 1980, S. 170
[52] Vgl. Drew/Heritage 1992
[53] Waldenfels 1980, S. 170
[54] Vgl. Sager 1984; 2000a

## 5. Interaktive Verfahren

hineinsehen und auch die darin lose herumliegenden Gegenstände in den verschiedenen bereits in der Mitte befindlichen Kästen umsortieren. Der gemeinsam zusammengebaute Turm aus Kästen mag ein Bild für das kommunikative Konstrukt sein, das die Gesprächspartner sukzessive aus ihren semantisch prinzipiell unbegrenzten und offenen Redebeiträgen[55] konstituieren. Entscheidend bei einem solchen Bild ist die Tatsache, daß die kommunikativen Aktivitäten lediglich als Versuche zu gelten haben, einen bestimmten Sinnkomplex, der zunächst nur als kognitives Konzept dem einzelnen verfügbar ist, aufzubauen, zu beeinflussen, umzuändern, zu erweitern, zu verengen oder gänzlich zu demontieren. Nicht das Hinüberschicken ist das Wesentliche der Kommunikation, sondern die Hinausverlagerung in den kommunikativen Raum, gleichsam das Vor-sich-hin-in-die-Mitte-Setzen, welches das bisherige Geschehen verändert. Gleichzeitig wird dadurch der eigene Beitrag auch den anderen zur Bearbeitung zur Verfügung gestellt.[56]

Beim Transfermodell liegt die Festlegung des Inhalts der Botschaft ganz beim Sender — der Empfänger hat lediglich die Aufgabe, das Empfangene in der richtigen Weise zu entschlüsseln. Beim Konstitutionsmodell der Kommunikation dagegen ist die Bestimmung des Inhalts — wir können jetzt auch sagen des Sinns — eine Aufgabe, die allen Beteiligten zukommt. Denn die in den kommunikativen Raum hinausverlagerten Sinnangebote stehen stets zur Disposition und müssen und können erst nach ihrer Äußerung kommunikativ situationsgerecht bearbeitet und bestimmt werden.[57]

Ein solches Modell hat verschiedene Vorteile: Es erfaßt wesentlich adäquater die interaktive, wechselseitige Natur von Kommunikation; es erlaubt in angemessenerer Form, den gestalthaften Charakter der sich sukzessive zu einem gemeinsamen Gebilde zusammenschließenden Gesprächsbeiträge zu erfassen. Zudem wird auch der einzelne Redebeitrag in seiner Vagheit besser bestimmbar. Schließlich können die reflexiv-indexikalischen Verfahren der Vagheitsbearbeitung durch die Gesprächspartner in einem solchen Modell angemessener nachgezeichnet werden. Wie dies im einzelnen möglich ist, wollen wir im folgenden zeigen. Dabei werden wir noch einmal auf die verschiedenen strukturellen Einheiten von Gesprächen eingehen. — Nun wol-

---

[55] Die prinzipielle Offenheit der Redebeiträge wird besonders anschaulich in Garfinkels Experimenten zur Entindexikalisierung von Äußerungen vorgeführt; vgl. Garfinkel 1967; eine deutsche Übersetzung der von Garfinkel dargestellten Beispiele findet sich in Patzelt 1987, S.160f.
[56] Ausführlich zum Konstitutionsmodell Sager 2001d und 2001f
[57] Sager 2000a, S. 68 f.

## 5.3. Gesprächsverfahren

### 5.3.1. Die Basisprinzipien

len wir sie aber in ihrem interaktiven Entstehen nachzeichnen. Wir werden also die einzelnen Momente des Konstitutionsmodells beschreiben und zeigen, wie sich mit ihnen am konkreten Gesprächsmaterial arbeiten läßt.

Wir haben gesehen, daß Kommunikation einem Aufbauprozeß vergleichbar ist. Damit dieser Prozeß des sukzessiven Hervorbringens und Bearbeitens von „Sinn" überhaupt möglich ist, müssen einige grundlegende Faktoren als gegeben vorausgesetzt werden. Über diese „Basisvoraussetzungen" müssen wir uns zunächst einmal verständigen. Die „Interpretationsverfahren" oder „Basisregeln" — wie A. V. Cicourel sie nennt[58] — gehören mit „zur Grundausstattung menschlicher Deutungskompetenz"[59]. Es handelt sich hierbei um Verfahren, die die Bedingung der Möglichkeit zu dialogischer Kommunikation darstellen. W. J. Patzelt weist daraufhin, daß diese Grundfähigkeiten anthropologisch fundiert sind.[60]

Um zu verstehen, wie die Basisregeln von den beteiligten Gesprächspartnern verwendet werden, müssen wir uns verdeutlichen, vor welchem „Problem"[61] der einzelne Gesprächspartner steht, wenn er gemeinsam mit anderen Kommunikation konstituieren will: Aus dem Kontinuum der laufenden Aktivitäten erwächst eine kommunikativ relevante Absicht, die als kognitives Sinnkonzept zunächst nur dem einzelnen in den intentional-meinenden Blick gerät. Soll dieses Sinnkonzept kommunikativ relevant werden, muß es den anderen zur interaktiven Bearbeitung zur Verfügung gestellt werden — der einzelne muß es sprachlich objektiviert in den kommunikativen Raum hinausverlagern. Dabei werden, wie Berger/Luckmann es formulieren, diese Konzepte „sowohl dem Erzeuger als auch anderen Menschen als Elemente ihrer gemeinsamen Welt ‚begreiflich'"[62].

---

[58] Cicourel 1973
[59] Patzelt 1987, S. 83
[60] Vgl. Patzelt 1987, S. 71 ff. Die genauere Untersuchung und Bestimmung der anthropologischen Grundlagen der Deutungs- und Handlungsroutinen menschlichen Gesprächsverhaltens wird im Rahmen einer linguistischen Ethologie möglich. Zum Konzept der linguistischen Ethologie vgl. Sager 1981b; 1982; 1985a; 1985b; 1988; 1989; 1995; zu einer Gesprächsethologie vgl. Sager 2001f
[61] Zum Begriff des konversationellen Problems vgl. Bergmann 1981, S. 22
[62] Berger/Luckmann 1966 (dt. 1986, S. 36)

## 5. Interaktive Verfahren

Wichtig ist in diesem Zusammenhang, daß jeder Gesprächsbeitrag mit den Beständen des gemeinsam geteilten Alltagswissens sowie bestimmten Hintergrunderwartungen[63] abgestimmt ist. Das Alltagswissen der Gesprächspartner bezieht sich auf die von allen als gültig akzeptierte und im konkreten Interaktionsgeschehen immer wieder konsolidierte Alltagswirklichkeit einer bestimmten Ethnie. Ethnie meint im ethnomethodologischen Sinne eine Gruppe von Personen, die „eine spezifische, gemeinsame soziale Wirklichkeit hervorbringen, aufrechterhalten und ihren Sinndeutungen und Handlungen zugrunde legen"[64]. Jeder kann Mitglied verschiedener Ethnien sein, so z. B. der Ethnie der Familie, des Vereins, der Gruppe der Nachbarn usw. Die verschiedenen Ethnien grenzen sich durch unterschiedliche Wirklichkeitsdefinitionen gegeneinander ab, die allerdings alle Teile einer grundlegenden Wirklichkeit sind. Diese oberste Wirklichkeit „par excellence", auf die sich letzlich alle beziehen (können), ist die Wirklichkeit der Alltagswelt.[65] Sie stellt das Residuum unseres Alltagswissens dar, das uns sagt, was das Übliche und Normale ist.

Auf dieses Alltagswissen kann man sich verlassen, weil es die für die jeweilige Ethnie notwendigen und brauchbaren Unterscheidungen, Typisierungen und Wertungen zur Verfügung stellt. Wenn z. B. Kinder ihre Glasmurmeln, mit denen sie spielen, als *Ali, Karamel, Öl* oder *Milch* bezeichnen und ihnen zusätzlich etwa die „Eigenschaft" *Zehntausender* oder *Fünfhunderter* zusprechen, mithin also etwa von einer *Zehntausender Ali* sprechen können, so konstituieren sie damit Teile ihrer Wirklichkeit, die sich von der der Erwachsenen unterscheidet. Wird dagegen eine durchsichtige Glasmurmel von nur geringem Durchmesser als *Zehner Ali*, eine mit größerem Durchmesser als *Zehntausender Ali* bezeichnet, verwenden sie Typisierungen, die im Prinzip auch der gängigen Erwachsenenwirklichkeit entsprechen, in der Größenunterschiede in Zahlenverhältnissen ausgedrückt werden.

Über diesen Bezug auf das gemeinsame Alltagswissen hinaus muß die kommunikative Absicht aber auch mit bestimmten Hintergrunderwartungen abgestimmt sein. Solche Erwartungen werden von Cicourel in Anlehnung an die generative Transformationsgrammatik und generative Semantik als Teile

---

[63] Vgl. Deppermann 1999, S. 84 ff.
[64] Patzelt 1987, S. 14
[65] Vgl. Berger/Luckmann 1966 (dt. 1986); Knoblauch 1996

### 5.3.1. Die Basisprinzipien

von „Tiefenstrukturen" bezeichnet, die die „Oberflächenstruktur" einer jeweiligen „Interaktionsszene" ermöglichen.[66]

Für unseren Systematisierungsversuch wollen wir uns vor allem auf zwei Arten solcher Hintergrunderwartungen beziehen: zum einen auf die Partner- und Selbsteinschätzung[67], zum anderen auf das Verfügen über Handlungsroutinen und Handlungsnormen. In gewisser Weise gehört das Wissen um diese Dinge auch zum Alltagswissen, es läßt sich aber als spezialisiertes, gesprächsorientiertes Wissen von einem allgemeinen (enzyklopädischen) Weltwissen analytisch[68] trennen.

Die Abstimmung der kommunikativen Absicht mit der jeweiligen Partner- und Selbsteinschätzung ist insofern wichtige Voraussetzung für die sprachliche Äußerung, als hier die gängigen Beziehungsstandards Möglichkeit und Spielraum akzeptabler, d. h. ausdrückbarer Intentionen festlegen. Ich kann in diesem Sinne bestimmten Partnern gegenüber nur bestimmte Intentionen entwickeln und auch sprachlich ausdrücken. Um in meinen Äußerungen als akzeptabler Kommunikationspartner zu erscheinen, muß ich also sehr genau wissen, wem gegenüber ich welche Absichten haben und ausdrücken darf. Die Handlungsroutinen wiederum spezifizieren die Stationen des möglichen weiteren Geschehens. Ihre Verfügbarkeit erlaubt dem einzelnen, die für den zukünftigen Verlauf des Gesprächs notwendig werdenden Schritte anzuvisieren und sie hinsichtlich ihres kommunikativen Erfolgs einzuschätzen.

Die situationsadäquate Verarbeitung dieser verschiedenen Voraussetzungen ist zunächst das für den einzelnen zu lösende Problem. Die interaktive Etablierung der jeweiligen individuellen Absicht auf der Basis wechselseitig konsolidierter Hintergrunderwartungen macht es für jeden einzelnen Gesprächspartner erforderlich, seinen Beitrag hinsichtlich verschiedener kommunikativ relevanter Momente zu markieren. Diese Aspekte der Gesprächsschritte wollen wir ihre „formalen Eigenschaften"[69] nennen. Über sie müssen

---

[66] Cicourel 1975, S. 75
[67] Vgl. hierzu auch Sager 1981, S. 278 ff.
[68] Die Untersuchungen im Rahmen einer kognitiven Semantik deuten allerdings darauf hin, daß eine kognitive Trennung von z. B. semantischem und enzyklopädischem Wissen nach dem heutigen Stand der Forschung wahrscheinlich nicht angenommen werden kann; vgl. hierzu Müller 1984, S. 27 ff.; Jahr 1993, S. 63 ff.; Dietze 1994, S. 48 ff.
[69] Vgl. Garfinkel/Sacks 1970 (dt. 1976, S. 138 ff.)

## 5. Interaktive Verfahren

die Gesprächspartner verfügen, um die „lokale Produktion von Sinn"[70] zu gewährleisten.

Diese kommunikativen Merkmale oder formalen Eigenschaften von Gesprächsbeiträgen sind die auch linguistisch faßbaren Aspekte der Indexikalität. Indexikalität stellt sich so gesehen als unterschiedliche Bezugnahme auf die verschiedenen kommunikativ relevanten Aspekte dar. Wir wollen im folgenden genauer unterscheiden zwischen thematischer, aktionaler und personaler Indexikalität.

Thematische Indexikalität betrifft die situationsgemäße Verständlichkeit der einzelnen Beiträge. Die Gesprächspartner müssen ihre Beiträge so einrichten, daß sie für die anderen jeweils so informativ und verständlich sind, daß diese sie situationsadäquat auf ein gegebenes Thema beziehen und damit für den gemeinsamen sinnkonstituierenden Prozeß nutzbringend verwenden können. Thematische Indexikalität oder Themenprägnanz ist die grundlegende formale Eigenschaft, die ein Gesprächsbeitrag haben muß, um überhaupt als sinnhaft eingestuft werden zu können. Die Partner müssen ihre Gesprächsschritte also so einrichten, daß sie themenprägnant oder einfach prägnant sind.

Die zweite Spezialisierung der Indexikalität von Beiträgen bezieht sich auf die Markierung des Bezugs zu den aktuell am Gespräch beteiligten Personen. Diese personale Indexikalität betrifft zum einen die Verdeutlichung der mit dem Beitrag zum Ausdruck gebrachten Absicht des Sprechers, also die grundlegende Markierung und Absicherung der Intentionalität.[71] Zum anderen muß durch den Beitrag allen deutlich werden, an wen er gerichtet ist. Der Beitrag muß also auch hinsichtlich seiner Direktionalität markiert sein.

Intentionalität ist ein Merkmal, das einerseits zwar stets grundsätzlich unterstellt wird, das andererseits aber auch ständig verdeutlicht und gesichert werden muß. Das gleiche gilt für die Direktionalität. Auch hier ist es natürlich so, daß die Partner selbstverständlich immer davon ausgehen, daß bei jedem Beitrag ein Adressatenbezug vorliegt, nur muß — vor allen Dingen bei Gruppen von mehr als zwei Personen — jeweils von Fall zu Fall genau geregelt werden, welche Kommunikationsachse[72] aktuell gültig ist.

---

[70] Steuble 1986, S. 324
[71] Vgl. hierzu auch den Ansatz zur Gesprächsrhetorik in Kallmeyer 1996
[72] Der Begriff der Interaktionsachse geht auf Watson/Potter 1962 zurück. Vgl. auch Kühn 1995

### 5.3.1. Die Basisprinzipien

Schließlich müssen die Beiträge hinsichtlich ihres genauen Status bezüglich des aktuell laufenden Interaktionsmusters verdeutlicht werden. Diese aktionale Indexikalität, die Beiträge aufweisen, bezieht sich einmal auf die Tatsache, daß die einzelnen Beiträge entweder grundsätzlich als gültig zu gelten haben, bzw. darauf, daß die Gültigkeit aufgrund spezieller situativer Umstände ganz oder vorübergehend außer Kraft gesetzt wird — so etwa bei scherzhaft, ironisch, hypothetisch oder spielerisch gemeinten Äußerungen.[73] Ebenso muß jeweils geklärt werden, ob und wann aktuell gültige Interaktionsnormen ganz oder vorübergehend hinsichtlich ihrer Gültigkeit suspendiert werden. Diese hier als Validität bezeichnete Eigenschaft bezieht sich also darauf, daß bzw. ob ein Gesprächsbeitrag wirklich so gemeint ist, wie er formuliert wurde.

Eine weitere Form aktionaler Indexikalität betrifft schließlich die jeweilige Bedeutsamkeit und Wichtigkeit des Gesagten relativ zu einem bestimmten sozial bedeutsamen Bereich, also den Stellenwert, den der als valide erkannte und markierte Beitrag an der aktuellen Stelle im Interaktionsmuster besitzt. Dieses graduelle wie qualitative Ausmaß der jeweiligen Gültigkeit ist in der Gesprächsanalyse als Relevanzeinstufung bzw. als Relevanzmerkmal beschrieben worden.[74]

Damit haben wir die fünf wichtigsten Merkmale von Gesprächsbeiträgen genannt, in denen sich der jeweilige Bezug auf die aktuelle Situation manifestiert: Prägnanz, Intentionalität, Direktionalität, Validität und Relevanz. Wie wir weiter unten sehen werden, gibt es eine ganze Reihe von Verfahren und Methoden, mit denen die Gesprächspartner diese verschiedenen Formen der Indexikalität in Gesprächen hervorbringen und wechselweise absichern.

Zusätzlich stehen den Gesprächspartnern eine Reihe von kommunikativen Verfahren zur Verfügung, um überhaupt einen geordneten Gesprächsverlauf gewährleisten zu können. A. V. Cicourel nennt diese Verfahren „Interpretationsverfahren".[75] Sie stellen die grundlegenden Voraussetzungen und Prinzipien für das Funktionieren von Gesprächen dar. Es handelt sich dabei um drei Grundprinzipien, die wir kurz im einzelnen erläutern wollen.[76]

---

[73] Man spricht hier auch von „Interaktionsmodalitäten"; vgl. Kallmeyer 1977; vgl. auch Müller 1983 und 1984, S. 147 ff.; zum Begriff der Validität vgl. Sager 1981, S. 341 ff.; zu speziellen Modalitäten vgl. Kotthoff 1996; Gruber 1996; Hartung 1998
[74] Vgl. Kallmeyer 1978, 214 ff.; s. auch o. Anm. 47
[75] Cicourel 1975, 87 ff.
[76] Zum folgenden vgl. Cicourel 1975; vgl. auch Patzelt 1987, S. 83 ff.

## 5. Interaktive Verfahren

a) Die Reziprozität der Perspektiven

Damit ist gemeint, daß sich die Gesprächspartner auf die oben beschriebenen formalen Eigenschaften ihrer Gesprächsbeiträge in einer Weise beziehen, daß sie

1) ihre Beiträge so einrichten, daß diese die Merkmale für alle erkennbar aufweisen,
2) unterstellen, daß die Partner ihre Beiträge ebenfalls so einrichten, daß diese die Merkmale aufweisen,
3) daß sie unterstellen, daß die Partner ihnen unterstellen, daß sie ihre Beiträge so einrichten, daß diese die Merkmale aufweisen.

Die Partner gehen, verkürzt gesagt, davon aus, daß die Position, die sie im Gespräch beziehen, auch ohne Schwierigkeiten von den anderen eingenommen werden könnte bzw. daß sie die Position der anderen einzunehmen in der Lage wären. Dabei würde sich dann jeweils an der Sichtweise der gegebenen Situation prinzipiell nichts ändern. Erst aufgrund dieser wechselseitigen Unterstellung einer für alle gleichermaßen verbindlichen Sichtweise bzw. Gesprächsbasis wird es möglich, auch gemeinsam Sinn zu konstituieren.

b) Die Unterstellung von Normalität und Rationalität des Handelns

Alle Partner gehen in der Kommunikation stillschweigend davon aus, daß das Handeln und Denken aller anderen Partner nach bestimmten allgemeingültigen Normalitäts- und Rationalitätsstandards abläuft.[77] Die Rationalitätsunterstellung betrifft speziell die Annahme, daß der jeweilige Partner so handelt, wie die bewährten und als gültig akzeptierten Gesetzmäßigkeiten von Raum und Zeit sowie die daraus ableitbaren Folgerungsbeziehungen es nahelegen.

Die Normalitätsunterstellung bezieht sich darüber hinaus auf Aspekte der Typikalität, der Wahrscheinlichkeit und Vergleichbarkeit, der Kausalität, der instrumentellen Effizienz wie moralischen Notwendigkeit des Verhaltens sowie der Annahme einer kongruenten Übereinstimmung der Wirklichkeitswahrnehmung bei allen Beteiligten. Es wird also unterstellt und erwartet, daß das Handeln in bezug auf die verschiedenen Beurteilungskriterien als nicht vom gängigen Standard abweichend geplant und vollzogen wird. Es muß der Situation angemessen sein und darf nicht in nur schwer verständliche Extre-

---

[77] Vgl. hierzu auch Patzelt 1987, S. 51 ff.

### 5.3.1. Die Basisprinzipien

me verfallen, für die unter Umständen keine adäquaten Bewältigungsverfahren zur Verfügung stehen. Alles, was man sagt oder tut, auch wenn es noch so ungewöhnlich und abweichend ist, wird zunächst einmal entsprechend dieser Rationalitäts- und Normalitätserwartungen interpretiert.

c) Das „et cetera" — Verfahren der Handlungsbeurteilung

Damit kommen wir schließlich zum dritten Interpretationsprinzip, durch das Gespräche funktionieren, dem „et cetera — Prinzip", wie es Cicourel nennt. Gemeint ist damit die Annahme eines unausgesprochenen Konsenses zwischen den Partnern. Die Gesprächspartner versuchen in diesem Sinne, stets soviel zu dem Gesagten oder dem Handlungskontext hinzuzufügen, daß die für sie defizitären und damit möglicherweise unverständlichen oder abweichenden Gesprächsbeiträge in Richtung auf die oben beschriebene Normalität wieder ihren gängigen Erwartungen und ihrem Verständnis von der augenblicklichen Situation entsprechen. Sie unterstellen dabei und unterstellen, daß auch der andere unterstellt, daß die einzelnen Beiträge, wie abweichend sie ihnen auch erscheinen mögen, dennoch thematisch prägnant, intentional spezifiziert, direktional gerichtet sowie nach den situativ gegebenen Umständen valide und relevant sind. Alles, was den Beiträgen in dieser Hinsicht fehlt, wird vom einzelnen stillschweigend ergänzt, bzw. es wird erwartet, daß die auftretenden Diskrepanzen durch zu einem späteren Zeitpunkt nachgelieferte Sinnkomponenten aufgelöst werden.

Aus diesen Annahmen und Erwartungen an sich selbst wie an die anderen leitet sich eine Grundmaxime von Gesprächen ab, die wir das „dialogische Ökonomieprinzip" nennen wollen.[78] Dieses Prinzip besagt, daß das Gespräch solange als unproblematisch fortgeführt wird, wie bestehende oder mögliche Diskrepanzen für die beteiligten Partner nicht signifikant sind. Erst in dem Moment, in dem die wechselseitigen Unterstellungen, Annahmen und Erwartungen der Interpretationsverfahren nicht mehr die Geltung stillschweigender Übereinkunft und Verständigung zu gewährleisten vermögen, beginnt das Gespräch, problematisch zu werden. In solchen „kritischen Momenten"[79] setzen von allen Partnern getragene Verfahren ein, die Normalität der dialogischen Ordnung wieder herzustellen. Durch diese konstituieren und sichern die Gesprächspartner im dialogischen Wechselspiel den aktuel-

---

[78] S. o. Abschn. 4.3.1.
[79] Vgl. Kallmeyer 1979; Garfinkel/Sacks 1970 (dt. 1976) sprechen in dem Zusammenhang auch von „Wiederherstellungsverfahren" bzw. „Verfahren des Wieder-in-Ordnung-Bringens".

len Sinn dessen, was sie tun und sagen. Die verschiedenen Verfahren, mit denen dies geschieht, sollen nun im folgenden beschrieben und anhand von Beispielen veranschaulicht werden.

### 5.3.2. Die Konstituierungspraxis

Um Gespräche erfolgreich durchführen zu können, sehen sich die Gesprächspartner im Prinzip vor zwei grundlegende Aufgaben gestellt: Sie müssen zum einen (gemeinsam) sozial-interaktiven Sinn hervorbringen und zum anderen diesen permanent im Verlauf des Gesprächs sichern. Dazu stehen ihnen interaktive Praktiken zur Verfügung, die in der Konversationsanalyse „accounts" genannt werden. Es handelt sich bei diesem letztlich unübersetzbaren Terminus um einen zusammenfassenden Begriff für all jene kommunikativen Handlungen, durch die die Gesprächsteilnehmer sich gegenseitig den Sinn ihres Gesprächshandelns aufzeigen bzw. die anderen dazu anhalten, diesen Sinn offenzulegen, oder durch die der in kritischen Momenten problematisch gewordene Sinn wieder in Ordnung gebracht wird.[80] Je nachdem also, in welchem kontextuellen Zusammenhang Sinn durch „accounts" aufgewiesen wird, können wir von Hervorbringungs-, Sicherungs- oder Wiederherstellungsverfahren sprechen.

„accounts" dienen dem $\left\{\begin{array}{l}\text{Hervorbringen}\\\text{Sichern}\\\text{Wiederherstellen}\end{array}\right\}$ von Sinn

Um diese Verfahren genauer in ihrem Verlauf beschreiben zu können, müssen wir prüfen, in welchem Kontext sie auftreten. Hier gibt es zwei Möglichkeiten, die wir analytisch in der Beschreibung unterscheiden können. Zum einen werden die „accounts" in unmittelbar aufeinander folgenden Gesprächsschritten relevant, zum anderen sind längere sequentielle Phasen zu betrachten. Wir können hier wieder auf die verschiedenen Einheiten und Strukturen aus dem vierten Kapitel zurückgreifen, die jetzt den näheren oder weiteren Kontext für die verschiedenen Sinnkonstituierungsverfahren abgeben. Sie müssen gesprächsanalytisch dann auch in entsprechenden, mehr oder weniger eng begrenzten Analysen rekonstruiert werden. Je nach dem

---

[80] Vgl. hierzu Patzelt 1987, S. 91. Dieser allgemeinen Funktion entsprechend wird auch der zweite Schritt in Vorwurf-Rechtfertigungsinteraktionen „account" (i. e. S.) genannt (s. dazu o. Abschn. 4.3.4., Anm. 71).

*5.3.2.1. Lokales Management*

Umfang des zu betrachtenden Interaktionskontexts können wir Verfahren des lokalen bzw. regionalen Gesprächsmanagements unterscheiden. Die Verfahren des lokalen Managements bringen entsprechend die Mikrostrukturen des Gesprächs hervor, die regionalen Aktivitäten sind Grundlage für die dialogischen Makrostrukturen.[81]

**5.3.2.1. Lokales Management**

Ausgangspunkt unserer Betrachtung ist stets der einzelne Gesprächsschritt, wie er in Abschnitt 4.2.1. erläutert wurde. Hinsichtlich des hier zu explizierenden Konstitutionsmodells kann dieser einzelne Gesprächsschritt als ein im Prinzip offener Sinnkomplex aufgefaßt werden. Seine interaktive Etablierung überhaupt wie auch die Festlegung seiner gesprächsrelevanten formalen Eigenschaften ist kontextabhängig von den Gesprächspartnern zu leisten. Will man die dialogischen Manifestationen dieser Sinnkonstrukte sowie ihren interaktiven Entstehungsprozeß rekonstruieren, muß man sukzessive dem Verlauf des Gespräches folgen. Dabei darf zu jedem Zeitpunkt in der Analyse nur das kommunikative Geschehen berücksichtigt werden, das bis zu diesem Zeitpunkt geäußert wurde. Wir ziehen also nur jene Beiträge heran, die auch den beteiligten Gesprächspartnern selbst für ihre Sinnkonstituierungsprozesse und Interpretationen zur Verfügung stehen.[82]

Unter lokalem Management wollen wir in diesem Sinne all die Aktivitäten zusammenfassen, die sich in der unmittelbaren Umgebung eines bestimmten als „kritisch" zu betrachtenden Gesprächsschritts befinden. In der Regel handelt es sich dabei um den direkt vorangehenden oder nachfolgenden Gesprächsschritt. Kritisch im Sinne der gesprächsanalytischen, sukzessiven Rekonstruktion ist immer der zuletzt betrachtete Beitrag, der nun vor dem Hintergrund der vorangegangenen Schritte analysiert werden muß.[83] Ebenso kritisch ist in diesem Sinne im laufenden Gespräch für die beteiligten Partner der jeweils zuletzt geäußerte Beitrag.

Kritisch sind diese Beiträge insofern, als die Partner mit ihnen Sinn entweder hervorbringen, sichern oder gegebenenfalls wiederherstellen müssen. Schauen wir uns nun an, wie die oben beschriebenen formalen Eigenschaften der

---

[81] S. hierzu die Abschnitte 4.4.3. (Sequenz) und 4.4.4. (Phase); s. dazu auch Kapitel 6
[82] Vgl. zur Methode des sukzessiven Vorgehens Bergmann 1981, S. 20f.; Deppermann 1999
[83] Vgl. dazu auch o. Abschn. 4.2.3., wo dieser Aspekt unter dem Terminus „Gesprächsfunktion" (eines Schritts) angesprochen wurde.

## 5. Interaktive Verfahren

Intentionalität, der Prägnanz, der Direktionalität sowie der Validität und Relevanz in Gesprächen hervorgebracht, gesichert oder wiederhergestellt werden.

a) Intentionalität

Beispiel (1):

Dieser Ausschnitt stellt den Beginn eines privaten Telefongesprächs dar.[84]

```
01 A:    Clausen              hallo Wölfchen                gut + danke
02 B:             hallo Karin              na wie gehts denn
```
```
03 A:    hast du die bowle schon angesetzt  | mhm  |                + ja +
04 B:                                ja:    | die  | ruht auf dem balkon
```
```
05 A:    wie lange soll sie denn noch ruhen
06 B:                                        + + das heißt also wann du kommen
```
```
07 A:    sollst  so gegen acht hab ich den anderen gesagt
08 B:            ja                              gut
```

Als kritische Äußerung wollen wir hier zunächst den Gesprächsbeitrag in (03) betrachten. Sprechhandlungstheoretisch kann dieser Gesprächsschritt als eine Frage bestimmt werden, mit der nach der formellen Begrüßung und einem als Überleitung zu verstehenden Wertschätzungsdisplay[85] in (01–02) die eigentliche Unterhaltung — also die Kernphase des Gesprächs — beginnt. Bei Telefongesprächen besteht nun die Konvention bzw. die Erwartung, daß nach Abarbeitung des „offiziellen" Zugangsrituals der Eröffnungsphase dem Anrufer die Verpflichtung zukommt, den Zweck seines Anrufs offenzulegen. Entsprechend den Hintergrunderwartungen der als gängig in unserer Kultur akzeptierten Handlungsroutinen sowie den Interpretationsverfahren der Reziprozität, Normalität und des „et cetera" — Prinzips erwartet im vorliegenden Fall

---

[84] Der Gesprächsausschnitt stammt aus einem nicht veröffentlichten Gespräch des Freiburger Korpus. Es handelt sich um Gespräch T 662. Der Transkriptionsschlüssel wurde von uns geändert.

[85] Näheres zum Wertschätzungsdisplay vgl. Sager 1988, S. 115 ff. „Display" ist ein Terminus, der im Rahmen der Ethologie (vergleichenden Verhaltensforschung) verwendet wird. Er meint ein wahrnehmbares, in Gegenwart des Sozialpartners ausgeführtes Verhalten mit einer speziellen kommunikativen Funktion. Verkürzt kann man es als ein kommunikations- und interaktionsrelevantes Zurschaustellen bezeichnen; vgl. Sager 1989, S. 419. Ein Beispiel aus der Primatenethologie wäre etwa das sog. „charging display" (Imponierverhalten) — vgl. hierzu Lawick-Goodall 1975, S. 118; Vogel 1971, S. 241 —, das auch im menschlichen Gesprächsverhalten eine Rolle spielt (vgl. Eibl-Eibesfeldt 1984).

### 5.3.2.1. Lokales Management

also die Angerufene, daß der Anrufer nach ihrer Erwiderung seines Grußes in (01) einen Beitrag leistet, in welchem er entweder explizit seine Absicht bekundet oder aber einen Beitrag konstituiert, aus dem sie mit Hilfe ihrer Interpretationsroutinen seine Absicht erschließen kann. Sie wird also alles, was B auf ihren Gruß hin äußert, in dieser Richtung als seine Absichtsbekundung interpretieren; und sie wird davon ausgehen können, daß B diese ihre Erwartung kennt und sein Verhalten entsprechend einrichtet.

In diesem Sinn wird also A Bs Äußerung in (02) *na wie gehts denn* interpretieren. B beginnt seinen Gesprächsschritt nun zunächst mit einem Einleitungselement *na*, das multifunktional ist. Einerseits kann es in Gesprächen isoliert gebraucht in der gleichen Bedeutung wie die gleich anschließende Frage *wie gehts denn* verwendet werden, andererseits ist es ganz allgemein ein Aufmerksamkeit anzeigendes Signal bzw. ein Kontaktsignal, durch das eine Kommunikationsachse[86] eröffnet werden kann (s. dazu o. Abschn. 4.2.1. und 4.2.4.). Das nachfolgende *wie gehts denn* spezifiziert den Beitrag weiter als eine Interessebekundung an der Person von A. Daß es sich nicht um eine wirkliche Informationsfrage handelt bzw. A dies nicht im Sinne einer solchen Frage aufgefaßt hat, ist an As Reaktion in (01) zu erkennen. Dieser Gesprächsschritt ist ebenfalls zweigeteilt: eine direkte Antwort auf die Frage von B *gut* und nach einer Pause eine Danksagung, die das implizite Wertschätzungsmoment von Bs Frage honoriert (s. dazu auch o. Abschn. 4.3.4.).

In bezug auf ihre Erwartung einer Klärung der Absicht von B ist A allerdings noch nicht viel weiter gekommen. Denn das in (01–02) konstituierte Wertschätzungsdisplay stellt ein durchaus konventionelles, routiniertes Verfahren zur Eröffnung von Gesprächen dar. Zur weiteren Klärung von Bs Absicht verwendet A hier nun ein Verfahren des „et cetera" — Prinzips, das genauer als „let it pass — Verfahren"[87] bezeichnet wird. Damit ist gemeint, daß A die noch nicht ihren konventionellen Erwartungen entsprechende Äußerung von B unbeanstandet in Kauf nimmt und in der gegebenen Vagheit stehen läßt. Sie erwartet aber von den jetzt folgenden Äußerungen für sie befriedigende weitere Klärungen.

In dieser Situation konstituiert B die Äußerung (03). Dieser inhaltlich schon eindeutiger zu fassende Schritt ist für beide Partner unmittelbar aus dem größeren sozialen Kontext, in dem sie stehen, verständlich. Die unvermittelte Einführung eines neuen thematischen Moments, die Verwendung des bestimmten Artikels *die bowle* sowie die sofortige, den neuen thematischen Fokus ratifizierende Äußerung von A in (04) zeigen an, daß hier ein unproblematischer, geteilter Wissensbestand zur Verfügung steht. Dies wird vor allem auch durch das langgezogene, Einverständnis und Solidarität signalisierende *ja*: in (04) indiziert. In dieser Antwort mag schon für den Analytiker ein erster Hinweis darauf vorliegen, daß A ihre Indexikalisierungsaufgabe bereits zu diesem Zeitpunkt abgeschlossen hat. Sie weiß jetzt, worauf B mit seiner Frage in (03) abzielt. Was folgt, ist ein kommunikativ rituelles Spiel, bei dem A weiß, was B will, und

---

[86] Vgl. hierzu die Anmerkung 72
[87] Patzelt 1987, S. 85

## 5. Interaktive Verfahren

B weiß, daß A weiß, was B will, und schließlich A weiß, daß B weiß, daß A weiß, daß sie weiß, was er will. Dieser Spielcharakter des Ganzen kommt zum einen in der besonderen paraverbalen Organisation der Gesprächsbeiträge zum Ausdruck. Die Äußerungen sind langsam, betont und in der Art gesprochen, wie man Kindern eine Überraschung bzw. eine freudige Tatsache mitteilt. Zum anderen äußert B seine Absicht, trotz des reziproken Wissens, das beide sich gegenseitig unterstellen können, immer noch nicht explizit, sondern stellt eine weitere, die eigentliche Absicht nicht deutlich ausdrückende Frage in (03/05). Erst zu diesem Zeitpunkt bricht A das Ritual von Frage und Antwort ab, um nun in (06) für sich und ihren Partner eindeutig dessen kommunikative Absicht zu formulieren und damit die Reindexikalisierung seiner bisherigen Äußerungen vorzunehmen, die für den weiteren Ablauf des Geschehens von Bedeutung ist. Sie definiert also die formale Eigenschaft der Intentionalität, die für sie an den bisherigen Beiträgen von B nicht eindeutig erkennbar war. Indem B diese formale Eigenschaft seiner Beiträge durch die Äußerung in (08) ratifiziert, kann A nun entsprechend den gängigen Handlungsroutinen auf die so gemeinsam ausgehandelte Absicht Bs mit einer Antwort in (07) reagieren, was B abschließend mit einer Akzeptationshandlung in (08) honoriert.

b) Themenprägnanz

Beispiel (2) stellt einen Ausschnitt aus einer Straßendiskussion dar, die an einem Informationsstand einer Partei anläßlich der Bundestagswahl 1987 stattgefunden hat. A ist ein seit langem in der Bundesrepublik lebender Niederländer, B ist Deutscher.

Beispiel (2):

| 01 | A | ich bin auch ausländer | ( | ) |
| 02 | B | | wir ham selbst | zwei millionen erwerbslose |

| 03 | A | ich hab | auch vierz | ich hab vierzig | jahr steuern bezahlt als |
| 04 | B | | ich aber ja | ( | ) |

| 05 | A | ausländer | | is ganz egal sind allemal |
| 06 | B | asylanten | sach ich asylanten jetzt | |

| 07 | A | menschen | ob die n aus der Türkei oder aus Holland oder |
| 08 | B | die herkommen | |

| 09 | A | aus England oder aus Holland komme ich kenn nur eine dasis die |

| 10 | A | menschheit und es gibt überall | gute und | slechte | menschen und |
| 11 | B | | aber wir | | wir sind aber |

### 5.3.2.1. Lokales Management

```
12  A   weiter nichts |
13  B   kein |           einwandererland + warum geht man nicht nach
14  B           Australien oder Südafrika Kanada dasin noch länder mit also

15  B   die wirklich äh              | genug | umland | ham wo man sie
16  A                    ja dat müssen | Sie |          | dat müssen Sie

17  B   aufnehmen kann |
18  A   die leute erzähle | die hierhinkommen mir doch nich

19  B   wir ham uns ja drüber unterhalten mein herr | nech | also ich | meine
20  A                                                       | jaja |           | aber

21  B   das |              | ne |         | wir |
22  A   gleichzeitig | wie se | mir | die 120 | mark | im monat
```

Thematisch geht es in diesem Gesprächsausschnitt um das Problem der Ursachen der Staatsverschuldung. B führt als Argument in dem Zusammenhang an, daß es vier Millionen Ausländer in der BRD gebe. A, der der Sprache nach zu urteilen Niederländer ist, reagiert hierauf mit einer Selbstdarstellung und einer daran anschließenden Legitimation seiner Berechtigung, in der BRD zu leben. Diese ganze komplexe Selbstdarstellung hat im vorliegenden Kontext die Funktion einer Relevanzaufdeckung, durch die A die Implikationen von Bs Standardsetzungen zu demontieren bzw. ihnen entgegenzuwirken versucht. Für B leiten sich aus dieser Offenlegung bestimmte Verbindlichkeiten hinsichtlich des weiteren Umgangs mit A ab. B kann nun nicht mehr in der gleichen Weise wie vorher abfällig über Ausländer reden, ohne nicht gleichzeitig seinen unmittelbaren Gesprächspartner zu diskreditieren und dadurch mögliche Aggressionen sich selbst gegenüber hervorzurufen.

Dies kommt bereits im nächsten Beitrag (04—06) zum Ausdruck. B versucht, das entstandene kritische Moment dadurch zu reparieren und damit die interaktive Ordnung wiederherzustellen, daß er eine ihn entlastende Differenzierung einführt, die es erlaubt, den von ihm zunächst als geteilt unterstellten Wissensbestand derart zu modifizieren, daß B weiterhin zwar in einer allgemeinen Weise Ausländer zu diskreditieren vermag, ohne allerdings damit gleichzeitig einen Beziehungskonflikt mit A in das Gespräch hineinzutragen. Die vorgeschlagene Unterscheidung in Ausländer und Asylanten ratifiziert A jedoch nicht. Er läßt sich damit nicht auf den von B initiierten Reparaturversuch ein, sondern bekräftigt den Konflikt eher noch, indem er sich selber durch zweimaliges Nennen seines Heimatlandes explizit unter die von B abgewerteten Ausländer zählt. Er konsolidiert so die von B zunächst unbeabsichtigte Imageverletzung[88] und versperrt damit B jede Möglichkeit, seine Argumentation auf zwei

---

[88] Zum Imagebegriff vgl. o. Abschn. 4.3.4.

## 5. Interaktive Verfahren

Ebenen — einer allgemeinen und einer persönlichen — führen zu können. B bleibt in dieser Situation nichts weiter übrig, als auf der Basis dieser ausgehandelten Kategorisierung weiter zu diskutieren. Ab (11) versucht er in diesem Sinne, seine ablehnende Haltung Ausländern gegenüber weiter zu begründen. Dabei bringt er ein tendenziell rationales, allgemeingültiges Argument vor, das von seiner Person und der seines Gesprächspartners abstrahiert und einen Hinweis auf generelle Beurteilungsstandards darstellt. In diesem Ausweichen auf unpersönliche Kriterien kann man einen Indikator dafür sehen, daß B versucht, weiterhin einen partnerorientierten Beziehungskonflikt im Gespräch zu vermeiden. Gleichwohl zeigen die häufigen Gesprächsschrittüberschneidungen das hohe Engagement bzw. die emotionelle Beteiligung beider Partner an, die jede Lücke und jedes Stocken im Beitrag des anderen ausnutzen, um ihren eigenen Gesprächsschritt zu etablieren (s. o. Abschn. 4.2.2. zum Sprecherwechsel). A setzt in diesem Sinne dann auch in (16) mit einem Redebeitrag ein, der hinsichtlich der Themenprägnanz von Bs Argumentation kritisch einzuschätzen ist. Mit (16—18) bestreitet A auf der Grundlage seiner in (03—05) legitimierten Gesprächsposition die thematische Angemessenheit des zuletzt von B vorgebrachten Arguments. A bestreitet mit anderen Worten, daß Bs Beitrag für ihn eine Themenprägnanz besitzt.

In diesem Moment werden die bisher stillschweigend akzeptierten Normen der in sachorientierten Gesprächen geltenden Handlungsroutinen vorübergehend suspendiert. B setzt aber sofort mit einem Verfahren der Reflexivität ein, das auf die Reindexikalisierung, hier die Wiederherstellung verlorengegangener Themenprägnanz abzielt.

Das Bestreiten der Themenprägnanz auf seiten von A ruft auf seiten Bs die Legitimierung dieser Themenprägnanz mittels eines retrospektiven, also rückwärtsgewandten Hinweises auf geltende Gesprächsnormen hervor. Die in (19) konstituierte Äußerung *wir ham uns ja drüber unterhalten mein herr nech* weist A gewissermaßen darauf hin, daß das Einlassen auf ein Gespräch dieser Art die Verpflichtung impliziert, alle Argumente unabhängig von der persönlichen Betroffenheit zunächst einmal gelten zu lassen. Das etwas widerwillige *jaja* von A in (20) ratifiziert die von B formulierte Normsetzung und reinstalliert damit die gemeinsame Basis geltender Handlungsregeln des Gesprächs. Im Rahmen dieser wiederhergestellten Gesprächsordnung versucht A dann auch sofort, ein weiteres Argument für seinen Standpunkt vorzubringen.

c) Direktionalität

Der folgende Ausschnitt stammt aus demselben Gespräch wie der vorangegangene. Bei der Analyse ist zu berücksichtigen, daß das Gespräch mittels einer Videokamera dokumentiert worden ist.

Beispiel (3):

```
01 | B   nech och och och man muß doch mal die realitäten | betrachten |
02 | A                                                    | ja:        |
```

### 5.3.2.1. Lokales Management

```
03  A    die die seh ich auch die seh ich auch die seh ich auch
04  B                                                         die

05  B    die SPD hat uns in grund und boden regiert genau wie

06  B    dreiunddreißig  wie  | vor  | Hitler | ankam       das sind doch die
07  X                         bravo |         bravo |        bravo

08  B    fakten un auch die realitäten das is ach so hier der herr

09  B  | der | filmt | LACHT ─────────────────────────────────────
10  A  | das |       | das wa da bloßn Zentrum das wa da bloßn Zentrumspartei

11  A    die uns aus               die uns ausgeliefert hat in | der | Nazi daß
12  B    ─────────────┤ schönes bild ((streckt die Zunge heraus)) | ja |

13  A    es da bloß die Zentrumspartei is und was jetzt die   C | D U | is
14  B                                                         | ich |

15  B    will betonen | ich bin kein Nazi gewesen |
16  A                 | der herrn nein nein ja ja | wer hat denn gegen das

17  A  | ermächtigungs wer hat | gegen das ermächtigungs | gesetz gestimmt
18  B  | soll ich mal eins sagen |                        wir mein bester

19  A    nur die | Sozialdemo | krate |                                    ja |
20  B    mann  |              | ich | bin früher sogar in der SDAJ gewesen | wenn |

21  B    Sie das noch kenn vor dreiunddreißig
```

Der Beginn dieses Ausschnitts stellt das Ende einer Argumentationsrunde dar, in der beide Partner sich gegenseitig Beispiele vorgehalten haben, die ihren jeweiligen Standpunkt illustrieren. In (01) versucht B, in diesem Sinne A auf das gemeinsam unterstellte Rationalitätskriterium zu verpflichten, durch das er seine Diskussionsposition zu festigen versucht. A konsolidiert in (03) diesen Anspruch durchaus. Aus der mehrfachen Wiederholung seiner Formulierung, der emotional vorwurfsvollen Tonlage, in der dies gesprochen wird, wie dem gesamten Gesprächskontext darf allerdings angenommen werden, daß A zwar die grundsätzliche Rationalitätserwartung akzeptiert und dies ja auch explizit betont, nicht allerdings die Angemessenheit von Bs Schlußfolgerungen. Während B nun noch weiter sein abschließendes Resümee entwickelt und dabei von einem vorübergehenden Passanten in (07) unterstützt wird, kommt ihm offensichtlich wieder zu Bewußtsein, daß er und sein Gesprächspartner in der ganzen Zeit mittels Kamera und Mikrophon aufgenommen werden. B unterbricht in diesem Augenblick das Gespräch mit seinem Partner A und baut kurzfristig eine

Kommunikationsachse mit dem filmenden Kameramann auf, um ihn durch das Herausstrecken der Zunge zu verspotten.

B steht in diesem Moment also vor dem Problem, die Direktionalität seiner Gesprächsbeiträge deutlich zu markieren, damit für alle Beteiligten erkennbar wird, an wen welcher Beitrag gerichtet ist. Gerade das nonverbale Verhalten des Herausstreckens der Zunge könnte, wenn es nicht klar erkennbar adressiert ist, unangenehme Komplikationen in der laufenden Interaktion von A und B hervorrufen. B muß also in dieser Situation die für das laufende Gespräch mit A gültigen Interaktionsnormen vorübergehend suspendieren, um dann in einer anderen Interaktion mit einem anderen Partner auf der Basis jetzt veränderter Handlungsroutinen interagieren zu können.

Dies erreicht B durch ein Axialdisplay[89], das sowohl nonverbal durch Körper-, Kopf- und Blickorientierung als auch verbal manifestiert wird. Zunächst unterbricht B in (08) eine bereits begonnene syntaktische Konstruktion *das is*. Danach folgt ein Grenzelement *ach so*, das hier als Gliederungssignal (s. dazu o. Abschn. 4.2.4.) den laufenden Interaktionsfluß unterbricht und zusammen mit dem nachfolgenden *hier* als Einleitungselement die jetzt eingeschobene Interaktion markiert. Parallel zu der veränderten Körperorientierung wird nun auch die neue Achse durch explizite Nennung des angesprochenen neuen Partners etabliert.

Das gesamte Grenzelement in (08—09) kann im Sinne einer Relevanzaufdeckung verstanden werden, durch die B zum einen seine wiedergewonnene Interaktionsbewußtheit verbalisiert, die neben der ständigen Beobachtung und Wahrnehmung des direkten Partners A auch die Berücksichtigung einer weiteren Interaktionsinstanz — des beobachtenden Aufnahmeteams — mit einschließt. Zum anderen macht B für sich wie alle Anwesenden deutlich, daß alles Verhalten in der aktuellen Situation stets als mehrdirektional zu gelten hat, insofern es im Aufmerksamkeitsfokus einer permanent auf das laufende Geschehen orientierten Aufnahmeapparatur steht.

Nach Konstituierung der neuen Achse realisiert B dann sein an den Kameramann adressiertes Spottverhalten, das neben den nonverbalen Verhaltenselementen durch eine ironisch gemeinte elliptische Äußerung gekennzeichnet ist. A hätte nun die Möglichkeit gehabt, aufgrund des die laufende Interaktion unterbrechenden Grenzsignals von B sowie der damit verbundenen, auch für sein eigenes Verhalten geltenden Relevanzaufdeckung ebenfalls seine Kommunikationsachse zu B zu unterbrechen. Dabei wäre es ohne weiteres möglich gewesen, sich mit B über dessen Spottverhalten gegen den das Geschehen dokumentierenden Kameramann zu solidarisieren. Offensichtlich ist A jedoch nicht an einem Aufbau einer solchen Koalitionsbildung interessiert, denn er verbleibt mit seinen folgenden, zum Teil parallelen Äußerungen im Rahmen der bisherigen Interaktionsachse zwischen A und B. Er konstituiert einen zu Bs Äußerungen von (04—05—06) respondierenden Beitrag, durch den er seinen gegensätzlichen Stand-

---

[89] Mit Axialdisplay bezeichnen wir alle interaktiv relevanten Aktivitäten, die dem Aufbau und der Sicherung einer Kommunikationsachse dienen. Vgl. hierzu Anm. 72 und 85; vgl. auch Sager 2000b

### 5.3.2.1. Lokales Management

punkt verdeutlicht. A verweigert somit eine Ratifizierung der veränderten Achsenverhältnisse und führt die laufende Interaktion unbeirrt fort. Dadurch zieht er B wieder in die angefangene Diskussion hinein, was dieser durch ein Aufmerksamkeit signalisierendes *ja* in (12) auch akzeptiert. Dieses *ja* läßt sich damit aber auch als abschließendes Grenzsignal auffassen (s. o. Abschn. 4.2.4.), durch das die kurzfristig veränderte Kommunikationsachse wieder unterbrochen wird. Während das *ja* von (12) nur in Verbindung mit dem nonverbalen Verhalten als ein Signal zu rekonstruieren ist, das die neue Direktionalität indiziert, ist die in (14—15) realisierte Äußerung auch verbal schon wieder eindeutiger markiert. Denn B greift hier das von A in (11) verwendete Wort *Nazi* auf (s. o. Abschn. 4.3.1.). Eindeutig ist die alte Achse zwischen A und B dann durch Bs Gesprächsbeitrag in (18—20) wiederhergestellt, in dem er die auf A orientierte Direktionalität seiner Beiträge durch ein explizites Anrededisplay *wir mein bester mann* absichert, um danach mit (20—21) inhaltlich weiter auf As Gesprächsbeiträge einzugehen.

d) Validität

Der folgende Ausschnitt stammt aus der bereits zitierten NDR-Talkshow vom 18. 10. 1985, in der Klaus Kinski (B) von Alida Gundlach (A) interviewt wird. Das ganze Gespräch ist dadurch gekennzeichnet, daß Kinski in metakommunikativen Störversuchen diese Art von Interview kritisiert und durch ständiges Mißachten der verschiedensten kommunikativen Normen das Gespräch zu „unterlaufen" und seine Gesprächspartnerin aus dem Konzept zu bringen versucht.

Beispiel (4):

01 A   ja aber es kann doch nicht jede frage einem auf die nerven gehen
02 B   also ich mein der ganze die ganze unterhaltung | kann man so nicht
03 B   anfangen weil weil du bist sehr sehr sehr entzückend und so
04 B   und ich habs dir auch gesagt ich bin nur zurückgekommen weil
05 B   du weil | ich dich von hinten gesehen hab
06 A   | ja aber wir können uns ja nun | schlecht über meine
07 A   strümpfe unterhalten
08 B   nein aber doch über deinen popo zum beispiel
09 B   LACHT | also nein | im ernst | | nein man kann |
10 A   | also Klaus | | jetzt | wollen | wir vielleicht mal was anderes |
11 B   man kann nicht man kann so nicht reden über sachen weil weil

## 5. Interaktive Verfahren

12 | B | das hat öh keinen das hat ergibt keinen sinn hat keinen

13 | B | zusammenhang ich weiß nicht was ich antworten soll

Kinski hat in der diesem Ausschnitt vorausgehenden Passage deutlich gemacht, daß er solche Fragen, wie sie ihm im Rahmen dieses Gespräches von der Moderatorin gestellt werden, ablehnt. Hierauf versucht Gundlach, Kinski auf die grundsätzliche Norm festzulegen, die dadurch entsteht, daß man sich überhaupt in ein Gespräch mit einem Partner einläßt — nämlich die Notwendigkeit und Verpflichtung, entsprechend den oben genannten Interpretationsprinzipien die Gesprächsbeiträge des Partners soweit zu akzeptieren, daß eine Gesprächsentwicklung überhaupt entstehen kann. An dieser sehr grundsätzlichen Normeinklagung, die Gundlach Kinski gegenüber formuliert, erkennt man bereits die kritische Gesprächseinschätzung der Moderatorin, die, wie sich später im Gespräch herausstellt, auf die von Kinski bereits in früheren Interviews verfolgte Verwirrungs- und Destruktionsstrategie vorbereitet ist. Denn in der Regel werden solche grundsätzlichen Normsetzungen in Gesprächen selten eingeklagt — es sei denn, das Gespräch befindet sich in einem desolaten Prozeß der Auflösung, was hier aber nicht der Fall ist.

Kinski ratifiziert die massive Normforderung nicht, sondern hält das Gespräch in einem kritischen Zustand, indem er in (02) bis (05) seine Gesprächsverweigerung weiter deutlich macht. Dies geschieht auf zweierlei Weise: Zunächst werden in einem metakommunikativen Rekurs die von Gundlach in der gemeinsamen Interaktion bisher praktizierten Gesprächsroutinen für diese wie grundsätzlich jede ähnliche Situation als unangemessen definiert. In der daran mit einem scheinbar begründenden *weil* anschließenden Äußerung inszeniert Kinski einen in eine ganz andere Richtung zielenden metakommunikativen Ausstieg aus dem Gesprächstyp selber. Er versucht, das Talkshowgespräch, das den Gast in den Mittelpunkt des Interesses rückt, durch eine Interessensbekundung an der Moderatorin als ein für eine Talkshow im Grunde inakzeptables Kontaktgespräch[90] von eher privatem Charakter zu definieren.

Nachdem Gundlach diese Gesprächsdefinition aus verständlichen Gründen abgelehnt hat, treibt Kinski in (08) seinen Umdefinierungsversuch weiter, indem er nun den Gesprächstyp auch thematisch in den Bereich eines erotisch motivierten Kontaktgesprächs zu verlagern versucht. Er mißachtet dabei die Forderung nach situations- und gesprächsadäquater Themenprägnanz und erzeugt für die Gesprächspartnerin wie die Zuschauer einen Validitätskonflikt. Alle Beteiligten müssen nach dieser Äußerung entscheiden, ob Kinskis thematischer Fokuswechsel Sinnmomente betrifft, die sie für die laufende Interaktion als gültig und akzeptabel ansehen können. Denn Kinski ist über die für jedes Gespräch grundsätzlich akzeptable metakommunikative Formulierungspraxis von (02—03) zu einem für das aktuelle Gespräch höchst kritischen metakommunikativen Ausstieg aus der laufenden Interaktion und einer damit verbunde-

---

[90] Zum Begriff „Kontaktgespräch" vgl. Sager 1981, S. 190 ff.; Sager 1988, S. 31 ff.

### 5.3.2.1. Lokales Management

nen problematischen, für die Institution Talkshow letztlich inakzeptablen Umdefinierung des Gesprächs gekommen.[91]

Für die Moderatorin ist es nicht möglich, auf den von Kinski initiierten Gesprächstyp einzugehen. Und Kinski als medienerfahrener Schauspieler weiß dies natürlich. Ebenso weiß Gundlach, daß Kinski weiß, daß sein Angebot völlig inakzeptabel ist. Gundlach reklamiert in diesem Sinne mit ihrer Äußerung in (10) *also Klaus* auch dieses als gemeinsam unterstellte Wissen und versucht, Kinski wieder auf den als gültig akzeptierten Gesprächstyp „Talkshowgespräch" (s. dazu allgemein Abschn. 4.4.5.) zu verpflichten, indem sie eine neue Themenfokussierung zu initiieren versucht.

Damit wird aber die Validität, also die Gültigkeit, des von Kinski in (03) bis (08) konstituierten Äußerungskomplexes in Frage gestellt. Um das laufende Gespräch noch zu retten und die für dieses Gespräch geltenden Handlungsroutinen in ihrer Validität wieder einzusetzen, besteht eigentlich nur die Möglichkeit, die kritischen Äußerungen von Kinski als abweichende, im weitesten Sinne nicht ernsthaft gemeinte Äußerungen zu etikettieren. Würde Gundlach Kinskis Angebot zur Umdefinierung des Gesprächs ernsthaft akzeptieren oder in ihrer Gültigkeit auch nur als erwägenswert ansehen, hätte sie sich als Talkshowmoderatorin diskreditiert.

Dies ist Kinski natürlich auch klar. Aufgrund des Interpretationsverfahrens der Reziprozität ist es ihm möglich, — Gundlachs Standpunkt antizipierend — auf die initiierte Gesprächsreparatur einzugehen. Eine erste retrospektive Validitätsdemontage nimmt er bereits in (09) mit seinem Lachen vor, durch das er seine in (08) gemachte Bemerkung noch recht allgemein als nicht ernsthaft markiert. Das folgende Strukturierungselement *also* wie die resümierende Formulierungsaktivität *nein im Ernst* zeigen seine kommunikative Bereitschaft, eine gemeinsam zu akzeptierende Handlungsbasis für das Gespräch zu reinstallieren. So knüpft auch die folgende Formulierung wieder an den in (02—03) begonnenen metakommunikativen Rekurs an. Retrospektiv gesehen ist diese Formulierung gleichzeitig Kinskis Eingeständnis, daß seine vorangegangenen, von Gundlach kritisierten Äußerungen auch tatsächlich nicht als valide zu akzeptieren sind und er im weiteren Verlauf wieder als ernsthafter Gesprächspartner angesehen werden möchte.

e) Relevanz

Bei dem folgenden Beispiel handelt es sich um den Beginn einer Wegauskunft.

Beispiel (5):

01 | A | entschuldigen Sie ich hab mal ne frage können Sie mir sagen wie

---

[91] Vgl. auch Antos 1982

## 5. Interaktive Verfahren

```
02 │ A    ich zum Gänsemarkt komme ich hab das ziemlich eilig
03 │ B                                               das is aber ne

04 │ B    ganz schöne ecke    zu laufen        ja ne halbe stunde
05 │ A                        ja              von hier aus

06 │ B    mindestens          na also gut zwanzig minuten
07 │ A                        ogottogottogott                 ja wie komm

08 │ A    ich denn dahin
09 │ B                  die richtung ist schon + + +ja der kürzeste weg
```

In (01—02) konstituiert A den in sich geschlossenen Interaktionskomplex „Wegauskunft"[92] durch das konventionell-rituelle Eingangselement, das hier eine charakteristische Dreiteilung aufweist: Als erstes wird ein Grenzmarkierungssignal gesetzt *entschuldigen Sie*, das den Aufmerksamkeitsfokus des Adressaten auf den Sprecher zentriert, gleichzeitig eine Kommunikationsachse aufbaut und einen neuen, in sich geschlossenen Interaktionskomplex in Aussicht stellt. Die so abgegrenzte Interaktion kann nun in einem zweiten Schritt prospektiv durch die Frage definiert werden. Erst danach beginnt die eigentliche Kernphase der Interaktion.

Durch dieses komplexe Eingangselement wird die Interaktion für den Partner als eine „Wegauskunft" definiert, und für alle Beteiligten ist erkennbar, um welchen konventionellen Rahmen es sich bei der augenblicklichen Interaktion handelt. Beide Partner können jetzt ihre jeweiligen Interaktionsroutinen aktualisieren. Für B wird in diesem Moment deutlich, daß die in (01—02) formulierte Frage gleichzeitig eine Aufforderung an ihn darstellt, A den Weg zu dem genannten Platz zu beschreiben. Dies wäre für den normalen Ablauf einer Interaktion zunächst vollkommen ausreichend. A weiß, daß er durch seine Frage B gegenüber bestimmte kommunikative Verbindlichkeiten gesetzt hat; und A weiß, daß B weiß, daß A von ihm bestimmte kommunikative Reaktionen erwartet. A hat also mit seiner Frage bzw. seiner Aufforderung eine bestimmte „kommunikative Relevanz" (vgl. dazu o. Abschn. 4.3.3.) für B gesetzt.

Bevor B diese kommunikative Normsetzung ratifizieren kann, nimmt A jedoch noch eine zusätzliche Relevanzhochstufung seiner an B gerichteten Forderung vor. Das in (02) formulierte *ich hab das ziemlich eilig* macht für B die besondere Dringlichkeit von As Frage deutlich. Die Äußerung von B in (03—04) kann dabei multifunktional gedeutet werden. Zum einen stellt sie die Ratifizierung des von A vorgegebenen Interaktionstyps dar, zum anderen ist sie eher schon eine spezielle Reaktion auf die von A vorgenommene Relevanzhochstufung. B macht damit für A deutlich, daß er bereit ist, die folgende Interaktion mit A unter dem von A vorgegebenen Relevanzstatus durchzuführen. Die von B in (04—06) geäußerte Zeitangabe zeigt vor dem Hintergrund der von A gesetzten Dringlichkeit seines Anliegens die besondere Problematik der vorlie-

---

[92] Zum Ablaufmuster von Wegauskünften vgl. Wunderlich 1978; Klein 1979

## 5.3.2.1. Lokales Management

genden Situation. Der in (07) von A geäußerte Ausdruck konsolidiert noch einmal den hohen Relevanzstatus seines Anliegens und verdeutlicht für B die besondere Zwangslage, in der A sich befindet. Die Wichtigkeit und Dringlichkeit der von A erbetenen Wegauskunft ist zu diesem Zeitpunkt für beide Partner ratifiziert. Gleichzeitig ist für beide weiterhin die besondere Zwangslage, in der A sich befindet, deutlich geworden.

B hat zu diesem Zeitpunkt offensichtlich das Bedürfnis, die aufgrund der hohen Relevanz erwartbare Hektik der verbalen Interaktion zu dämpfen. Er versucht, dies dadurch zu erreichen, daß er nun seinerseits in (06) eine Relevanzrückstufung vornimmt, die folgende Struktur hat: Zunächst wird ein Vorlaufelement konstituiert. Dieses Vorlaufelement *na* hat die Funktion einer allgemeinen Einschränkung. Es folgt ein Verzögerungssignal *also*, durch das B den Prozeß des Überdenkens seiner bisherigen Äußerung andeutet. Dann nimmt B die eigentliche explizite Einschränkung seiner kurz zuvor konstituierten Äußerung vor. Offensichtlich kann B durch diese Relevanzmodifizierung sein kommunikatives Ziel, die etwas gespannte Situation zu beruhigen, erreichen. Die Dringlichkeit der Situation scheint in diesem Moment auf einem für beide Partner akzeptablen Relevanzniveau festgelegt zu sein.

In dieser Situation beginnt A mit der eigentlichen Kernphase der Wegauskunft, indem er seine zu Beginn gestellte Frage in (07—08) wieder aufgreift. B seinerseits reagiert entsprechend den gängigen Konventionen für Wegauskünfte und beginnt in (09) eine Beschreibung des von A geforderten Weges. Wie wir feststellen können, ist es für beide Partner erst in dem Moment möglich, die gemeinsame Interaktion sinnvoll und entsprechend den gängigen Routinen zu beginnen, nachdem das Relevanzniveau festgelegt worden ist.

Die verschiedenen Beispiele machen deutlich, daß stets alle Partner darum bemüht sind, die sich in ihren Redebeiträgen ausdrückende Indexikalität mittels reflexiver Interaktionsverfahren hervorzubringen, zu sichern und — wenn erforderlich — wiederherzustellen. Die Rekonstruktion dieser Verfahren im Rahmen dialoganalytischer Bemühungen zielt nun auf eine funktionale Bestimmung der verschiedenen Aktivitäten ab, die wir folgendermaßen klassifizieren können. Das Bemühen der Partner um die indexikalische Festlegung ihrer Redebeiträge führt sie dazu, immer wieder systematisch Markierungs- bzw. Setzungs-, Modifikations-, Suspendierungs- sowie Reinstallierungsaktivitäten anzuwenden. Diese Aktivitäten beziehen sich (explizit oder implizit) auf

— die formalen Eigenschaften der Gesprächsbeiträge (Intentionalität, Prägnanz, Direktionalität, Validität, Relevanz),

— das gemeinsam unterstellte Alltagswissen,

— die verschiedenen Hintergrunderwartungen.

## 5. Interaktive Verfahren

Wir können also sagen, daß die Intentionalität, die Prägnanz, die Direktionalität, die Validität und Relevanz im einzelnen durch diese Aktivitäten für alle Partner gültig und akzeptabel im gemeinsamen, wechselseitig aufeinander bezogenen Dialoghandeln markiert, modifiziert, suspendiert und reinstalliert werden können. In bezug auf das Aushandeln situativ gültiger Wissensbestände, also das gemeinsam unterstellte Alltagswissen, können wir analog dazu von Themenmarkierung oder -fokussierung, von Themenmodifikation, -suspendierung oder -reinstallierung sprechen. Was schließlich die verschiedenen Hintergrunderwartungen betrifft, können wir, bezogen auf die Gesprächsroutinen, Standard-, Norm- oder Konventionssetzung, -modifikation, -suspendierung unterscheiden.

Zusammenfassend lassen sich die Aktivitäten folgendermaßen definieren:

— Durch Markierungs- oder Setzungsaktivitäten werden die verschiedenen formalen Eigenschaften, die Alltagswissensbestände und Interaktionsroutinen wie die Handlungs- und Bewertungsstandards, Normen und Konventionen dem oder den Partnern kommunikativ deutlich gemacht und zur weiteren interaktiven Bearbeitung angeboten.

— Modifikationen zielen auf die Veränderung bzw. Reformulierung bereits gesetzter Eigenschaften, Wissensaspekte oder Routinestandards bzw. Handlungsnormen ab.

— Suspendierungen stellen Versuche dar, vorübergehend oder grundsätzlich bestimmte formale Eigenschaften oder aber die Geltung thematisierter Wissensbestände, Standards und Normen interaktiv außer Kraft zu setzen.

— Im Gegensatz dazu sollen die Reinstallierungsaktivitäten die formalen Eigenschaften sowie die Geltung spezifischer Wissensbestände, Standards und Normen interaktiv wieder in Kraft setzen.

Diese allgemeinen Aktivitäten lassen sich im gegebenen Fall noch weiter funktional-analytisch differenzieren. So können wir etwa, bezogen auf die formale Eigenschaft der „Relevanz", Markierungsaktivitäten speziell etwa als „Relevanzaufdeckung" oder Modifikationsaktivitäten etwa als „Relevanzhoch-" bzw. „-rückstufung" bestimmen. Andererseits können verschiedene allgemeine Aktivitäten wie etwa die der Modifikation oder Reinstallierung funktional zusammenfassend als Reparaturaktivitäten klassifiziert werden.

Wir sehen also, daß die interaktiven Verfahren je nach funktionaler Perspektive auch unterschiedlich terminologisch gefaßt werden können. Grundsätz-

### 5.3.2.1. Lokales Management

lich gilt für die Analyse, daß der interaktive Stellenwert der verschiedenen Verfahren jeweils situationsadäquat herausgearbeitet werden muß, sowohl von den beteiligten Partnern selber als auch vom Gesprächsanalytiker. Erst dann kann der jeweilige Beitrag in seiner dialogischen Bedeutung richtig eingeschätzt werden. Zur Charakterisierung der für alle Partner notwendigen und geforderten Gesprächsarbeit läßt sich also zusammenfassend folgendes Schema aufstellen.

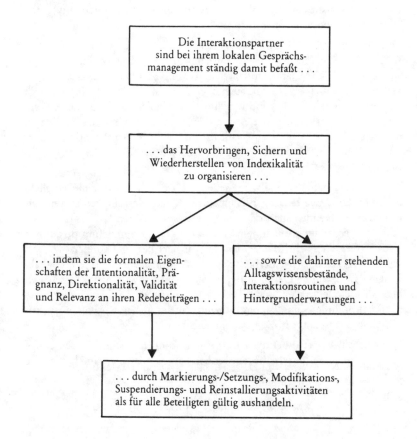

In diesem Prozeß spielen noch eine Reihe grundlegender interaktiver Verfahren eine Rolle, die wir bereits bei den oben durchgeführten Analysen implizit erwähnt haben. Da es sich hierbei um zentrale Verfahren handelt, die letzt-

## 5. Interaktive Verfahren

lich in allen beschriebenen Aktivitäten eine Rolle spielen, wollen wir sie explizit an einem Beispiel darstellen und systematisch zusammenfassen. Ausgangspunkt bei der Bestimmung dieser interaktiven Verfahren ist die Tatsache, auf die wir oben bereits ausführlich eingegangen sind, daß dialogisch relevanter Sinn stets interaktiv ausgehandelt werden muß. Der einzelne kann zwar, wie wir gesehen haben, mittels Setzungsaktivitäten bestimmte kommunikativ dialogische Vorgaben machen. Die spezifische interaktive Gültigkeit konstituiert sich aber erst, wenn eine solche Initiantenvorgabe kommunikativ bearbeitet worden ist.

Dies ist mit dem Begriff des „Aushandelns"[93] von interaktivem Gesprächssinn gemeint. Ein solches Aushandeln geschieht nun mittels einiger weniger spezieller Verfahren, die sich im Rahmen von zweigliedrigen Sequenzen beschreiben lassen (s. dazu auch oben Abschn. 4.3.3. und 4.3.4.). Durch sie wird die lokale Produktion von Sinn erst möglich. Indem B auf A kommunikativ antwortet, macht B A und allen anderen am Gespräch Beteiligten deutlich, wie er As Beitrag aufgefaßt hat und ob er ihn so akzeptiert, wie er ihn verstanden hat. B definiert also durch seinen Beitrag den „Sinn" von As Beitrag.[94]

Ebenso wie B hat aber, wie wir gesehen haben, auch A selber die Möglichkeit, den „Sinn" seines eigenen Handelns sich und allen anderen zu verdeutlichen. Diese Definierungs- oder Interpretationsverfahren lassen sich in verschiedene Typen unterteilen. Je nachdem, ob sich die Sinndefinition auf den eigenen Gesprächsschritt oder den des Partners bezieht, können wir von selbstbezogener oder partnerbezogener Definitionspraxis sprechen. Und abhängig davon, ob die Definition vorgreifend auf das zukünftige Geschehen bezogen ist oder rückgreifend die bereits konstituierten Gesprächsschritte hinsichtlich ihres „Sinns" zu bestimmen versucht, wollen wir von prospektivem bzw. retrospektivem Definieren[95] sprechen.

Hinsichtlich des retrospektiven Definierens können weiterhin noch einige spezielle Verfahren unterschieden werden. Setzt ein Partner eine bestimmte Sinnvorgabe, so hat der andere Partner die Möglichkeit, diese zu akzeptieren und sie in ihrer kommunikativen Validität sich selbst wie dem anderen zu bestätigen. Dadurch setzt der zweite Interaktionspartner die Initiantenvorgabe

---

[93] Genaueres zum zentralen Begriff des Aushandelns vgl. Dieckmann/Paul 1983
[94] Ein sehr schönes Beispiel für solche nachträgliche Sinnkonstituierung, die gar nicht im Vorgängerbeitrag intendiert worden sein kann, geben Garfinkel/Sacks 1970 (dt. 1976, S. 171 f.).
[95] Vgl. dazu etwa Kallmeyer 1978; Auer 1981

### 5.3.2.1. Lokales Management

des ersten Partners kommunikativ in Kraft. Dies kann explizit oder — wie wohl in den meisten Fällen — implizit geschehen. Solches kommunikative In-Kraft-Setzen der Sinnvorgaben eines Partners durch das Verhalten eines anderen Partners wird — wie wir in Abschn. 4.3.4. bereits angedeutet haben — als Ratifizierungsaktivität bezeichnet.

Ein ratifiziertes Verhalten kann durch den Initianten selber wie durch weitere andere Partner nochmals in seiner kommunikativen Gültigkeit bestätigt und bekräftigt werden. Dieses Verhalten wollen wir eine Konsolidierungsaktivität nennen. Ist das Ratifizieren eine ausschließlich partnerbezogene Definitionspraxis, kann das Konsolidieren sowohl partner- wie auch selbstbezogen vorgenommen werden.

Schließlich gibt es noch eine weitere Bestätigungspraxis, die sich nicht nur auf die reine Bestätigung der kommunikativen Gültigkeit einer bestimmten Initiantenvorgabe beschränkt, sondern darüber hinaus die jeweilige Sinnvorgabe zusätzlich noch positiv bewertet. Dies kann — wie wir in Abschn. 4.3.4. im Anschluß an Holly erläutert haben — durch Danksagungen, Beglückwünschungen oder einfache Aufwertungen geschehen. In solchen Fällen wollen wir von einer Honorierungsaktivität sprechen. Honorierungen kommen im Gegensatz zu den Ratifizierungen und Konsolidierungen hauptsächlich in ritualisierter Kommunikation vor (vgl. dazu im einzelnen o. Abschn. 4.3.4.).

Eine zweigliedrige Sequenz ist in diesem Sinne in der Regel so organisiert, daß auf eine bestimmte Initiantenvorgabe eine Reagentenantwort folgt, in der die Sinnvorgabe ratifiziert, konsolidiert oder honoriert wird — oder auch nicht. Wie in der Gesprächsforschung festgestellt wurde, sind Sequenzen mit einer grundsätzlichen Bestätigung im zweiten Schritt sequenzeinschränkend. Wird dagegen eine Initiantenvorgabe nicht ratifiziert, ist dies in der Regel sequenzexpandierend.[96]

Wir wollen nun an einem Beispiel zeigen, wie eine solche Definitionspraxis im Rahmen des lokalen Sinnmanagements aussehen kann. Bei dem folgenden Beispiel handelt es sich um den Ausschnitt aus einem Rollenspiel, das im Rahmen eines Seminars durchgeführt wurde. Die beiden Partnerinnen (A und B) hatten die Aufgabe, einen Kreissägevorsatz vor eine Bohrmaschine zu schrauben. Da sie mit dieser Aufgabe einige Schwierigkeiten hatten, griff nach einiger Zeit der Seminarleiter (C) in die Interaktion ein. Im hier vorge-

---

[96] Vgl. Auer/Uhmann 1982

## 5. Interaktive Verfahren

legten Ausschnitt geht es nun darum, diese Intervention kommunikativ zu definieren.

Beispiel (6):

```
01  A   das muß da rein            ja also nicht da  mit gewalt
02  B                    + ja das  muß da rein                  ich schätze das

03  B   muß hier ran
04  C               ich kann euch ich kann euch mal n tip geben ihr müßt +

05  C   ihr müßt das hier vorne + + das müßt ihr erst mal abmachen
06  B                                                              siehste das

07  B   wollt ich doch mit der zange oder                da
08  C                                      da müßt ihr anfassen
09  A                                                             das kann nicht

10  A   sein daß man dazu ne zange braucht          ja
11  B                                        doch sicher
12  C                                                       am besten den und

13  C   den hier zum              ja nee so geht  (              )
14  B                 druffsetzen                 ku mal nun kommt schon  wieder

15  B   der mann ins spiel
16  C                      ja entschuldigung aber LACHT
```

In (01—03) sind A und B noch mit der kommunikativen Organisation der Aufgabenlösung beschäftigt. Für C ist aber zu diesem Zeitpunkt bereits deutlich geworden, daß A und B in der Bewältigung der vorgegebenen Aufgabe nicht weiterkommen werden. Es ist anzunehmen, daß er seine durch die Rollenspielanweisungen gegebenen Erwartungen als nicht erfüllt und vermutlich dadurch auch den zeitgerechten Ablauf der gesamten Seminarsitzung als gefährdet ansieht. In der Situation entwickelt er die Intention, unterstützend einzugreifen. Dabei entsteht für C das kommunikative Problem, sich in einen geschlossenen Interaktionsprozeß einzuschalten. Solche Interventionen sind, wie wir gesehen haben, stets höchst kritische Momente. Man muß dabei das aktuell konstituierte System der Interaktionsachsen auflösen (s. o. Beispiel 3), selber eine Interaktionsachse zu den Gruppenmitgliedern aufbauen und die eigene Intervention kommunikativ in ihrem Status festlegen, damit die beteiligten Partner entsprechende Interaktionsroutinen bei sich aktivieren können. Bei einer solchen Sinndefinition ist es weiterhin wichtig, die vorgenommene Intervention den angesprochenen Interaktanten gegenüber zu legitimieren.

## 5.3.2.1. Lokales Management

Aufgrund seines Status als Seminarleiter und Initiator der laufenden Interaktion kann C hier allerdings relativ unvermittelt eingreifen. Das liegt daran, daß die Handlungsnormen, die für Seminarsitzungen gültig sind, weiterhin die für das Rollenspiel geltenden Normen dominieren, und zwar insoweit, als sie diese jederzeit wieder außer Kraft zu setzen vermögen. Dies zeigt sich im vorliegenden Beispiel daran, daß der Seminarleiter C seine Intervention etwa im Gegensatz zur oben analysierten Wegauskunft (s. o. Beispiel 5) nicht in ihrem prinzipiell aggressiven Charakter durch ein Wertschätzungsdisplay (etwa eine Entschuldigung) abzumildern braucht. Gleichwohl aber kommt ihm die Aufgabe zu, deutlich zu machen, welchen kommunikativen Status seine Intervention hat. Soll sie etwa das Rollenspiel und dessen Konventionen in seiner Validität gänzlich suspendieren oder soll das Rollenspiel grundsätzlich als kommunikativer Rahmen[97] erhalten bleiben? Ist dies so, muß geklärt werden, wie die Intervention in diesen Rahmen einzuordnen ist.

Dieses Problem löst C hier mit dem Verfahren des prospektiven Definierens. Er bestimmt den Handlungssinn dessen, was er sogleich tun und sagen wird, mit der Formulierungshandlung *einen tip geben*. Nach diesem metakommunikativen Vorlaufelement konstituiert er in (04—05) seinen als „Tip" definierten Gesprächsschritt, der zusätzlich zum verbalen Verhalten durch gestisch-manuelle Verhaltenselemente ergänzt wird.

B ratifiziert in ihrem unmittelbar folgenden Gesprächsschritt (06—07) diesen Handlungssinn. Durch das *siehste* wird dabei A gegenüber nicht nur der kommunikative Status der von C als „Tip" definierten Intervention akzeptiert und als ein für die laufende Interaktion valider Gesprächsschritt anerkannt, sondern darüber hinaus auch Cs spezielle Wissenskompetenz und die daraus resultierende Weisungsbefugnis ratifiziert. Mit dem folgenden zweiten Teil ihres Gesprächsschritts *das wollt ich doch mit der zange* arbeitet B — jetzt retrospektiv definierend — einen weiteren für sie relevanten Sinnaspekt in Cs Gesprächsbeitrag heraus: Sie interpretiert Cs Tip nun ihrerseits als Ratifizierung der eigenen, A gegenüber bisher nicht erfolgreich vertretenen Lösungshypothese — versucht also, ihren eigenen Standpunkt zu konsolidieren. Das abschließende an C adressierte, fragend intonierte *oder* bestätigt dabei ein weiteres Mal die Handlungs- und Wissenskompetenz von C und stellt gleichzeitig einen Versuch dar, C seinerseits zu einer Konsolidierungsaktivität hinsichtlich Bs Position zu bewegen.

Diese Konsolidierungsdefinition von Cs Intervention versucht B im folgenden gegen die offensichtlich immer noch bestehenden Einwände von A durchzusetzen. Die weitere kommunikative Entfaltung von Cs Tip in (08) wird von B in (07) konsolidiert, von A jedoch durch ihren Beitrag in (09—10) angezweifelt. Diesen Beitrag, der hinsichtlich seiner Direktionalität unbestimmt ist — er kann sowohl an B wie auch an C adressiert sein —, bindet B durch ihren Beitrag in (11) an sich. In dem unsicher fragenden *ja* von A in (10) kann B möglicherweise bereits einen ersten Indikator dafür sehen, daß A nun doch kurz davor ist, ihre, nämlich Bs Lösungshypothese zu ratifizieren.

---

[97] Zur Etablierung von Gesprächsrahmen vgl. Müller 1984

## 5. Interaktive Verfahren

Die willkommene Unterstützung ihres Standpunktes durch C drückt B in (14) recht deutlich durch die Weiterführung von Cs Gesprächsschritt in (12—13) aus (s. o. Abschn. 4.3.1.). B nutzt hier die durch ihr kommunikatives Verhalten ratifizierte Wissenskompetenz von C aus, um ihre eigene Kompetenz zu demonstrieren und damit interaktiv eine dominante Position A gegenüber zu erringen.

Diese Handlungsstrategie ist aus den kommunikativen Erfordernissen des Rollenspiels zu erkären. A und B hatten die Anweisung erhalten, trotz ihres unzureichenden Wissens um die Lösung des manuellen Problems, der Partnerin gegenüber jeweils die eigene Handlungs- und Wissenskompetenz zu demonstrieren und damit die dominante Position im Gespräch zu erringen. Dabei wußte keine der beiden Partnerinnen von der Anweisung, die jeweils die andere erhalten hatte. Beide sollten also über die Sachaufgabe einen Beziehungskonflikt austragen.

Dies zeigt sich hier deutlich in der Definierungspraxis von B. In dem Moment nämlich, in dem C durch seine anschließende Äußerung in (13) die Kompetenzposition von B wieder durch eine Korrektur schwächt, versucht B nun ihrerseits, die von ihr bereits ratifizierte Validität der Intervention Cs zu demontieren, indem sie retrospektiv Cs „Tip" als unliebsame Einmischung definiert. Sie erreicht dies dadurch, daß sie in (14) zunächst ein Vorlaufelement konstituiert, durch das sie As Aufmerksamkeitsfokus von der Sachaufgabe auf Cs kommunikatives Handeln lenkt. Im Zusammenhang mit dem Rest des Gesprächsschritts bekundet sie dann Solidarität mit ihrer gleichgeschlechtlichen Interaktionspartnerin. Durch diese Solidarisierung und das damit verbundene, den andersgeschlechtlichen Gesprächspartner ausschließende Anrededisplay demontiert sie auch die Interaktionsachse zu C und schließt damit wieder die Gruppe A—B. Indem C mit einer Entschuldigung und einem beschwichtigenden Lachen Bs Beitrag honoriert, konsolidiert er die von B vorgenommene Definition seiner Intervention in (13) und ratifiziert gleichzeitig seinen eigenen Ausschluß. Damit ist schließlich auch der Handlungsrahmen des Rollenspiels wieder als valide reinstalliert und kann entsprechend weitergeführt werden.

Wie wir an diesem Beispiel deutlich erkennen können, ist der kommunikative Status einer bestimmten Äußerung, wie es ein Transfermodell der Kommunikation (s. o. Abschn. 5.2.3.) nahelegen würde, nicht schon dadurch festgelegt, daß sie überhaupt geäußert wird. Er wird vielmehr erst aufgrund verschiedener prospektiver und retrospektiver Akte von allen beteiligten Partnern bestimmt. Cs Intervention wurde im Laufe der hier vorgeführten kurzen Interaktion also in dreifacher Hinsicht definiert:

— als hilfreicher „Tip"

— als willkommene Bestätigung der eigenen Position

— als unliebsame Einmischung in die eigenen interaktiven Angelegenheiten

So gesehen ist es von untergeordneter Bedeutung, danach zu fragen, wie eine Äußerung „eigentlich gemeint" war, was ja durch ein Transfermodell der

Kommunikation nahegelegt wird. Denn über das, was ein Sprecher meint, und das, was ein Hörer versteht, können wir zumeist nur spekulieren. Unsere Deutungsversuche bleiben in der Regel Hypothesen. Was aber alle Partner in ihrem interaktiven Zusammenwirken als den gemeinsamen, als gültig akzeptierten Sinn ihres Tuns aushandeln, kann durchaus in einer sukzessiven Verfahrensanalyse aufgrund der jeweils konstituierten Gesprächsbeiträge ermittelt werden. Der Sinn des kommunikativen Handelns der Gesprächspartner erschließt sich uns dabei als kommunikatives Konstrukt einer im lokalen Management hervorgebrachten, gesicherten oder wiederhergestellten Ordnung. Hier wird nun deutlich, was als kommunikatives Konstrukt zu verstehen ist. Der Begriff meint die Gesamtheit aller Gesprächsbeiträge, die sowohl in ihrer zeitlichen Abfolge als auch in ihren aufeinander bezogenen Sinnrelationen so geartet sind, daß sie gemeinsam ein spezifisches, systemhaftes Sinnganzes bilden. Auf diese „interaktiv-semantische Gestalt" können sich Gesprächspartner wie Gesprächsanalytiker berufen, wenn sie zu beschreiben versuchen, um was es in einem Gespräch gerade geht. Das kommunikative Konstrukt ist also der interaktiv von allen Gesprächspartnern organisierte komplexe Zeichenprozeß, durch den sich sozialer Sinn konstituiert.

## 5.3.2.2. Regionales Management

Ein solches kommunikatives Konstrukt, wie es soeben für den Bereich der lokalen Sinnproduktion beschrieben wurde, kann sich allerdings auch über größere und umfangreichere Gesprächspassagen erstrecken. Dabei entstehen dann Gesprächsstrukturen und Ordnungen, die wir hier als regionale Sinn- und Aktivitätskomplexe bezeichnen wollen. Während die Prozesse der lokalen Sinnproduktion den meisten in der Regel nicht bewußt sind und im Alltag aufgrund gängiger Alltagsroutinen fast automatisch ablaufen, ist der Bewußtheitsgrad hinsichtlich der regionalen Sinnproduktion wesentlich höher. Denn auf diese Makrostrukturen des Gesprächs richten die Gesprächspartner selbst ihre Aufmerksamkeit. Es sind die Strukturen und Ordnungen, die auch bewußt als die interaktiven Sinngestalten (eben die kommunikativen Konstrukte) des Alltags erlebt werden und auf die sich die Partner im Gespräch oder aber rückwirkend in ihrer Erinnerung beziehen können.

Wie sich Gesprächssinn in dieser Weise über längere Passagen hin entwickelt und welche einzelnen Verfahren dabei von den Gesprächspartnern eingesetzt werden, wollen wir zum Schluß dieses Kapitels anhand eines konkreten Beispiels zu skizzieren versuchen. Wie wir sehen werden, setzen die Gesprächspartner auch für das regionale Management die schon vom lokalen Manage-

## 5. Interaktive Verfahren

ment bekannten Verfahren der Hervorbringung und Sicherung von Sinn ein — nur stehen sie hier in größeren interaktiven Zusammenhängen.

Betrachten wir jetzt als Beispiel die bereits bekannte Interaktion „Montage eines Kreissägevorsatzes vor eine Bohrmaschine". Wie wir oben bereits erwähnt haben, war diese Interaktion ein Rollenspiel im Rahmen eines Seminars. Die beiden Studentinnen hatten die Aufgabe, einen Beziehungskonflikt über die Lösung der Sachaufgabe auszutragen. Jede sollte über ein spezifisches Identitätsmanagement[98] die dominante Position erringen. Keine der beiden wußte dabei, daß die jeweilige Partnerin dieselbe Rollenspielanweisung erhalten hatte.

Beispiel (7):

001 AA du möchtest jetzt von mir wissen wie man das zusammenbaut
002 BB                                                       nein nein ich
003 CC

---

004 AA         |du| weißt es |selber|           wollen wir das beide machen
005 BB  weiß es selbst |aber |       |mach|du mal ruhig
006 CC

---

007 AA dann müßte es eigentlich um so schneller gehen
008 BB                                                ja wir machen jetzt erst
009 CC

---

010 AA                      das ist schon mal ganz gut ja + äh ich glaub dann
011 BB  mal das ding hier ab
012 CC

---

013 AA baust du das ab ich würd den dazu nehmen das geht schneller
014 BB ——— LACHT ———                                       ja ach das
015 CC

---

016 AA                                            ja
017 BB  weiß ich ja alles weißt du mein Egon ist heimwerker   ja und + der zeigt
018 CC

---

019 AA           ich als alleinstehende frau muß das natürlich alles selber
020 BB  mir das immer
021 CC

---

[98] Zum Begriff des Identitätsmanagements vgl. Goffman 1971; Nothdurft 1983

## 5.3.2.2. Regionales Management

| | |
|---|---|
| 022 AA machen | ich kann mir den da |
| 023 BB dann hast du vielleicht n bißchen mehr ahnung | |
| 024 CC | |

| | | |
|---|---|---|
| 025 AA schon mal ankucken also | damit das ganze nachher auch funktioniert |
| 026 BB mh | + |
| 027 CC | |

| | |
|---|---|
| 028 AA | also weißt du wir haben hier ja noch |
| 029 BB + ── PRUSTET ── das paßt nicht | |
| 030 CC | |

| | |
|---|---|
| 031 AA son komisches ding das muß ja irgendwie dazu gehören ne | |
| 032 BB | + mhmh LACHT |
| 033 CC | |

| | |
|---|---|
| 034 AA | immer |
| 035 BB + nein nein das muß doch + + + ── LACHT ── nee das ( ) | |
| 036 CC | |

| | |
|---|---|
| 037 AA mit der ruhe ⌊also⌋ ⌈mit⌉ gewalt geht das schon mal gar nicht | |
| 038 BB ⌈das muß⌋ doch ⌊( )⌋ | wir |
| 039 CC | |

| | |
|---|---|
| 040 AA | das muß passen |
| 041 BB müssen das erstmal hier die zange nehmen ──LACHT── | |
| 042 CC | |

| |
|---|
| 043 AA |
| 044 BB ⌈nee ich glaub wir müssen⌋ + + das funktioniert wir müssen jetzt erstmal das |
| 045 CC ⌊also das funktioniert⌋ |

| | |
|---|---|
| 046 AA | |
| 047 BB hier abdrehen ── LACHT ── ach nee so geht das nicht | + also norma |
| 048 CC | |

| |
|---|
| 049 AA |
| 050 BB ler weise wir habn auch natürlich n anderes modell was ist das denn AEG |
| 051 CC |

| | |
|---|---|
| 052 AA | ⌈ja aber⌉ |
| 053 BB ja wir ham n boschmaschine also mit der kann ich ganz perfekt | ⌊umgehen⌋ |
| 054 CC | |

055 AA trotzdem das is im prinzip muß das alles das gleiche sein
056 BB                                                              ja also nee das
057 CC

| 058 AA | | also bohrer ist bohrer da kannst du |
| 059 BB das kannst du mir nicht sagen | + | |
| 060 CC | | |

| 061 AA mir erzählen was du willst | | ( ) |
| 062 BB             ja das is ja jetzt aber | + | — LACHT — |
| 063 CC | | |

064 AA                    ja aber ku mal da muß man aber vielleicht
065 BB du das ham wir doch schon versucht
066 CC

| 067 AA was dran verändern | | ⌈ku mal⌉ |
| 068 BB | + mh + | ⌊mh⌋vielleicht brauchen wir n schrauben |
| 069 CC | | |

070 AA          ja ne                                        das
071 BB zieher + ja      genau ja da is genau ++ das ding das müssen wir
072 CC

073 AA muß auseinander und denn paßt das nämlich auch rein so    nein
074 BB                                                         ja + ja
075 CC

076 AA ich find wir gehen jetzt mal logisch vor also bis jetzt war das ja alles
077 BB
078 CC

| 079 AA erstmal gar nichts ++ laß das doch mal liegen | | ja ku mal das haupt |
| 080 BB | | + |
| 081 CC | | |

| 082 AA problem ist daß das nich da | ⌈reinpaßt⌉ |           wir müssen da |
| 083 BB | ⌊wir müssen das⌋ das muß da |
| 084 CC | |

| 085 AA irgendwas verändern | | |
| 086 BB | + | wir müssen vielleicht doch dieses wieder dran |
| 087 CC | | |

#### 5.3.2.2. Regionales Management

```
088 AA
089 BB  bauen +++ hier muß das müssen wir da ran machen  |  +  |  — LACHT — das
090 CC

091 AA                                laß das ja bloß nicht vertütteln das
092 BB  müssen wir da auseinander nehmen                                    ja
093 CC

094 AA  is ja ne frechheit
095 BB                 ach ja das geht nicht ++ denn müssen wir + das
096 CC

097 AA
098 BB  abdrehen nee das geht nicht ++ nee aber das brauch wir dieses brauchen
099 CC

100 AA                         das muß da rein         ⎡ja also nicht da ⎤
101 BB  wir ++ müssen wir abreißen              +  | ja das  ⎣muß da rein⎦
102 CC

103 AA  mit gewalt
104 BB              ich schätze das muß hier ran
105 CC                                    ich kann euch ich kann euch mal

106 AA
107 BB
108 CC  n tip geben ihr müßt + ihr müßt das hier vorne ++ das müßt ihr erstmal

109 AA
110 BB            siehste das wollt ich doch mit der zange oder
111 CC  abmachen                                           da müßt ihr anfas

112 AA       das kann nicht sein daß man dazu ne zange braucht          ja
113 BB       da                                            doch sicher
114 CC  sen

115 AA
116 BB                         druffsetzen                    ⎡ku mal nun
117 CC  am besten den und den hier zum        ja nee so geht  ⎣(

118 AA
119 BB  kommt schon ⎤ wieder der mann ins spiel
120              ⎦                        ja entschuldigung aber — LACHT —
```

## 5. Interaktive Verfahren

| 121 AA | | passiert da was |
| 122 BB | + | nee also so ich dreh immer |
| 123 CC | | du mußt oben fest |

| 124 AA | oben auch |
|---|---|
| 125 BB | ah ja ++ halt du mal fest + hälst du mal oben fest |
| 126 CC | halten |

| 127 AA | noch festhalten | | ich glaub du drehst mir erst die |
| 128 BB | | ja ja ( ) | + |
| 129 CC | | | |

| 130 AA | [hand ab als das du das schaffst | [ja | [( ) |
| 131 BB | wir sind n schlechtes team\|allein | könnt ich\|das wesentlich | besser aber] |
| 132 CC | | | |

| 133 AA | | | ich glaub das geht ganz |
| 134 BB | + | andern weg rum | + | — LACHT — |
| 135 CC | | | |

| 136 AA | einfach |
| 137 BB | + | — LACHT — oh nein +++ nee also das müssen wer abdre |
| 138 CC | |

| 139 AA | | | |
| 140 BB | hen äh | + | | das [erst oben drauf |
| 141 CC | | ich geb euch nochmal n tip ihr müßt | ihr müßt den da |

| 142 AA |
| 143 BB | setzen |
| 144 CC | oben \|+ und dann müßt ihr das da festhalten ++ und denn mit m hammer das |

| 145 AA | |
| 146 BB | losschlagen mh + ja genau + andern weg andern weg |
| 147 CC | losschlagen | aber vor |

| 148 AA | | | |
| 149 BB | + | ja ja is richtig | + | nee — LACHT ——— nee das muß in |
| 150 CC | sichtig | | nee andere richtung |

| 151 AA | hälst du fest | ja | |
| 152 BB | die andere richtung | + | jetzt | + | ich muß nachfassen |
| 153 CC | | | |

| 154 AA | | ah da tut sich ja überhaupt nichts | |
| 155 BB | + | | a:ch | + | nee also |
| 156 CC | | | | |

## 5.3.2.2. Regionales Management

| 157 AA | | | du hast gut reden | | |
|---|---|---|---|---|---|
| 158 BB | + | du machst das auch nicht richtig | | + | los |
| 159 CC | | | | | |

| 160 AA | | | | | |
|---|---|---|---|---|---|
| 161 BB | schlagen | + | nochmal hauen | + | — LACHT — gleich ist es ab — LACHT — |
| 162 CC | | | | | |

| 163 AA | kopf weg | | |
|---|---|---|---|
| 164 BB | | + | — LACHT — |
| 165 CC | | | du mußt du mußt das wirklich hier festhalten |

| 166 AA | | | | |
|---|---|---|---|---|
| 167 BB | | das tu ich auch | + | |
| 168 CC | du du läßt es | | | so und jetzt ( ) nee andere |

| 169 AA | | das hat ich aber auch schon | |
|---|---|---|---|
| 170 BB | | | nee in die is schon richtig in die |
| 171 CC | glaub ich | | |

| 172 AA | | wie dreht man denn | ⌈normaler weise schrauben auf⌉ | |
|---|---|---|---|---|
| 173 BB | richtung oder | | ⌊nee die is richtig⌋ | |
| 174 CC | | | | nee das |

| 175 AA | ⌈so rum⌉ | | | | | | |
|---|---|---|---|---|---|---|---|
| 176 BB | | | + | | + | das wars | + |
| 177 CC | ⌊hat das geht⌋ darf ich mal | | halt gut fest | | | | |

| 178 AA | | | mhmh | | |
|---|---|---|---|---|---|
| 179 BB | ja und jetzt +++ abdrehn ah | + | | + | — LACHT — |
| 180 CC | is los | | | | |

| 181 AA | phantastisch | so jetzt ähm | | |
|---|---|---|---|---|
| 182 BB | | + | nee | + | da vielleicht hier |
| 183 CC | | | | | |

| 184 AA | oh hoho nee da fehlt noch was | | das paßt |
|---|---|---|---|
| 185 BB | | bist du sicher | + | das paßt |
| 186 CC | | | | |

| 187 AA | da rein brauchen wir denn den griff hier überhaupt | |
|---|---|---|
| 188 BB | ja | — LACHT — willste |
| 189 CC | | |

| 190 AA | ( ) wir ham doch hier einen dran | | |
|---|---|---|---|
| 191 BB | den abhauen | + | stimmt wir müssen |
| 192 CC | | | |

## 5. Interaktive Verfahren

193 AA                                              genau wir müssen den auch noch abma
194 BB   wir brauchen jetzt n schraubenzieher
195 CC

| 196 AA chen | LACHT      jetzt | hoho | jetzt hab ich |
| 197 BB  +   |       jetzt      |  +   |      +        |
| 198 CC      |                  |      |               |

| 199 AA halt du | [(   )]                              |   | nee so |   |
| 200 BB         | [das muß] einrasten das muß einrasten | + |        | + |
| 201 CC         |                                       |   |        |   |

| 202 AA |             sicher          |   | also irgendwas wir |
| 203 BB | is ja schon is ja schon   nee — LACHT — | + |          |
| 204 CC |                              |   |                    |

| 205 AA müssen das festwinden |                 |   | jetzt   ja  | nein |
| 206 BB                       | fest — LACHT — | + |     jetzt   |  +   |
| 207 CC                       |                 |   |             |      |

208 AA                                    ja genau ++ das ham wir ja auch
209 BB   viel   wir müssen das festdrehen hier
210 CC

| 211 AA rausgekriegt |                              |   | da war aber vorher einer |
| 212 BB              | aber da is gar kein nippel  | + |                          |
| 213 CC              |                              |   |                          |

| 214 AA |                         achso |   |
| 215 BB | ja den ham wir abgebrochen    | + |
| 216 CC |                               | ja ist gut also die aufgabe ist |

217 AA
218 BB
219 CC  erfüllt ++ das entsprechende werkzeug ist nicht dabei ++ aber soweit ist

220 AA           ist nicht an uns gescheitert oder wie
221 BB
222 CC  es richtig                               nein — LACHT — ist gut

223 AA
224 BB
225 CC  vielen dank

## 5.3.2.2. Regionales Management

Zu Beginn der Interaktion ist ein dieser Aufgabe entsprechendes verbales Verhalten deutlich zu beobachten. Im Laufe des weiteren Geschehens aber wird — was nicht von der Anlage des Rollenspiels her geplant war — den beiden Interaktantinnen klar, daß sie ernsthafte Schwierigkeiten mit der gestellten Aufgabe haben. Sie kommen daher in einen Konflikt mit ihren Rollenanweisungen. Das Rollenspiel wird zusehends zu einer ernsthaften Aufgabe, die für sie nicht ohne weiteres zu lösen ist. Das führt schließlich zum Eingreifen des Seminarleiters.

In dieser Situation setzen alle beteiligten Partner eine Reihe von kommunikativen Verfahren ein, um für sich selber und möglicherweise auch den anwesenden übrigen Seminarteilnehmern gegenüber die aktuell laufende Interaktion als „Schwierige Aufgabe" zu definieren. Wie dieses regionale Sinnmanagement im einzelnen konstituiert wird, wollen wir im folgenden rekonstruieren.

Die Zahlen, auf die wir uns im weiteren beziehen, sind die laufenden Nummern der einzelnen Zeilen. Die abgeteilten und durch ein „+" gekennzeichneten Segmente in der Transkription weisen auf kurze Phasen ausschließlich manueller Tätigkeit hin, in denen die Partnerinnen keine verbalen Aktivitäten zeigen.

Wie wir sehen können, ist der erste Teil der Interaktion bis ca. (126) wesentlich stärker durch verbale Aktivitäten geprägt, ab (126) werden die einzelnen Gesprächsschritte deutlich kürzer und die Phasen rein manueller Tätigkeit häufiger. Auch hieran kann man schon sehen, daß die Partnerinnen im ersten Teil viel stärker mit der verbalen Definition ihrer Interaktion befaßt sind als im zweiten Teil, den man eher als ein die manuellen Tätigkeiten begleitendes, kommentierendes Sprechen charakterisieren kann (s. hierzu Abschn. 2.1.).

Die Abbildung auf Seite 168 gibt einen groben Überblick über die Makrostruktur des Gesprächs.

Wie wir sehen, weist auch diese in einen größeren Gesprächszusammenhang (das Seminargespräch) eingebettete verbal-manuelle Interaktion die für Gespräche generell typische Dreiteilung auf. Nur handelt es sich hier um ein unter der Gesprächsebene liegendes Interaktionsniveau. So wie das ganze Gespräch in eine laufende Interaktion eingebettet werden muß[99], muß auch dieses auf der Subebene konstituierte Rollenspiel durch charakteristische Überleitungssegmente gekennzeichnet werden, die eine dann

---

[99] Dies geschieht durch die in Abschn. 4.4. beschriebenen rituellen Phasen der Eröffnung und Beendigung, die für ganze Gespräche in der Regel vor allem die wichtigen rituellen Zugangsformeln der Begrüßung und Verabschiedung enthalten. Diese Formeln entfallen natürlich bei interaktionellen Subsequenzen im Rahmen eines bereits etablierten Gesprächs. Zur Einbettung von verbalen Interaktionen in Gespräche vgl. Kallmeyer 1978. Kallmeyer (1978, S. 196) verwendet im Zusammenhang mit den hier „Übergangssegment" genannten Aktivitäten den u. E. mißverständlichen und unklaren Begriff der Anwendungsstruktur.

## 5. Interaktive Verfahren

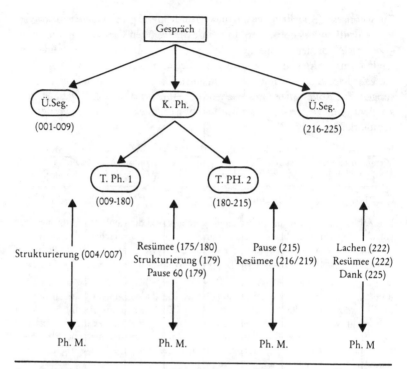

Ü. Seg. = Überleitungssegment   K. Ph. = Kernphase   T. Ph. = Teilphase   Ph. M. = Phasenmarkierung

in sich weiter strukturierte Kernphase abgrenzen. Wir wollen in diesem Sinne — um die verbale Interaktion unter der Gesprächsebene auch terminologisch vom Gespräch als Ganzem abzuheben — von einem Einleitungs- und Abschlußsegment sprechen, die die eingebettete Kernphase umschließen. Diese eingebettete Kernphase ist hier bedingt durch die gestellte manuelle Aufgabe in zwei weitere Teilphasen untergliedert, die durch zwei wesentliche Teilziele im technisch-manuellen Vorgehen gekennzeichnet sind. Teilphase 1 ist durch die verschiedenen Versuche geprägt, das Bohrfutter von der Maschine zu lösen. Dies gelingt erst in (178—183). Die zweite Teilphase wird bestimmt durch die Aufgabe, mit der die beiden Studentinnen wesentlich besser und schneller fertig werden, den Kreissägevorsatz vor die in Teilphase 1 technisch präparierte Bohrmaschine zu schrauben. Erst dann bricht der Seminarleiter in (216) die Interaktion ab und reinstalliert damit wieder die Interaktionsnormen der Seminarsitzung.

Betrachten wir nun genauer die erste Teilphase, innerhalb derer den Partnerinnen deutlich wird, daß sie die gestellte Aufgabe nicht ohne weiteres zu lösen in der Lage sind. Sie beginnen in dieser Phase Definierungsaktivitäten, mit denen sie den kommunikativen Status ihrer laufenden Interaktion als „Schwierige Aufgabe" für sich selbst, die axiale Partnerin sowie die nichtaxialen Seminarteilnehmer aushandeln.

### 5.3.2.2. Regionales Management

Wie die folgende Abbildung zeigt, ist diese erste Teilphase der eingebetteten Kernphase durch fünf instrumentelle Lösungsversuche gekennzeichnet.

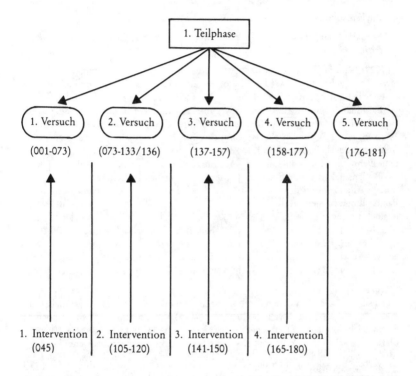

Die ersten vier dieser Versuche werden jeweils durch die Interventionen des Seminarleiters strukturiert. Wie wir unten zeigen werden, ist die sprachliche Ausprägung der vier Interventionen unterschiedlich. Dies zeigt, daß auch der Seminarleiter an der Aushandlung der Gesprächsmanifestation „Schwierige Aufgabe" mitbeteiligt ist. Betrachten wir aber zunächst das Verhalten der beiden Partnerinnen.

Verteilt über den gesamten Verlauf der Interaktion, zeigen sie eine Reihe von Aktivitäten, mit denen sie allmählich ein Umdefinieren dessen, womit sie gerade befaßt sind, vornehmen. Bis (029) verläuft die Interaktion problemlos im Rahmen des vorgegebenen Rollenspiels. Dabei wird der Erwartungsanspruch an die Aufgabe ratifiziert (001—007) und die Aufgabe gemäß ihren jeweiligen Anweisungen als „unproblematisch" definiert (bis 025). Beide Partnerinnen demonstrieren verbal Sachkompetenz, wobei A in ihrem Identitätsmanagement durch bestimmte Aktivitäten deutlich und expliziter als B einen Dominanzanspruch formuliert. Dies geschieht durch

## 5. Interaktive Verfahren

— die explizite Unterstellung eines Erwartungsanspruchs von B, der Bs submissive Position definieren würde (001)
— die explizite Bewertung von Bs Handeln (010/013)
— die Konsolidierung ihrer Kompetenzdemonstration (019).

As Verhalten wird dabei in (023) von B, wenn auch mit einer Relevanzrückstufung *vielleicht n bißchen*, ratifiziert.

In (029) beginnt dann der bisher ratifizierte und konsolidierte Interaktionsrahmen „fragil" („brüchig")[100] zu werden: Es kommt zu einer ersten Diskrepanzmeldung von B. Dies ließe sich zunächst noch durchaus als Submissionseingeständnis deuten, was As Dominanzvorsprung konsolidieren würde. Allerdings gerät auch As Demonstration von Selbstsicherheit in der Formulierung ihres Gesprächsschritts in (028/031) ins Wanken. Formulierungen wie *son komisches ding* und *muß ja irgendwie dazu gehören* indizieren deutlich Lücken in ihren für das Sachproblem relevanten Wissensbeständen. Dennoch wird — auch durch einen kurzen Einwurf von C in (045) — der durch das Rollenspiel gegebene Erwartungsanspruch an die beiden Interaktantinnen konsolidiert. Allerdings wird im folgenden durch wiederholte Diskrepanzmeldungen den Partnerinnen immer deutlicher, daß die Aufgabe nicht so einfach zu lösen ist, wie sie es noch im ersten Abschnitt etwa in (004/007) bzw. (014/017) — prospektiv definierend — einander gegenseitig versichert haben. B versucht jedoch weiterhin, ihr Image (s. o. Abschn. 4.3.4.) als sachkompetente Person zu erhalten, indem sie für die vorliegende Situation veränderte und erschwerte Rahmenbedingungen als gültig einführt (050/053 bzw. 131). Auch A versucht weiter, ihren Dominanzstatus ab (052) zu festigen.

Auch sie muß aber schließlich den bisherigen gemeinsamen Versuch als gescheitert anerkennen. Sie versucht zwar in (070/073/076/079), ihre dominante Position noch dadurch zu retten, daß sie (retrospektiv definierend) die ganze bisherige erste Versuchsphase als gescheitert erklärt und eine neue Interaktionsphase strukturierend einleitet sowie etwas später in (082/085) bzw. (112) lösungsbezogene Handlungsnormen setzt. Auch diese nächste Phase ist jedoch wieder durch Diskrepanzmeldungen gekennzeichnet.

Hier nun setzt die bereits detailliert besprochene zweite Intervention des Seminarleiters (s. o. Beispiel 6) ein. Wie wir sehen werden, gestalten sich auch die weiteren Interventionen im Verlauf des Geschehens immer restriktiver, was die allmähliche interaktive Etablierung des kommunikativen Konstrukts „Schwierige Aufgabe" deutlich macht.

Nach der zweiten Intervention versucht B in (131), durch einen metakommunikativen Ausstieg aus dem Rahmen des Rollenspiels die Schwierigkeiten der Aufgabe zu thematisieren und gleichzeitig eine neue, ihr gemeinsames Mißlingen erklärende Randbedin-

---

[100] Der in der Ethnomethodologie wichtige Begriff der Fragilität wird besonders im Zusammenhang mit dem Begriff der Alltagswirklichkeit verwendet; vgl. Mehan/Wood 1975 (dt. 1976, S. 49 ff.); Patzelt 1987, S. 180 ff.

## 5.3.2.2. Regionales Management

gung zu etablieren. Dabei konstituiert sie im zweiten Teil ihres Gesprächsbeitrags — gleichzeitig einsetzend mit der von A gegebenen Ratifizierung ihres metakommunikativen Rückgriffs — eine Dominanzdemonstration entsprechend den Vorgaben des Rollenspiels. Sie wird aber unmittelbar darauf in ihrer Aufmerksamkeit wieder ganz von den manuellen Notwendigkeiten der Aufgabe in Anspruch genommen. Auch dieser Versuch mißlingt, so daß in (141) der Seminarleiter sich ein drittes Mal zu einer Intervention genötigt sieht.

Auch dieser „Tip" führt jedoch nicht zu einem befriedigenden Ergebnis, so daß nach weiteren Diskrepanzmeldungen und Negativbewertungen der Seminarleiter in (165) mit seiner vierten und letzten Intervention einsetzt, in deren Verlauf er den abschließenden Schritt der manuellen Aufgabenlösung selbst übernimmt und verbal mit einer Erfolgsmeldung in (180) die erste Teilphase der Interaktion beendet (Resümee — s. o. Abschn. 4.4.3.).

Betrachten wir an dieser Stelle kurz die vier verschiedenen Interventionen des Seminarleiters. Die erste Intervention in (045) ist ein kurzer Beitrag ohne Gesprächsschrittbeanspruchung (s. o. Abschn. 4.2.1.), der gewissermaßen als nachgeschobener Hinweis des an sich abgeschlossenen Rahmens der Rollenspielanweisungen aufzufassen ist und eine Konsolidierung des Erwartungsanspruchs an die beiden Partnerinnen darstellt. B ratifiziert diesen Konsolidierungsakt ihrerseits en passant, wendet sich aber dann wieder in einem an die Partnerin adressierten Beitrag der Aufgabe zu.

Die zweite Intervention ist der oben in Abschn. 5.3.2.1. besprochene, in seinem Sinn sehr unterschiedlich definierte Eingriff. Interessant für uns an dieser Stelle ist, daß diese Intervention noch recht vorsichtig und wenig direktiv formuliert wird: Der Hinweis wird als „Tip" charakterisiert und mit Hilfe des Modalverbs *können* sowie der Partikel *mal* in einer Relevanzrückstufung weiter abgeschwächt. Die Lösungskompetenz der Interaktantinnen wird dadurch noch nicht in Frage gestellt.

Die dritte Intervention in (141) ist dagegen in ihrem direktiven Charakter schon deutlicher. Sie ist in einer Indikativkonstruktion formuliert und durch die Partikel *noch mal* in ihrer Relevanz hochgestuft. Die folgenden Anweisungen werden von den beiden Studentinnen diesmal auch nicht zurückgewiesen, was eine Ratifizierung der Weisungsbefugnis des Seminarleiters darstellt.

Diese Kompetenzanerkennung manifestiert sich auch in der letzten, vierten Intervention. Der Eingriff in (165) ist nun dadurch gekennzeichnet, daß er eine explizit formulierte Anweisung darstellt, ohne jegliche modifizierenden Elemente, die den direktiven Charakter des Gesprächsbeitrags abschwächen könnten. Im Laufe dieser Intervention kommt es schließlich auch zu dem entscheidenden manuellen Eingriff, was kommunikativ für alle Beteiligten das Scheitern der beiden Interaktantinnen demonstriert und damit endgültig den situativen Rahmen als „Schwierige Aufgabe" definiert.

Wie wir gesehen haben, entsteht durch die Verteilung der verschiedenen Aktivitäten des lokalen Managements über einen größeren Bereich der Interaktion ein regionales kommunikatives Konstrukt, das den beteiligten Ge-

## 5. Interaktive Verfahren

sprächspartnern als Orientierungshilfe und Deutungsrahmen dienen kann bzw. das auch im Nachhinein eine kommunikative Einordnung und Klassifizierung der jeweiligen Interaktion erlaubt. Zusammenfassend können wir nun die verschiedenen Stufen der Etablierung des kommunikativen Konstrukts „Schwierige Aufgabe" in folgender Tabelle darstellen:

| Stufe | Sprachliche Handlungen | Themenkomplex |
|---|---|---|
| 1 (001—030) | Ratifizierung des Erwartungsanspruchs; Definition der Aufgabe als „unproblematisch" | |
| 2 (030—074) | Diskrepanzmeldungen; erste Intervention von außen; Konsolidierung des Erwartungsanspruchs | passen/ zusammenstecken/aneinanderfügen |
| 3 (073—104) | Phasenmarkierung; Diskrepanzmeldungen; Setzen von Handlungsnormen | |
| 4 (105—140) | zweite Intervention von außen; Diskrepanzmeldungen; Konsolidierung des Erwartungsanspruchs; metakommunikatives Aussetzen der Situation | festhalten/ drehen |
| 5 (141—172) | dritte Intervention von außen; Übernahme der Lösungskompetenz; Diskrepanzmeldungen; metakommunikatives Aussetzen der Situation | festhalten/ drehen/ losschlagen |
| 6 (174—180) | vierte Intervention von außen; manuelle Übernahme der Aufgabe; verbale Erfolgsmeldung | |

Wie aus dieser Tabelle und der vorangegangenen Analyse deutlich wird, gibt es verschiedene kommunikative Handlungskomplexe, die im Rahmen der dialogischen Etablierung des kommunikativen Konstrukts „Schwierige Aufgabe" eine Rolle spielen. Es handelt sich im wesentlichen um folgende Aktivitäten:

1) DISKREPANZMELDUNGEN, die das Scheitern manueller Lösungsversuche bzw. die Nichterfüllung ratifizierter Erwartungsansprüche thematisieren

### 5.3.2.2. Regionales Management

2) KONSOLIDIERUNGEN, durch die gleichzeitig die Geltung der ratifizierten Rollenspielerwartungen gefestigt wird

3) NORMSETZUNGEN, die bereits die Erfolglosigkeit des manuellen Handelns antizipieren

4) PHASENMARKIERUNGEN, die explizite Neuanfänge konstituieren und gleichzeitig bisherige Lösungsversuche verwerfen

5) Metakommunikative SUSPENDIERUNGEN, durch die ein kurzfristiges Aussetzen und Problematisieren der Rollenspielsituation erreicht wird

6) KOMPETENZÜBERNAHMEN (von außen), durch die die eigene Kompetenz demontiert wird

Durch solche und ähnliche Aktivitäten werden Gespräche auch über größere Passagen hin als interaktive Einheiten konstituiert, die sich dadurch als geschlossene Sinngestalten dem kognitiven wie interaktiven Zugriff der Gesprächspartner darstellen. Das regionale Management läßt in diesem Sinne die Makrostrukturen des Gesprächs entstehen. Über sie wiederum bilden sich weitergehende komplexe soziale Konstrukte und Gebilde wie die sozialen Identitäten, Beziehungen, Gruppen, Institutionen usw., die spezifischen Ethnien als Orientierungsrahmen dienen und damit letztlich die Grundlage unserer sozialen Welt bilden.

# 6. Analyseschritte bei der linguistischen Untersuchung eines Gesprächs

## 6.1. Synopse der verwendeten Begriffe

Wir haben in den beiden letzten Kapiteln zwei unterschiedliche, aber aufeinander bezogene Analyseperspektiven im Detail entwickelt und vorgestellt. Jetzt wollen wir abschließend das Vorgehen, wie es bei der dialoganalytischen Untersuchung eines bestimmten Gesprächs notwendig wird, prinzipiell darstellen. Wir nehmen dabei also die Perspektive desjenigen ein, der ein einzelnes Gespräch unter allen relevanten Aspekten zu analysieren beabsichtigt. Vor der Aufgabe, ein solches Vorgehen Schritt für Schritt zu planen und durchzuführen, steht man immer dann, wenn man eine Reihe wichtiger Analysegesichtspunkte zusammengetragen und im einzelnen entwickelt hat und sie nun auf das komplexe Ganze eines Gesprächs anwenden und zu einer einheitlichen und in sich abgerundeten Analyse verbinden muß.

Allzu häufig entsteht in einer solchen Situation der Eindruck, man habe nur irgendwelche beliebigen Bruchstücke zur Verfügung, die sich kaum zu einer sinnvollen und systematischen Analyse zusammenfügen lassen. In der Regel werden dann die analytischen Einzelaspekte recht willkürlich und perspektivlos aneinandergereiht. Sinnvolle Analysegesichtspunkte und -konzepte zu entwickeln und auszuarbeiten ist also das eine, sie in einer einheitlichen und zusammenhängenden Analyse zu einem systematischen Ganzen zusammenzufügen, ist das andere schwierige Problem. Im letzten Kapitel unserer Einführung soll es daher um die einzelnen Schritte zur Lösung dieses Problems gehen. Wie können wir, so läßt sich unsere Fragestellung präziser fassen, aus all den bisher genannten, z.T. recht unterschiedlichen Analyseaspekten eine einheitliche und in sich abgerundete Analyse entwickeln? Welche Schritte müssen in einer solchen gesprächsanalytischen Untersuchung durchgeführt werden?

Bevor dieser analytische Prozeß in seine einzelnen prinzipiellen Schritte aufgelöst wird, wollen wir als Resümee die wichtigsten Analysekategorien der Kapitel 4 und 5 in einer Tabelle zusammenstellen (s. S. 178/179), und zwar in Form einer Synopse, die folgende Aufgaben zu erfüllen hat:

## 6.1. Synopse der verwendeten Begriffe

— Sie soll noch einmal die wichtigsten Begriffe der Kapitel 4 und 5 im Überblick darstellen;
— sie soll den jeweiligen strukturell-hierarchischen Aufbau und den spezifischen Wechselbezug der Begriffe verdeutlichen;
— sie soll den analytischen Zusammenhang von Einheiten und Strukturen einerseits und interaktiven Verfahren andererseits aufzeigen;
— sie soll die Ganzheitlichkeit (Systemhaftigkeit) der bisher isoliert dargestellten Elemente der Gesprächsanalyse deutlich machen;
— sie soll schließlich einen ersten Orientierungsrahmen für die im folgenden zu beschreibende Vorgehensweise bei der Gesprächsanalyse liefern.

Die Tabelle setzt sich aus zwei Spalten zusammen. In der linken Spalte sind in einer hierarchischen Stufenfolge die wichtigsten strukturellen Begriffe des vierten Kapitels zusammengestellt. Die rechte Spalte enthält die zentralen verfahrensanalytischen Begriffe des fünften Kapitels. Wir haben versucht, die Begriffe der beiden unterschiedlichen Ansätze (der strukturellen und der prozeduralen Perspektive) so weit wie möglich miteinander in Beziehung zu setzen. Das heißt: Rechts stehen jeweils die Verfahren und Interaktionsprinzipien, mit denen die links angeordneten Einheiten und Strukturen im Gespräch hervorgebracht bzw. interaktiv konstituiert werden.

Im wesentlichen kann man in beiden Spalten drei Komplexitätsstufen oder Hierarchieebenen unterscheiden. Die unterste Ebene ist auf der linken Seite durch den Gesprächsbeitrag gekennzeichnet — also jene interaktive Grundeinheit des Gesprächs, die als Gesprächsschritt für die Struktur des Sprecherwechsels grundlegend ist. Dem entsprechen auf der rechten Seite die verschiedenen Prinzipien der Sinnkonstituierung, die sich auf den Gesprächsbeitrag und seine Binnenstruktur beziehen und in der interaktiven Definierungspraxis bei der Hervorbringung von Gesprächsbeiträgen angewandt werden. Der strukturellen Einheit „Gesprächsbeitrag" können in diesem Sinne verschiedene kommunikativ-funktional relevante Merkmale zugeordnet werden. Sie werden bei der interaktiven Gestaltung der Gesprächsbeiträge über die direkten Formulierungsaktivitäten der Partner konstituiert.

Die nächsthöhere Hierarchieebene ist die der Gesprächssequenz. Die Gesprächssequenz setzt sich, wie in Kapitel 4.3. dargelegt, aus den einzelnen Gesprächsschritten zusammen. Dieser komplexen strukturellen Einheit entspricht das interaktive Verfahren des lokalen Managements. Aufgrund der in seinem Rahmen aktualisierten Alltagswissensbestände, Hintergrunderwartungen und interaktiv verfügbaren Handlungsroutinen entstehen die verschiedenen strukturell wie funktional bestimmbaren Sequenztypen des Gesprächs. Das lokale Management mit seinen „accounts" und verschiedenen Definitionsverfahren bringt die unterschiedlichen kommunikativen Konstrukte der unteren strukturellen Ebene hervor.

Auf der nächsthöheren letzten Hierarchieebene werden diese einfachen kommunikativ-interaktiven Sinngestalten dann im Rahmen des regionalen Managements zu zeitlich weiter ausgedehnten kommunikativen Konstrukten zusammengefügt. Hier haben wir es in struktureller Hinsicht mit der komplexen Einheit der Gesprächsphase und ihren unterschiedlichen thematischen und zielorientierten Abschnitten zu tun. Auf dieser Ebene lassen sich schließlich auch verschiedene Gesprächstypen erfassen.

Wie man sieht, stehen die strukturellen Einheiten wie die interaktiven Verfahren in einem systemhaften Zusammenhang zueinander, der es notwendig macht, sie auch in der analytischen Rekonstruktion systematisch aufeinander zu beziehen. Eine gesprächsanalytische Untersuchung hat die Aufgabe, diesen systematischen Zusammenhang deutlich zu machen.

## 6.2. Die einzelnen Schritte des analytischen Vorgehens

Welche Schritte man im konkreten Analyseprozeß im einzelnen durchlaufen muß, soll nun im folgenden erläutert werden. Dabei versteht es sich von selbst, daß wir lediglich recht allgemeine und prinzipielle Hinweise zum Gang einer Gesprächsanalyse machen können. Vieles beim konkreten Vorgehen hängt natürlich vom jeweiligen Gesprächsmaterial ab. Die folgenden Ausführungen sind also lediglich als Orientierungsrahmen zu verstehen, von dem im konkreten Fall auch abgewichen werden kann.

Bevor man eine Gesprächsanalyse beginnt, sollte man sich grundsätzlich darüber verständigen, zu welchem Zweck diese Analyse gemacht wird und welches genaue Ziel die Untersuchung eines oder mehrerer Gespräche hat. Hier ist zunächst genau zu reflektieren, welche spezifisch praktischen und/oder allgemein theoretischen Ziele die Analyse verfolgt. Die Frage lautet, ob es dabei mehr um bestimmte pädagogische oder therapeutische Zwecke geht oder ob die Analyse primär generellen kommunikationstheoretischen Zielen dient, wie sie in der Regel auch die linguistische Gesprächsanalyse verfolgt.

Die linguistische Beschreibung kann in diesem Sinn als eine Grundlagenanalyse verstanden werden, auf deren Ergebnissen weitere Analysen mit spezielleren Zielen aufbauen können. Generelles Ziel einer solchen linguistischen

## 6.2. Die einzelnen Schritte des analytischen Vorgehens

Gesprächsanalyse ist es, das Allgemeine im Besonderen zu ermitteln (s. auch o. Abschn. 2.3.). Es geht dabei im einzelnen um das Aufdecken, Beschreiben und Erklären allgemeiner Deutungsprinzipien, verbaler Interaktionsstrukturen und Handlungsmuster und um die sozial-kommunikativen Normen und Konventionen, nach denen sie konstituiert werden (s. o. Abschn. 5.3.1.). Durch die Rekonstruktion des situationsspezifischen Sinns des jeweiligen konkreten Gesprächs sollen die allgemeinen Prinzipien der interaktiv-dialogischen Sinnsetzung und Sinndeutung durch die Gesprächspartner aufgedeckt und genauer bestimmt werden.

Die linguistische Gesprächsanalyse stellt sich — kurz gesagt — also die Aufgabe, am einzelnen konkreten Fall eines oder mehrerer Gespräche oder Gesprächsausschnitte zu beschreiben und zu erklären, wie mittels sprachlich-interaktiver Elemente und Verfahren sozial-kommunikativer Sinn entsteht und welche Sinninhalte dies konkret sind.

Diese allgemeine Zielbestimmung muß dann im einzelnen bezogen werden auf die spezielle Fragestellung, unter der die gesamte Untersuchung durchgeführt wird. Hier ist, wie in Abschn. 3.1. bereits genauer erläutert, zwischen einer materialorientierten und einer problemorientierten Fragestellung zu differenzieren. Entsprechend dieser Ausrichtung sind die spezifischen Ziele der Analyse festzulegen und zu formulieren.

Bevor nun mit der eigentlichen Analyse des Gesprächsmaterials begonnen werden kann, müssen zunächst noch einige Rahmenbedingungen und Voraussetzungen, die sowohl das Gespräch selbst als auch die eigenen Analysefähigkeiten betreffen, explizit gemacht werden. Wir wollen in dem Zusammenhang vier Arten von Voraussetzungen unterscheiden:

— Materialvoraussetzungen

— Soziale Voraussetzungen

— Kompetenzvoraussetzungen

— Deutungsvoraussetzungen

Hinsichtlich der Materialvoraussetzungen ist zu prüfen, welches Material entsprechend den explizit formulierten Zielen für die Analyse benötigt wird. Dabei ist im einzelnen zu klären, ob etwa Tonbandaufnahmen reichen oder ob Videoaufnahmen oder weitere technisch erstellte Daten (Sonagramme etc.) erforderlich sind? Weiter ist unter Rückgriff auf die in Abschn. 3.3.2. entwickelten „Datentypen" zu prüfen, in welchem Ausmaß dieses technische Material bearbeitet werden soll: Müssen Transkriptionen, Tonhöhenkurven, Verlaufssoziogramme etc. hergestellt werden? Wo reichen Orientierungspro-

## Synopse der verwendeten Begriffe

| Einheiten und Strukturen | Interaktive Verfahren |
|---|---|
| Gesprächsbeitrag | Prinzipien der Sinnkonstituierung |
|   Gesprächsschritt |   accounts zum Hervorbringen, Sichern, Wiederherstellen von Sinn |
|     Binnenstruktur |   Indexikalität und Reflexivität der Gesprächsschritte |
|       Sprechakt |     Markierungs- und Setzungsaktivitäten bezüglich |
|       Gliederungssignal |       Intentionalität, Prägnanz, Direktionalität, Validität, Relevanz aufgrund von |
|       Sprechersignal |         Basisverfahren: Reziprozität, Normalität usw. |
|   Gesprächsschritttyp |   Initiantenvorgabe |
|     initiierend |   Reagentenantwort |
|     respondierend | |
|     reaktivierend | |
|   Gesprächsschrittverknüpfung |   Definierungspraxis |
|     grammatisch |     retrospektives und prospektives Definieren |
|     thematisch | |
|   Hörersignal |   Rückmeldeverhalten |
|   Kontaktsignal |   (back-channel-behavior) |
|   Einstellungsbekundung | |
|   Gesprächsschrittbeanspruchung | |
| Sprecherwechsel | turn-taking |
|   Selbstzuweisung | |
|   Fremdzuweisung | |
|   glatt | |
|   Pause | |
|   Unterbrechung | |

## Synopse der verwendeten Begriffe

| Einheiten und Strukturen | Interaktive Verfahren |
|---|---|
| Gesprächssequenz | lokales Management (aufgrund von Alltagswissen, Hintergrunderwartungen, Handlungsroutinen) |
| Sequenztyp<br>  strukturell<br>    Paarsequenz<br>    mehrgliedrige Sequenz<br>  beziehungsfunktional<br>    Bestätigungssequenz<br>    Korrektivsequenz<br>  gebrauchsfunktional<br>    argumentativ<br>    explikativ usw. | accounts zum Hervorbringen, Sichern und Wiederherstellen von Sinn<br><br>Aushandlungspraxis<br><br>Ratifizierung, Konsolidierung<br>Honorierung, Reinstallierung,<br>Modifikation, Suspendierung<br><br>Kommunikative Konstrukte (Sinngestalten) |
| Gesprächsphase | regionales Management |
| Eröffnungsphase<br>Beendigungsphase<br>Kernphase<br>  thematischer Abschnitt<br>  zielorientierte Teilphase<br>Gesprächstyp<br>  Handlungsplan | Aushandlungspraxis<br><br><br>Kommunikative Konstrukte (Sinngestalten) des lokalen Managements werden auch hier relevant |

## 6. Analyseschritte bei der linguistischen Untersuchung eines Gesprächs

tokolle für eine erste Überblicksanalyse. Weiter ist dann zu reflektieren, welcher analytische Stellenwert den jeweiligen Datentypen zukommt. Haben sie nur eine analytische Hilfsfunktion oder stehen sie im Zentrum der Analyse? In der Regel wird man sagen können: Ausgangspunkt der linguistischen Gesprächsanalyse ist stets das verbale Verhalten. Paraverbale und nonverbale Äußerungen sollten aber, wo es notwendig wird, berücksichtigt werden. Sie sind dann unter dem Gesichtspunkt ihrer jeweiligen Sinnbestimmung für verbales Verhalten zu betrachten. Alle Entscheidungen müssen für die Analyse explizit gemacht und im einzelnen legitimiert werden. Vor diesem Hintergrund sind dann die konkreten Analyseergebnisse zu beurteilen.

Nach Klärung dieser mehr technischen Voraussetzungen geht es darum, sich dem in dieser Weise dokumentierten Gespräch in einem ersten Schritt zu nähern, indem die sozialen Voraussetzungen, die sein Zustandekommen bedingen, genauer reflektiert werden. Damit sind die aus den situativen wie institutionellen Gegebenheiten ableitbaren sozialen Rahmenbedingungen des Gesprächs gemeint.

Hier sind folgende Fragen wichtig: Zunächst muß geklärt werden, welcher Gesprächstyp zugrunde liegt. Es genügt hier, auf die alltagssprachliche Klassifikation von Gesprächstypen, die sogenannten Alltagskonzepte, zurückzugreifen und sie hinsichtlich ihrer konstitutiven Interaktionsbedingungen zu reflektieren (s. dazu auch o. Abschn. 4.5.).

Dann sind Setting und Situation zu bestimmen. Unter Setting wird hier das Gesamt aller äußerlichen Faktoren des Kommunikationskontextes verstanden. Das sind im wesentlichen Ort, Zeit und Personen.

Die an die Elemente des Settings gebundenen sozialen Bewertungen und die daraus entstehenden Normen und Konventionen bilden zusammen mit dem Setting die eigentliche soziale Situation. Im einzelnen ist zu erfassen, welcher institutionelle Rahmen vorliegt, welche Interaktionsnormen aus diesem Rahmen erschlossen werden können, welche sozialen Rollen die Gesprächspartner in dieser Situation einnehmen und ob es ein institutions- bzw. situationsspezifisches Beziehungsprofil gibt. Weiter ist zu bestimmen, welche Handlungsdomänen vorliegen, welche institutions- oder situationsspezifischen Motivationen, Intentionen, Einstellungen, Gefühle usw. den Gesprächspartnern unterstellt werden können und welche spezifischen Bewertungskontexte und Handlungskodizes angenommen werden müssen, aus denen sich das konkrete Gesprächsverhalten erklären läßt.

## 6.2. Die einzelnen Schritte des analytischen Vorgehens

Als nächstes sollte festgestellt werden, ob für die Realisierung des Gesprächs spezielle Kompetenzvoraussetzungen vorhanden sein müssen. Darunter verstehen wir Voraussetzungen, die — im Gegensatz zu den eben erwähnten, mehr äußerlichen, kontextuellen Gegebenheiten — als individuelle kognitive Voraussetzungen und Bedingungen der Gesprächsführung zu betrachten sind. Bei der Überprüfung dieser spezifischen Fähigkeiten ergeben sich folgende Fragen: Welche Einzelsprache wird von den Gesprächspartnern verwendet? Welche Dia-, Sozio-, Idiolekte spielen im Gespräch eine Rolle? Gibt es gruppenspezifische Sprachbesonderheiten, deren Beherrschung für das Verständnis des Gesagten unerläßlich ist? Welche speziellen Wissensbestände liegen dem Gespräch zugrunde? Diese Fragen beziehen sich also auf die kognitiven Voraussetzungen, die die Gesprächsteilnehmer mitbringen müssen, um überhaupt als akzeptable Teilnehmer der betreffenden Interaktion gelten zu können.

Die sprachlichen Fähigkeiten und Denkinhalte, die Teil der Gesprächssituation selbst sind, müssen vom Analysierenden rekonstruiert werden. Das bedeutet aber, daß er sie sich letztlich selbst anzueignen hat. Ganz im Sinne der in Abschnitt 5.2.1. diskutierten analytischen Maxime (daß man im Grunde nur das Gespräch adäquat analysieren kann, das man auch selbst zu führen imstande ist) muß sich auch der Analysierende über bestimmte Fähigkeiten — über die eigenen wie die der beteiligten Partner — klar werden. Es handelt sich dabei um die Deutungsvoraussetzungen, die ebenfalls vor der eigentlichen Analyse des Materials zu reflektieren sind. Wir wollen hier zwei Schritte unterscheiden:

— Reflexion des eigenen Alltagsverständnisses

— Rekonstruktion des Selbstverständnisses der Gesprächspartner

Während der erste Schritt noch auf die eigenen Voraussetzungen gerichtet ist, stellt der zweite Schritt bereits den Übergang zur eigentlichen Materialanalyse dar.

Zunächst muß also das eigene Alltagsverständnis überprüft werden. Dabei ist zuerst ganz allgemein zu fragen, ob die eigenen Deutungsvoraussetzungen und -prinzipien dem Gespräch und den darin gültigen Interaktions- und Deutungsnormen entsprechen. Das heißt konkret: Stimmen die eigenen Hintergrunderwartungen, das eigene Alltagswissen und die eigenen Interaktionsnormen mit denen der Interaktionspartner überein? Hat der Analysierende Sozialisationserfahrungen, die weitgehend identisch mit denen der Gesprächspartner oder zumindest ihnen ähnlich sind? Liegen mit dem Gespräch Situationen und Kommunikationsformen vor, die man bereits selbst praktiziert hat, oder handelt es sich um Kommunikationsereignisse, die einem fremd und ungewohnt und deren Interpretations- und Handlungsnormen einem unbekannt sind?

Die Gefahr bei vertrauten Gesprächen besteht darin, daß man viel Wichtiges gar nicht erkennt oder für nicht erwähnenswert erachtet, weil es einem trivial erscheint; bei unvertrauten und fremden Gesprächen dagegen bleiben oft wichtige Aspekte unberücksichtigt, weil man sie nicht versteht und rekonstruieren kann. Im ersten Fall hat der Analysierende zu wenig Distanz zu seinem Material, im zweiten Fall hat er den Kontext nicht gründlich genug recherchiert. Sowohl der eine als auch der andere Fall sollten vermieden werden.

Nach dieser Reflexion über die eigenen Voraussetzungen kann in einem ersten Zugriff anhand des konkreten Gesprächsmaterials geprüft werden, welches Selbstverständnis die Gesprächspartner von der Kommunikation, der Situation, den Normen usw. haben. Hierbei geht es um eine Untersuchung metakommunikativer Äußerungen (der Formulierungsaktivitäten) der Gesprächspartner selbst, aus denen ihr Selbstverständnis und ihre Einschätzung der eigenen Kommunikation deutlich werden. Diese erste inhaltliche Analyse ist bereits zurückzubeziehen auf die oben genannten Voraussetzungen — etwa auf die Annahmen zum Gesprächstyp und auf die eruierten Kompetenz- und Deutungsvoraussetzungen.

Nach diesen präanalytischen Abklärungen, die bereits zu einer ersten Kenntnis des Gesprächsgeschehens geführt haben, beginnt die eigentliche qualitative[1] Gesprächsanalyse mit der expliziten Formulierung von Hypothesen über den Sinn des Gesprächs. Dabei sind zunächst die allgemeinen Hypothesen über das Gespräch und seine kommunikativ relevanten Aspekte und dann — daraus abgeleitet — die speziellen Hypothesen zu formulieren. Die Hypothesen müssen geordnet und in systematischer Form aufgelistet werden.

Die Analyse beginnt damit, zu prüfen, ob ein übergeordnetes Gesprächsziel festzustellen ist. Erfüllt das Gespräch etwa insgesamt eine bestimmte soziale bzw. interaktive Funktion? Läßt es sich z. B. in einen konkreten institutionellen Rahmen einordnen, durch den ein Handlungsziel vorgegeben ist? Oder sind nur die jeweiligen Einzelziele der Gesprächspartner zu erkennen? Dabei

---

[1] Zu den Prinzipien qualitativer Sozialforschung allgemein vgl. Huber/Mandl 1982; Girtler 1984; Hoffmeyer-Zlotnik 1992; Lüders 1995; Flick 1998; Mayring 1999; Sager 2001a

## 6.2. Die einzelnen Schritte des analytischen Vorgehens

stellt sich die Frage, ob diese sprecherspezifischen Ziele komplementär (etwa im sog. Verkaufs-/Einkaufsgespräch) oder kontradiktorisch (etwa im Streitgespräch) zueinander stehen.

Wenn die allgemeinen Ziele und Zwecke in einer ersten Formulierung bestimmt sind, müssen weitere ins Detail gehende Hypothesen über Besonderheiten und Auffälligkeiten des Gesprächs aufgestellt werden. Dabei ist zu prüfen, ob bereits bei einer ersten Rezeption besondere Phänomene auffallen wie sprachliche und interaktive Besonderheiten (z. B. spezielle Sprechhandlungen oder Sequenzen), bestimmte Normen alltagsweltlicher oder institutionsspezifischer Art usw.

Diese Detailhypothesen müssen dann mit der oder den Grundhypothesen in Beziehung gesetzt werden, woraus sich möglicherweise bereits ein konkretes Vorgehen für die weitere Analyse ableiten läßt. Wichtig an dieser Stelle des Vorgehens ist es, die Hypothesen für die weitere Analyse des Materials zu operationalisieren. Es geht dabei vor allem um eine Bestimmung der sprachlichen Indikatoren, die eine empirische Überprüfung der aufgestellten Hypothesen ermöglichen. Als solche Indikatoren fungieren die in Kap. 4 und 5 behandelten Einheiten und Verfahren.

Als methodisches Postulat gilt, bei der Analyse vom g a n z e n Gespräch zu den konstituierenden Elementen und Prozeduren vorzugehen. Wir ermitteln zuerst die Makrostrukturen des Gesprächs und versuchen, durch eine Rekonstruktion der besonderen interaktiven Verfahren festzustellen, wie sie von den Gesprächsteilnehmern hervorgebracht, gesichert und entwickelt werden. Dabei geht es im einzelnen um Fragen wie: Welche Phasen lassen sich voneinander abgrenzen? Durch welche Verfahren konstituieren die Gesprächspartner diese Phasen? Wie ist die Relation der Phasen zueinander? Sind sie einfach linear aneinandergereiht oder hierarchisch geordnet? Wie gelingt es den Partnern, die jeweilige Phasenstruktur zu etablieren? Wo tauchen „kritische Momente" (Sach- oder Beziehungskonflikte) im Gespräch auf?

Im Zusammenhang mit den Makrostrukturen wird die Bestimmung der kleinsten gesprächsrelevanten Einheiten — der Gesprächsbeiträge — wichtig, denn die Makrostrukturen setzen sich ja aus diesen Einheiten zusammen. Wie werden nun die einzelnen Gesprächsbeiträge interaktiv etabliert, wo liegen jeweils die Gesprächsbeitragsgrenzen und um welche Art von Gesprächsbeitrag — Gesprächsschritt oder Hörersignal — handelt es sich jeweils? Wie sind die Gesprächsschritte verschiedener Sprecher, aber auch ein und desselben Sprechers miteinander verknüpft? Wir sehen, daß für die Analyse ein Wechselspiel von atomistischem und holistischem Vorgehen grund-

## 6. Analyseschritte bei der linguistischen Untersuchung eines Gesprächs

legend ist. Der Blick ist also stets sowohl nach „oben" zu den übergeordneten Einheiten und Strukturen als auch nach „unten" zu den kleineren Einheiten gerichtet. Der kommunikative Sinn eines bestimmten Gesprächssegments kann jeweils nur durch eine Integration beider Analyserichtungen adäquat erfaßt werden. Wir haben es hier mit einer speziellen Ausprägung der Teil-Ganzes-Problematik zu tun, wie sie auch in anderen Wissenschaftsbereichen von großer Bedeutung ist.[2]

Im Zusammenhang mit der Makrostruktur muß weiter untersucht werden, ob es sich um ein vollständiges abgegrenztes Gespräch handelt, das eine „reguläre" Eröffnungs- und Beendigungsphase aufweist, oder ob nur ein Ausschnitt vorliegt, der nicht oder nur ansatzweise die charakteristische Dreiteilung erkennen läßt. Gesprächsausschnitte sind vor dem Hintergrund des Gesamtgesprächs zu analysieren; es ist auf jeden Fall zu ermitteln, welchen Stellenwert, welche Funktion der Ausschnitt im Rahmen des gesamten Gesprächs einnimmt.

Liegt ein vollständiges Gespräch vor, so sollten zunächst die rituellen Phasen der Eröffnung und der Beendigung genauer untersucht werden. Der erste Schritt ist ihre Abgrenzung von der Kernphase.

Dies fällt für die Eröffnungsphase in der Regel nicht sehr schwer. Bei der Beendigungsphase können dagegen Probleme der genauen Bestimmung auftauchen. Dies ist vor allem dann der Fall, wenn die Partner die Notwendigkeit, das Gespräch zu beenden, unterschiedlich einschätzen. Es kommt dann zu Schleifenbildungen, die ein wiederholtes Durchlaufen der für Beendigungen charakteristischen Schritte bewirken. Eine exakte Unterscheidung zwischen Kern- und Beendigungsphase ist dann nicht immer möglich. Allerdings können solche Phasenverschränkungen wichtige Indikatoren für die Art der Partnerbeziehung sein, so daß sich eine detaillierte Analyse lohnt.

Nach der Bestimmung der Phasen ist zu untersuchen, wie sie im interaktiven Zusammenspiel konstituiert werden. Es empfiehlt sich, zunächst die ritualisierten Phasen der Eröffnung und der Beendigung genauer ins Auge zu fassen. Wie umfangreich ist die Phase? Welche Sequenzen sind obligatorisch, welche fakultativ? Werden Schleifen durchlaufen, oder fallen bestimmte Sequenzen vollständig aus? Welche besonderen sprachlichen Mittel werden von den Partnern verwendet? Darüber hinaus ist zu prüfen, in welcher Interaktionsmodalität (ernsthaft oder ironisch, distanziert oder vertraut usw.) die Pha-

---

[2] Vgl. hierzu Riedl 1985

## 6.2. Die einzelnen Schritte des analytischen Vorgehens

se realisiert wird und welche Mittel und Verfahren von den Gesprächspartnern in dieser Hinsicht eingesetzt werden. Hier sind also die verschiedenen Markierungs- und Definitionsaktivitäten der Partner genau auf ihre Validität und Relevanz zu prüfen. Wichtig ist dabei auch der Rückbezug auf die Hypothesen über den Sinn bzw. das generelle Ziel des Gesprächs (Rekonstruktion der Partnerinteressen). Schließlich sollten die Eröffnungs- und die Beendigungsphase daraufhin untersucht werden, ob die gleichen Modalitäten mit der gleichen Validität und Relevanz eingesetzt werden, ob sich also die verwendeten sprachlichen Mittel hinsichtlich ihres Ritualisierungsgrades entsprechen oder ob sich unter diesem Aspekt Unterschiede ergeben.

Auf die Beschreibung des rituellen Rahmens folgt die Analyse der Kernphase. Hierbei sind drei Problembereiche zu unterscheiden:

— das Auftreten ritueller Sequenzen innerhalb der Kernphase
— die interaktive Entfaltung der Makrostruktur
— der Zusammenhang von Kernphase und rituellen Phasen

Zuerst wird untersucht, ob und welche rituellen Sequenzen innerhalb der Kernphase auftreten. Mittels des in Kap. 5 beschriebenen verfahrensanalytischen Vorgehens können diese spezifischen Sequenzen ausgegrenzt und in ihrer jeweiligen Funktion genauer bestimmt werden. So läßt sich — unter Rückgriff auf die bereits angestellten Überlegungen zum Gesprächstyp und zum sozialen Kontext des Gesprächs — klären, inwieweit es sich bei dem Gespräch um ein institutionalisiertes bzw. ritualisiertes Gespräch handelt. Aufgrund einer solchen Untersuchung werden Aussagen über den Verhaltensspielraum möglich, den die Interaktionspartner jeweils haben.

Nach der Bestimmung des Grades an Institutionalisierung bzw. Ritualisierung wenden wir uns der Analyse der Makrostruktur zu, die auf zwei eng miteinander verbundenen Ebenen durchgeführt wird:

— auf einer Handlungsebene durch Abgrenzung von zielorientierten Teilphasen vor dem Hintergrund des bzw. der zentralen Handlungspläne
— auf der thematischen Ebene durch Gliederung in thematische Abschnitte aufgrund inhaltlicher Kriterien (Referenzkonstanz, Themenwechsel usw.)

Auf dieser Basis können dann die Formen der interaktiven und sprachlichen Realisierung beschrieben werden. Die Fragen hier lauten etwa: Durch welche sprachlichen Signale und Handlungen grenzen die Gesprächspartner die einzelnen Phasen und Abschnitte voneinander ab? Welche speziellen Sequenzen werden innerhalb dieser Phasen realisiert? Wie konstituieren die Partner im interaktiven Wechsel ihre einzelnen Gesprächsbeiträge? Wie strukturieren sie diese intern? Welche Aushandlungs- und Definitionsprozesse spielen dabei eine Rolle? Welche Formen thematischer Progression (Themenentfaltung) sind erkennbar? Wie werden sie sprachlich und interaktiv konstituiert und organisiert? Welche besonderen kommunikativen Konstrukte lassen sich bestimmen? Mit welchen interaktiven Verfahren werden sie realisiert?

Die Fragen machen noch einmal die zweifache Analyserichtung deutlich, die wir für die linguistische Gesprächsanalyse als grundlegend ansehen: Ermittlung der gesprächsrelevanten Einheiten und Strukturen sowie Beschreibung der sprachlich-kommunikativen Verfahren (Prozeduren) und Aktivitäten, mit denen die Gesprächspartner diese Strukturen auf den verschiedenen Konstituierungsebenen des Gesprächs hervorbringen und entfalten.

Nach der Analyse der Kernphase im Hinblick auf ihre Makrostruktur und die Formen ihrer interaktiven Konstituierung ist zu untersuchen, inwieweit besondere Beziehungen zwischen der Kernphase und den rituellen Rahmenphasen der Eröffnung und Beendigung bestehen. Hier spielen etwa folgende Fragen eine Rolle: Ist die sprachlich-interaktive Ausgestaltung der rituellen Phasen und der Kernphase hinsichtlich der Interaktionsmodalitäten, der Validität und Relevanz komplementär, oder gibt es Unterschiede? Sind in bezug auf diese Aspekte Veränderungen innerhalb der Kernphase feststellbar? Haben die Eröffnungsphase und die in ihr verwendeten rituellen Mittel einen Einfluß auf den Ablauf der Kernphase, insbesondere auf das Beziehungsprofil? Gibt es diesbezüglich Modifikationen, Entwicklungen usw. innerhalb des Gesprächs?

Abschließend sind die erzielten Analyseergebnisse mit den anfangs aufgestellten Hypothesen zu konfrontieren. An dieser Stelle des Vorgehens kann nun erwogen werden, ob es sinnvoll ist, nach der qualitativen auch eine quantitative Analyse durchzuführen.[3] Soll quantitativ weitergearbeitet werden, ist zu prüfen, welche der qualitativ bestimmten Analyseeinheiten für eine quantitative Untersuchung verwendbar sind und welche zusätzlichen Erkenntnisse dadurch gewonnen werden.

Bezogen auf nur ein einzelnes Gespräch eignen sich quantitative Analysen dazu, Entwicklungen innerhalb des Gesprächsverlaufs zu belegen sowie be-

---

[3] Zur quantitativen Analyse vgl. Schlobinski 1996; Dieckmann 1998; Schnell et al. 1999

## 6.2. Die einzelnen Schritte des analytischen Vorgehens

stimmte qualitative Hypothesen zu untermauern.[4] Sie können aber auch heuristisch verwendet werden, um beispielsweise besonders interessante oder auffällige Passagen des Gesprächs zu ermitteln, die dann einer eingehenden qualitativen Analyse unterzogen werden können. Bezogen auf mehrere Gespräche dienen quantitativ-statistische Untersuchungen dazu, allgemeine Phänomene zu belegen und Hypothesen über allgemeine Gesetzmäßigkeiten zu stützen. Dabei darf die Analyse nicht bei Verfahren der beschreibenden Statistik stehen bleiben. Um eine auch allgemein gültige Aussage zu ermöglichen, sind die verschiedenen (parametrischen wie nichtparametrischen) Verfahren der Inferenzstatistik heranzuziehen. Generell muß allerdings zu statistischen Verfahren gesagt werden, daß sie nur im Zusammenhang mit den qualitativen Verfahren der strukturellen wie prozeduralen Beschreibung analytisch sinnvoll sind.

Bevor man also mit dem Auszählen von Elementen beginnt, ist zu klären, welche verbalen, para- und nonverbalen Phänomene des Gesprächs Indikatoren für welche gesprächsspezifischen Eigenschaften und Zusammenhänge sind. Statistisch verwertbare Indikatoren sind allerdings nur eindeutig identifizierbare und damit objektiv immer wieder als gleich bestimmbare Phänomene.[5] Wie sie mit den verschiedenen kommunikativen Konzepten zusammenhängen, kann nur durch eine explizite Operationalisierung dieser Konzepte bestimmt werden, was ebenfalls vor der eigentlichen statistischen Analyse erfolgen muß. Zusammenfassend lassen sich die folgenden drei Schritte einer quantitativ-statistischen Analyse unterscheiden:

— Operationalisierung der kommunikationstheoretischen Konzepte

— theoretische Absicherung der Validität und Reliabilität[6] der Indikatoren

— eigentliche statistische Erhebung

---

[4] Vgl. z. B. Sager 1985a; Sager 1993; Löning 1985a/b. — Quantitative Analysen werden vor allem im Bereich der Untersuchung nonverbaler Kommunikation und in Interaktionsanalysen verwendet; vgl. hierzu etwa Scherer/Wallbott 1979

[5] Vgl. die in Abschn. 4.2.2. beschriebenen Formen des Sprecherwechsels. Als Beispiel einer solchen quantitativen Analyse vgl. Löning 1985a/b

[6] Unter Validität und Reliabilität versteht man in statistischen Zusammenhängen die Zuverlässigkeit und Gültigkeit bestimmter statistischer Meßverfahren. Damit ist die Tatsache gemeint, daß das Verfahren jeweils unabhängig davon, was untersucht wird, stets dieselben Ergebnisse liefert und daß das Verfahren auch tatsächlich das zu erfassen erlaubt, was es erfassen soll. Ein drittes Merkmal statistischer Verfahren ist die Objektivität, durch die sichergestellt wird, daß unabhängig von der Person des Analysierenden die Analyse stets zu denselben Ergebnissen führt. Dieses Merkmal dürfte

## 6. Analyseschritte bei der linguistischen Untersuchung eines Gesprächs

Wenn das gesamte Gespräch unter den angeführten Aspekten analysiert ist, stellt sich zum Schluß die Frage, wie die Ergebnisse der Analyse dargestellt werden können. Generell läßt sich dazu nur soviel sagen: Die Darstellung darf nicht den Charakter einer bloßen Reproduktion der Gesprächswirklichkeit erhalten (etwa im Sinne einer „nachempfindenden Interpretation"). Das Ziel der Gesprächsanalyse besteht vielmehr darin, das komplexe Dialoggeschehen auf die für das jeweilige Erkenntnisinteresse relevanten Aspekte zu reduzieren und transparent zu machen, ohne die strukturellen Zusammenhänge zu vereinfachen. An dieser Zielsetzung hat sich die Darstellung auszurichten.

Was nun die Form der Darstellung betrifft, können für die Ergebnisse der strukturellen Analyse etwa Tabellen, Matrizen, Strukturdiagramme, Baumgraphen, Euler-Venn-Diagramme, möglicherweise auch logische Formeln oder formelähnliche Ausdrücke verwendet werden.[7] Als Darstellungsmittel verfahrensanalytischer Ergebnisse sind zu nennen: tabellarische Ablauflisten, Verlaufssoziogramme, Sukzessionsdiagramme, Blockschemata oder auch textuelle Beschreibungen. Für die Präsentation quantitativer Ergebnisse bieten sich Zahlentabellen an.

Abschließend wollen wir die dargestellten Analyseschritte und -aspekte in einer Übersicht zusammenfassen:

1. Reflexion über die Ziele der Analyse
2. Voraussetzungen für die Analyse
    2.1. Materialvoraussetzungen
    2.2. Soziale Voraussetzungen
    2.3. Kompetenzvoraussetzungen
    2.4. Deutungsvoraussetzungen
        2.4.1. Reflexion des eigenen Alltagsverständnisses
        2.4.2. Rekonstruktion des Selbstverständnisses der Gesprächspartner
3. Die Gesprächsanalyse selbst
    3.1. Hypothesen über den Sinn des Gesprächs
        3.1.1. Allgemeines Ziel des Gesprächs
        3.1.2. Besonderheiten, Auffälligkeiten

---

vor allem die Qualität der Operationalisierung betreffen. Zu den drei Kriterien statistischer Untersuchungen vgl. Clauß/Ebner 1972, S. 29 ff.; vgl. auch Faßnacht 1979, S. 27 ff.

[7] Beispiele für solche Darstellungsformen finden sich etwa in: Geißner 1975; Holly 1979; Schank 1981; Sager 1981b; Sager 1985a; Brinker 1986; Grießhaber 1988b; Brinker 1988a; 1996a

*6.2. Die einzelnen Schritte des analytischen Vorgehens*

   3.2. Materialanalyse
      3.2.1. Der Gesprächsschritt als Grundeinheit in Relation zu den Makrostrukturen
      3.2.2. Phasenanalyse
         3.2.2.1. Dreiteilung des Gesprächs
         3.2.2.2. Rituelle Phasen und ihr sequentieller Aufbau
         3.2.2.3. Kernphase
             3.2.2.3.1. Rituelle Sequenzen innerhalb der Kernphase
            3.2.2.3.2. Makrostruktur (Themenstruktur und Handlungsstruktur)
            3.2.2.3.3. Bezug zu den rituellen Phasen
      3.2.3. Zusammenfassung der Ergebnisse und Darstellungsform
4. Quantitative Analyse

## 7. Schlußbemerkung

Wir haben in dieser Einführung in die Gesprächsanalyse versucht, weniger einen vollständigen als vielmehr einen möglichst systematischen Einblick in grundlegende Begriffe, Methoden und Forschungsansätze zu geben. Der Schwerpunkt unserer Zielsetzung lag dabei auf der Einzelfallanalyse — also auf der umfassenden Untersuchung einzelner Gespräche unter verschiedenen gesprächsrelevanten Aspekten auf den zentralen Konstitutionsebenen. Dieses Verfahren erschien uns am angemessensten, weil die Einzelfallanalyse ja stets die erste Aufgabe ist, vor der man steht, wenn man sich im Rahmen des Studiums oder in bestimmten anwendungsorientierten Kontexten therapeutischer oder pädagogischer Art mit der Untersuchung von Gesprächen befassen muß.

Ebenso ist die Untersuchung des Einzelgesprächs Voraussetzung für größere Korpusanalysen. Auch dabei geht es ja um die spezifischen Einheiten und Verfahren, die in den Gesprächen insgesamt oder in bestimmten Ausschnitten ermittelt werden müssen. Bei solchen Analysen werden zwar nicht immer alle im 6. Kapitel dargestellten Schritte durchzuführen sein. Wichtig für den Gesprächsanalytiker aber ist, daß er einen möglichst umfassenden Überblick über diese verschiedenen Analysemethoden besitzt, um sie adäquat einsetzen zu können.

Das begriffliche und das methodische Instrumentarium einer solchen auf das einzelne konkrete Gespräch bezogenen Untersuchung zielt allerdings, wie in den letzten drei Kapiteln detailliert dargestellt, auf die Aufdeckung der allgemeinen kommunikativen Regularitäten ab, die im menschlichen Gespräch sichtbar werden. Auch die Einzelfallanalyse will also letztlich Einsicht in umfassendere Zusammenhänge vermitteln. Das generelle Ziel der Darstellung muß stets das in der analytischen Reduktion der Gesprächswirklichkeit sich ausprägende Allgemeine im jeweils Besonderen und Einmaligen des vorliegenden Gesprächs sein. Nur unter dieser Perspektive wird es uns gelingen, auch im Rahmen der Gesprächsanalyse relevante Beiträge zu einem wissenschaftlich fundierten Konzept vom Menschen und seinem Verhalten zu liefern. Ein solcher Beitrag darf aber niemals gegen den Menschen und seine Möglichkeiten, sich frei zu entfalten, gerichtet sein. Dafür sollten wir als Gesprächsanalytiker stets sensibel bleiben und entschieden eintreten.

# 8. Literaturverzeichnis

Adamzik, K. (1984): Sprachliches Handeln und sozialer Kontakt. Zur Integration der Kategorie „Beziehungsaspekt" in eine sprechakttheoretische Beschreibung des Deutschen. Tübingen.

Adamzik, K. (2001): Aspekte der Gesprächstypologisierung. In: Brinker et al. (Hrsg.), Art. 138.

Ahlzweig, C./Schwarzburg, D. (1980): Probleme von „Sinn" und „Bedeutung" in der Tätigkeitstheorie. In: Osnabrücker Beiträge z. Sprachtheorie (OBST) 15, S. 24—42.

Andrew, R. J. (1979): Vom Ursprung des Gesichtsausdrucks. In: Scherer/Wallbott 1979, S. 43—50.

Antos, G. (1982): Grundlagen einer Theorie des Formulierens. Textherstellung in geschriebener und gesprochener Sprache. Tübingen.

Apeltauer, E. (1977): Elemente und Verlaufsformen von Streitgesprächen. Diss. Münster.

Arbeitsgruppe Bielefelder Soziologen (Hrsg.) (1973): Alltagswissen, Interaktion und gesellschaftliche Wirklichkeit. 2 Bde. Reinbek.

Aster, R./Merkens, H./Repp, M. (Hrsg.) (1989): Teilnehmende Beobachtung — Werkstattberichte und methodologische Reflexionen. Frankfurt u. a.

Atteslander, P. (1974): Methoden der empirischen Sozialforschung. Berlin.

Auer, J. C. P. (1981): Wie und warum untersucht man Konversation zwischen Aphasikern und Normalsprechern. In: Peuser, G./Winter, S. (Hrsg.), Angewandte Sprachwissenschaft. Bonn, S. 480—512.

Auer, J. C. P./Uhmann, S. (1982): Aspekte der konversationellen Organisation von Bewertungen. In: Deutsche Sprache 10, S. 1—32.

Austin, J. L. (1962): How to do things with words. Oxford; dt. Übers.: Zur Theorie der Sprechakte. Stuttgart 1972.

Auwärter, M./Kirsch, E./Schröter, K. (Hrsg.) (1976): Seminar: Kommunikation, Interaktion, Identität. Frankfurt.

Bausch, K.-H. (1971): Zur Umschrift gesprochener Hochsprache. In: Texte gesprochener deutscher Standardsprache I, S. 33—54.

Bausch, K.-H. (1975): Vorschlag zu einer Typik der Kommunikationssituationen in der gesprochenen deutschen Standardsprache. In: Engel/Vogel 1975, S. 76—110.

Bausch, K.-H. (1980): Beratungsgespräche. Analysen asymmetrischer Dialoge. In: Mitteilungen des Instituts für deutsche Sprache Mannheim 7, S. 48—52.

Bayer, K. (1977): Sprechen und Situation. Aspekte einer Theorie der sprachlichen Interaktion. Tübingen. (2. Aufl. 1984)

Becker-Motzek, M. (1992): Diskursforschung und Kommunikation in Institutionen. Heidelberg. (= Studienbibliographien Sprachwissenschaft. Bd. 4)

## 8. Literaturverzeichnis

Berens, F.-J. (1975): Analyse des Sprachverhaltens im Redekonstellationstyp „Interview". Eine empirische Untersuchung. München.

Berens, F.-J. (1981): Dialogeröffnung in Telefongesprächen: Handlungen und Handlungsschemata der Herstellung sozialer und kommunikativer Beziehungen. In: Schröder/Steger 1981, S. 402—417.

Berens, F.-J./Jäger, K.-H./Schank, G./Schwitalla, J. (1976): Projekt Dialogstrukturen. Ein Arbeitsbericht. München.

Bergenholtz, H./Schaeder, B. (Hrsg.) (1979): Empirische Textwissenschaft. Aufbau und Auswertung von Text-Corpora. Königstein/Ts.

Berger, P./Luckmann, Th. (1966): The social construction of reality. A treatise in the sociology of knowledge. New York; dt. Übers.: Die gesellschaftliche Konstruktion der Wirklichkeit. Eine Theorie der Wissenssoziologie. Frankfurt 1986.

Bergmann, J. R. (1974): Der Beitrag Harold Garfinkels zur Begründung des ethnomethodologischen Forschungsansatzes (Unveröff. psychol. Diplomarbeit München).

Bergmann, J. R. (1981): Ethnomethodologische Konversationsanalyse. In: Schröder/ Steger 1981, S. 9—51.

Bergmann, J. R. (2001): Das Konzept der Konversationsanalyse. In: Brinker et al. (Hrsg.), Art. 85.

Betten, A. (1977/78): Erforschung gesprochener deutscher Standardsprache. Teil 1. In: Deutsche Sprache 5, 1977, S. 335—361; Teil 2. In: Deutsche Sprache 6, 1978, S. 21—44.

Bielefeld, H. U./Hess-Lüttich, E. W. B./Lundt, A. (Hrsg.) (1977): Soziolinguistik und Empirie. Beiträge zu Problemen der Corpusgewinnung und -auswertung. Wiesbaden.

Birdwhistell, R. L. (1970): Kinesics and context. Essays in body-motion communication. Philadelphia.

Bliesener, Th. (1982): Die Visite — ein verhinderter Dialog. Initiativen von Patienten und Abweisungen durch das Personal. Tübingen.

Bliesener, Th./Nothdurft, W. (1978): Episodenschwellen und Zwischenfälle. Zur Dynamik der Gesprächsorganisation. Hamburg.

Blumer, H. (1969): Symbolic interactionism. Perspective and method. Englewood Cliffs.

Boueke, D./Klein, W. (1981): Alltagsgespräche von Kindern als „Interaktionsspiele". In: Frier, W. (Hrsg.), Pragmatik. Theorie und Praxis. Amsterdam, S. 183—208.

Brinker, K. (1972): Konstituentenstrukturgrammatik und operationale Satzgliedanalyse. Methodenkritische Untersuchungen zur Syntax des einfachen Satzes im Deutschen. Frankfurt.

Brinker, K. (1977): Modelle und Methoden der strukturalistischen Syntax. Eine Einführung. Stuttgart.

Brinker, K. (1986): Strategische Aspekte von Argumentationen am Beispiel eines Mediengesprächs. In: Hundsnurscher/Weigand 1986, S. 173—184.

Brinker, K. (1988a): Thematische Muster und ihre Realisierung in Talkshowgesprächen. In: Zeitschr. f. germanistische Linguistik (ZGL) 16, S. 26—45.

## 8. Literaturverzeichnis

Brinker, K. (1988b): Ebenen der Textbeschreibung. In: Brinker, K./Krogoll, J. (Hrsg.), Begegnungen. Festgabe zum 100jährigen Bestehen der Kliment-Ohridski-Universität in Sofia. Hamburg, S. 155—164.

Brinker, K. (1996a): Zur Analyse der narrativen Themenentfaltung am Beispiel einer Alltagserzählung. In: Hennig, J./Meier, J. (Hrsg.), Varietäten der deutschen Sprache. Festschrift f. D. Möhn. Frankfurt, Berlin, Bern u. a., S. 279—289.

Brinker, K. (1996b): Normen des Diskutierens und ihre Markierung in Fernsehdiskussionen. Ein gesprächsanalytischer Beitrag. In: Peyer, A./Portmann P. R. (Hrsg.), Norm, Moral und Didaktik — Die Linguistik und ihre Schmuddelkinder. Eine Aufforderung zur Diskussion. Tübingen, S. 115—131.

Brinker, K. (1997): Linguistische Textanalyse. Eine Einführung in Grundbegriffe und Methoden. 4. Aufl. Berlin.

Brinker, K./Antos, G./Heinemann, W./Sager, S. F. (Hrsg.) (2001): Text- und Gesprächslinguistik. Ein internationales Handbuch zeitgenössischer Forschung. 2. Halbband: Gesprächslinguistik. Berlin, New York.

Brons-Albert, R. (1995): Auswirkungen von Kommunikationstraining auf das Gesprächsverhalten. Tübingen.

Brünner, G./Fiehler, R. (1983): Kommunikation in Institutionen der beruflichen Ausbildung. In: Osnabrücker Beiträge z. Sprachtheorie (OBST) 24, S. 145—167.

Brünner, G./Graefen, G. (Hrsg.) (1994): Texte und Diskurse. Methoden und Forschungsergebnisse der Funktionalen Pragmatik. Opladen.

Bungarten, Th. (1976): Bemerkungen zur Rolle des Korpus und einige Kriterien zur Textklassifikation. In: Linguistica Biblica 38, S. 81—95.

Burger, H. (1991): Das Gespräch in den Massenmedien. Berlin, New York.

Burkart, R. (1998): Kommunikationswissenschaft. Grundlagen und Problemfelder. Umrisse einer interdisziplinären Sozialwissenschaft. 3. überarbeitete und aktualisierte Aufl. Wien, Köln, Weimar.

Cherry, C. (Hrsg.) (1974): Pragmatic aspects of human communication. Dordrecht.

Cicourel, A. V. (1964): Method and measurement in sociology. New York, London; dt. Übers.: Methode und Messung in der Soziologie. Frankfurt 1970.

Cicourel, A. V. (1973): Basisregeln und normative Regeln im Prozeß des Aushandelns von Status und Rolle. In: Arbeitsgruppe Bielefelder Soziologen 1973. Bd. 1, S. 147—188.

Cicourel, A. V. (1975): Sprache in der sozialen Interaktion. München.

Clauß, G./Ebner, H. (1972): Grundlagen der Statistik. Für Psychologen, Pädagogen und Soziologen. Frankfurt, Zürich.

Couper-Kuhlen, E./Selting, M. (Hrsg.) (1996): Prosody in conversation. Interactional studies. Cambridge.

Delhees, K. H. (1994): Soziale Kommunikation. Wiesbaden.

Deppermann, A. (1997): Gesprächsanalyse als explikative Konstruktion — ein Plädoyer für eine reflexive Ethnomethodologie. Frankfurt.

Deppermann, A. (1999): Gespräche analysieren. Eine Einführung in konversationsanalytische Methoden. Opladen.

## 8. Literaturverzeichnis

Dickgießer, S. (1999): Institut für deutsche Sprache: Deutsches Spracharchiv: Korpora des gesprochenen Deutsch. Mannheim.

Diekmann, A. (1998): Empirische Sozialforschung. Grundlagen, Methoden, Anwendungen. 4. durchgesehene Aufl. Reinbek.

Dieckmann, W./Paul, I. (1983): „Aushandeln" als Konzept der Konversationsanalyse. Eine wort- und begriffsgeschichtliche Analyse. In: Zeitschrift für Sprachwissenschaft. Bd. 2, S. 169—196.

Dietze, J. (1994): Texterschließung. Lexikalische Semantik und Wissensrepräsentation. München, New Providence.

Dijk, T. A. van (1980): Textwissenschaft. Eine interdisziplinäre Einführung. München.

Dimter, M. (1981): Textklassenkonzepte heutiger Alltagssprache. Kommunikationssituation, Textfunktion und Textinhalt als Kategorien alltagssprachlicher Textklassifikation. Tübingen.

Dittmann, J. (1979): Einleitung — Was ist, zu welchen Zwecken und wie treiben wir Konversationsanalyse? In: Dittmann 1979, S. 1—43.

Dittmann, J. (Hrsg.) (1979): Arbeiten zur Konversationsanalyse. Tübingen.

Dreitzel, H. P. (Hrsg.) (1970): Recent sociology. No. 2: Patterns of communicative behavior. New York.

Dreitzel, H. P. (1972): Die gesellschaftlichen Leiden und das Leiden an der Gesellschaft. Vorstudien zu einer Pathologie des Rollenverhaltens. Stuttgart.

Drew, P./Heritage, J. (Hrsg.) (1992): Talk at work. Interaction in institutional settings. Cambridge.

Duncan, St. (1972): Some signals and rules for taking speaking turns in conversation. In: Journal of Personality and Social Psychology 23, S. 283—292.

Duncan, St. (1973): Toward a grammar for dyadic conversation. In: Semiotica 9, S. 29—46.

Duncan, St. (1974): On the structure of speaker-auditor interaction during speaking-turns. In: Language in Society 3, S. 161—180.

Eberle, T. (1997): Ethnomethodologische Konversationsanalyse. In: Hitzler, R./Honer, A. (Hrsg.), Sozialwissenschaftliche Hermeneutik. Opladen, S. 245—279.

Eco, U. (1972): Einführung in die Semiotik. München.

Ehlich, K. (1993): HIAT. A Transcription System for Discourse Data. In: Edwards, J. A./Lampert, M. D. (Hrsg.), Talking Data: Transcription and Coding in Discourse Research. Hillsdale, S. 123—148.

Ehlich, K. (Hrsg.) (1994): Diskursanalyse in Europa. Frankfurt, Berlin.

Ehlich, K./Rehbein, J. (1976): Halbinterpretative Arbeitstranskriptionen (HIAT). In: Linguistische Berichte 45, S. 21—42.

Ehlich, K./Switalla, B. (1976): Transkriptionssysteme — Eine exemplarische Übersicht. In: Studium Linguistik 2, S. 78—105.

Eibl-Eibesfeld, I. (1984): Die Biologie menschlichen Verhaltens. Grundriß der Humanethologie. München, Zürich.

Engel, U. (1969): Das Mannheimer Corpus. In: Engel, U./Vogel, I. (Hrsg.), Forschungsberichte des Instituts f. dt. Sprache Mannheim. Bd. 3. Tübingen, S. 75—84.

## 8. Literaturverzeichnis

Engel, U./Vogel, I. (Hrsg.) (1975): Gesprochene Sprache. Bericht der Forschungsstelle Freiburg. Forschungsberichte des Instituts f. dt. Sprache Mannheim. Bd. 7. 2. Aufl. Tübingen.

Engelkamp, J. (1981): Affektive Bewertungen im Dialog. In: Schröder/Steger 1981, S. 457—471.

Ervin-Tripp, S. M. (1971): Sociolinguistics. In: Fishman 1971, S. 15—91.

Eschbach, A. (1980): Semiotik. In: Althaus, H. P./Henne, H./Wiegand, H. E. (Hrsg.), Lexikon der germanistischen Linguistik. 2. Aufl. Tübingen, S. 41—57.

Essler, W. K. (1972): Analytische Philosophie I. Stuttgart.

Faßnacht, G. (1979): Systematische Verhaltensbeobachtung. München, Basel.

Fiehler, R. (1990): Kommunikation und Emotion. Theoretische und empirische Untersuchungen zur Rolle von Emotionen in der verbalen Interaktion. Berlin, New York.

Fishman, J. A. (Hrsg.) (1971): Advances in the sociology of language. Vol. 1: Basic concepts, theories and problems. Alternative approaches. The Hague, Paris.

Flick, U. (1998): Qualitative Forschung. Theorie, Methoden, Anwendung in Psychologie und Sozialwissenschaften. 3. Aufl. Reinbek.

Franck, D. (1980): Grammatik und Konversation. Königstein.

Franke, W. (1983): Insistieren. Eine linguistische Analyse. Göppingen.

Franke, W. (1987): Texttypen — Textsorten — Textexemplare: Ein Ansatz zu ihrer Klassifizierung und Beschreibung. In: Zeitschr. f. germanistische Linguistik (ZGL) 15, S. 263—281.

Franke, W. (1990): Elementare Dialogstrukturen. Darstellung, Analyse, Diskussion. Tübingen.

Frankenberg, H. (1979): Familienkonflikte und ihre sprachliche Bewältigung. Frankfurt.

Frei-Borer, U. (1991): Das Clubgespräch im Fernsehen. Eine gesprächslinguistische Untersuchung zu den Regeln des Gelingens. Bern.

Frey, S. (1984): Die nonverbale Kommunikation. Stuttgart.

Frey, S./Hirsbrunner, H.-P./Pool, J./Daw, W. (1981): Das Berner System zur Untersuchung nonverbaler Interaktion: I. Die Erhebung des Rohdatenprotokolls; II. Die Auswertung von Zeitreihen visuell-auditiver Information. In: Winkler 1981, S. 203—268.

Friedrichs, J. (1973): Methoden empirischer Sozialforschung. Reinbek.

Fritz, G. (1982): Kohärenz. Grundfragen der linguistischen Kommunikationsanalyse. Tübingen.

Fritz, G./Hundsnurscher, F. (1975): Sprechaktsequenzen. Überlegungen zur Vorwurf/Rechtfertigungs-Interaktion. In: Der Deutschunterricht 27, H. 2, S. 81—103.

Fritz, G./Hundsnurscher, F. (Hrsg.) (1994): Handbuch der Dialoganalyse. Tübingen.

Garfinkel, H. (1967): Studies in ethnomethodology. Englewood Cliffs.

Garfinkel, H./Sacks, H. (1970): On formal structures of practical actions. In: McKinney/Tiryakian 1970, S. 337—366; dt. Übers. in: Weingarten/Sack/Schenkein 1976, S. 130—176.

## 8. Literaturverzeichnis

Geißner, U. (1975): Das Gesprächsverlaufssoziogramm. In: Geißner, H. (Hrsg.), Rhetorik und Pragmatik. Ratingen, Kastellaun, S. 49—82.

Girtler, R. (1984): Methoden der qualitativen Sozialforschung. Anleitung zur Feldarbeit. Wien.

Gleason, H. A. (1961): An introduction to descriptive linguistics. London, New York.

Goffman, E. (1971): Interaktionsrituale. Über Verhalten in direkter Kommunikation. Frankfurt.

Goffman, E. (1974): Das Individuum im öffentlichen Austausch. Mikrostudien zur öffentlichen Ordnung. Frankfurt.

Grice, H. P. (1975): Logic and conversation. In: Cole, P./Morgan, J. L. (Hrsg.), Syntax and semantics. Vol. 3. Speech acts. New York, S. 41—58.

Grießhaber, W. (1988a): Geisteswissenschaftliche Arbeitstechniken und Computereinsatz. In: Osnabrücker Beiträge z. Sprachtheorie (OBST) 39, S. 105—127.

Grießhaber, W. (1988b): Entscheidungsfindung in Einstellungsgesprächen. In: Bungarten, Th. (Hrsg.), Sprache und Information in Wirtschaft und Gesellschaft. Tostedt, S. 486—502.

Grimshaw, A. D. (Hrsg.) (1990): Conflict Talk. Sociolinguistic investigations of arguments in conversations. Cambridge.

Gruber, H. (1996): Streitgespräche. Zur Pragmatik einer Diskursform. Opladen.

Gruber, H. (2001): Die Struktur von Gesprächssequenzen. In: Brinker et al. (Hrsg.), Art. 118.

Gülich, E. (1970): Makrosyntax der Gliederungssignale im gesprochenen Französisch. München.

Gülich, E. (1981): Dialogkonstitution in institutionell geregelter Kommunikation. In: Schröder/Steger 1981, S. 418—456.

Günthner, S./Kotthoff, H. (Hrsg.) (1992): Die Geschlechter im Gespräch. Kommunikation in Institutionen. Stuttgart.

Habermas, J. (1976): Universalpragmatische Hinweise auf das System der Ich-Abgrenzungen. In: Auwärter/Kirsch/Schröter 1976, S. 332—347.

Hagemann, J./Rolf, E. (2001): Die Bedeutung der Sprechakttheorie für die Gesprächsforschung. In: Brinker et al. (Hrsg.), Art. 81.

Halliday, M. A. K. (1973): Explorations in the functions of language. London.

Hannapel, H./Melenk, H. (1979): Alltagssprache. Semantische Grundbegriffe und Analysebeispiele. München.

Harras, G. (1983): Handlungssprache und Sprechhandlung. Eine Einführung in die handlungstheoretischen Grundlagen. Berlin, New York.

Harris, Z. S. (1951): Structural Linguistics. 1. Aufl. 1951 (unter dem Titel „Methods in structural linguistics"). 8. Aufl. Chicago 1969.

Harris, Z. S. (1953): Eliciting in linguistics (1953). In: Harris, Z. S., Papers in structural and transformational linguistics. Dordrecht 1970, S. 769—774.

Hartmann, D. (1973): Begrüßungen und Begrüßungsrituale. In: Zeitschrift f. germanistische Linguistik (ZGL) 1, S. 133—162.

Hartung, M. (1998): Ironie in der Alltagssprache. Eine gesprächsanalytische Untersuchung. Opladen, Wiesbaden.

Harweg, R. (1968): Pronomina und Textkonstitution. München.

## 8. Literaturverzeichnis

Haubel, R. (1982): Gesprächsverfahrensanalyse. Ein Beitrag zur sprachwissenschaftlichen Sozialforschung. Frankfurt, Bern.

Heindrichs, W./Rump, G. C. (Hrsg.) (1979): Dialoge. Beiträge zur Interaktions- und Diskursanalyse. Hildesheim.

Helbig, G. (1986): Entwicklung der Sprachwissenschaft seit 1970. Leipzig.

Hellmann, M. W. (1969): Über Corpusgewinnung und Dokumentation im Mannheimer Institut für deutsche Sprache. In: Engel, U./Vogel, I. (Hrsg.), Forschungsberichte des Instituts f. dt. Sprache Mannheim Bd. 3, S. 25—54.

Henne, H. (1979): Die Rolle des Hörers im Gespräch. In: Rosengren, I. (Hrsg.), Sprache und Pragmatik. Lunder Symposium 1978. Malmö, S. 122—134.

Henne, H. (1980): Probleme einer historischen Gesprächsanalyse. Zur Rekonstruktion gesprochener Sprache im 18. Jahrhundert. In: Sitta, H. (Hrsg.), Ansätze zu einer pragmatischen Sprachgeschichte. Tübingen, S. 90—102.

Henne, H./Rehbock, H. (1982): Einführung in die Gesprächsanalyse. 2. Aufl. Berlin, New York.

Heritage, J. (1984): Garfinkel and ethnomethodology. Cambridge.

Hinde, R. A. (Hrsg.) (1972): Non-verbal communication. Cambridge.

Hoffmann, L. (Hrsg.) (1989): Rechtsdiskurse. Untersuchungen zur Kommunikation in Gerichtsverfahren. Tübingen.

Hoffmeyer-Zlotnik, J. H. P. (Hrsg.) (1992): Analyse verbaler Daten. Über den Umgang mit qualitativen Daten. Opladen.

Holenstein, E. (1980): Von der Hintergehbarkeit der Sprache. Frankfurt.

Holly, W. (1979): Imagearbeit in Gesprächen. Zur linguistischen Beschreibung des Beziehungsaspekts. Tübingen.

Holly, W. (1981): Der doppelte Boden in Verhören. Sprachliche Strategien von Verhörenden. In: Frier, W. (Hrsg.), Pragmatik. Theorie und Praxis. Amsterdam, S. 275—319.

Holly, W. (2001): Beziehungsmanagement und Imagearbeit. In: Brinker et al. (Hrsg.), Art 131.

Holly, W./Kühn, P./Püschel, U. (1986): Politische Fernsehdiskussionen. Zur medienspezifischen Inszenierung von Propaganda als Diskussion. Tübingen.

Holly, W./Kühn, P./Püschel, U. (Hrsg.) (1989): Redeshows. Fernsehdiskussionen in der Diskussion. Tübingen.

Hörmann, H. (1970): Psychologie der Sprache. Berlin, Heidelberg, New York.

Huber, G. L./Mandl, H. (Hrsg.) (1982): Verbale Daten. Eine Einführung in die Grundlagen der Erhebung und Auswertung. Weinheim u. a.

Hufschmidt, J./Mattheier, K. J. (1976): Sprachdatenerhebung. Methoden und Erfahrungen bei sprachsoziologischen Feldforschungen. In: Viereck, W. (Hrsg.), Sprachliches Handeln — Soziales Verhalten. München, S. 105—138.

Hundsnurscher, F./Franke, W. (1985): Das Verkaufs-/Einkaufs-Gespräch. Eine linguistische Analyse. Stuttgart.

Hundsnurscher, F./Weigand, E. (Hrsg.) (1986): Dialoganalyse. Referate der 1. Arbeitstagung Münster 1986. Tübingen.

Husserl, E. (1913): Ideen zu einer reinen Phänomenologie und phänomenologischen Philosophie. Den Haag.

## 8. Literaturverzeichnis

Isenberg, H. (1984): Texttypen als Interaktionstypen. In: Zeitschrift f. Germanistik 5, S. 261—270.
Jäger, K. H. (1976): Zur Beendigung von Dialogen. Überlegungen, Vorschläge und erste Systematisierungsversuche. In: Berens u. a. 1976, S. 105—135.
Jäger, K.-H. (1979): Beratungen und Dienstleistungsdialoge. In: Texte gesprochener deutscher Standardsprache IV, S. 7—16.
Jäger, K.-H. (1981): Sprachbeschreibung und Sprachdiagnose. Empirische Untersuchungen zur Beschreibung und Diagnose des mündlichen sprachlichen Handelns von Schülern der Orientierungsstufe. Tübingen.
Jahr, S. (1993): Das Fachwort in der kognitiven und sprachlichen Repräsentation. Essen.
Jecklin, A. (1973): Untersuchungen zu den Satzbauplänen der gesprochenen Sprache. Bern.
Jefferson, G. (1972): Side sequences. In: Sudnow, D. (Hrsg.), Studies in social interaction. New York, S. 294—338.
Jefferson, G. (1973): A case of precision timing in ordinary conversation: overlapped tag-positioned address terms in closing sequences. In: Semiotica 9, S. 47—96.
Jorns, U. S. (1979): Kodierung und Sinnzuschreibung bei der Notation nichtverbaler Phänomene dargestellt an Beispielen von Kopfhaltung und Gesichtsbewegungen. In: Zeitschr. f. Semiotik 1, 1979, S. 225—249.
Kalbermatten, U./Cranach, M. v. (1981): Hierarchisch aufgebaute Beobachtungssysteme zur Handlungsanalyse. In: Winkler 1981, S. 83—127.
Kallenbach, W./Schröder, H.-J. (1961): Zur Technik der Tonbandaufnahme bei Sprachuntersuchungen. In: Phonetica VII, S. 95—108.
Kallmeyer, W. (1977): Verständigungsprobleme in Alltagsgesprächen. Zur Identifizierung von Sachverhalten und Handlungszusammenhängen. In: Der Deutschunterricht 29/6, S. 52—69.
Kallmeyer, W. (1978): Fokuswechsel und Fokussierungen als Aktivitäten der Gesprächskonstitution. In: Meyer-Hermann, R. (Hrsg.), Sprechen — Handeln — Interaktion. Tübingen, S. 191—241.
Kallmeyer, W. (1979): Kritische Momente. Zur Konversationsanalyse von Interaktionsstörungen. In: Frier, W./Labroisse, G. (Hrsg.), Grundfragen der Textwissenschaft. Linguistische und literaturwissenschaftliche Aspekte. Amsterdam, S. 59—109.
Kallmeyer, W. (1981): Aushandlung und Bedeutungskonstitution. In: Schröder/Steger 1981, S. 89—127.
Kallmeyer, W. (Hrsg.) (1994): Kommunikation in der Stadt. Teil 1: Exemplarische Analysen des Sprachverhaltens in Mannheim. Berlin, New York.
Kallmeyer, W. (Hrsg.) (1995): Kommunikation in der Stadt. Teil 2: Ethnographien von Mannheimer Stadtteilen. Berlin, New York.
Kallmeyer, W. (Hrsg.) (1996): Gesprächsrhetorik. Rhetorische Verfahren im Gesprächsprozeß. Tübingen.
Kallmeyer, W./Schütze, F. (1976): Konversationsanalyse. In: Studium Linguistik 1, S. 1—28.

## 8. Literaturverzeichnis

Kanth, R. (1981): Kommunikativ-pragmatische Gesprächsforschung. Neuere gesprächs- und konversationsanalytische Arbeiten. In: Zeitschr. f. germanistische Linguistik (ZGL) 9, S. 202—222.

Keim, I. (1995): Kommunikation in der Stadt. Teil 3: Kommunikative Stilistik einer sozialen Welt „kleiner Leute" in der Mannheimer Innenstadt. Berlin, New York.

Kienpointner, M. (1983): Argumentationsanalyse. Innsbruck.

Kindt, W./Weingarten, R. (1984): Verständigungsprobleme. In: Deutsche Sprache 12, S. 193—218.

Klein, J. (1990): Elefantenrunden „Drei Tage vor der Wahl". Die ARD-ZDF-Gemeinschaftssendung 1972—1987. Einführung und Text-Transkription. Baden-Baden.

Klein, W. (1979): Wegauskünfte. In: Zeitschrift für Literaturwissenschaft u. Linguistik (LiLi) 33, S. 9—57.

Knoblauch, H. (1995): Kommunikationskultur. Die kommunikative Konstruktion kultureller Kontexte. Berlin u. a.

Knoblauch, H. (Hrsg.) (1996): Kommunikative Lebenswelten. Zur Ethnographie einer geschwätzigen Gesellschaft. Konstanz.

Knoblauch, H./Günthner, S. (1997): Gattungsanalyse. In: Hitzler, R./Honer, A. (Hrsg.), Sozialwissenschaftliche Hermeneutik. Opladen, S. 281—307.

Koek, R. (1976): Das Problem der „ethnomethodologischen Indifferenz". In: Soziale Welt 27, S. 261—277.

Koerfer, A. (1985): Zum Beobachter-Paradoxon in der Sprachwissenschaft. In: Kürschner, W./Vogt, R. (Hrsg.), Sprachtheorie, Pragmatik, Interdisziplinäres. Akten des 19. Linguistischen Kolloquiums Vechta 1984. Tübingen, S. 187—200.

Koerfer, A. (1994): Institutionelle Kommunikation. Zur Methodologie und Empirie der Handlungsanalyse. Opladen.

Kopperschmidt, J. (1980): Argumentation. Sprache und Vernunft. Teil 2. Stuttgart.

Kopperschmidt, J. (1983): Argumentation. Ein Vorschlag zur Methode ihrer Analyse. In: Wirkendes Wort 33, S. 384—398.

Kopperschmidt, J. (1989): Methodik der Argumentationsanalyse. Stuttgart—Bad Cannstatt.

Kotthoff, H. (1996): Scherzkommunikation. Beiträge aus der empirischen Gesprächsforschung. Opladen.

Kühn, P. (1995): Mehrfachadressierung. Untersuchungen zur adressatenspezifischen Polyvalenz sprachlichen Handelns. Tübingen.

Labov, W. (1971): Das Studium der Sprache im sozialen Kontext. In: Klein, W./Wunderlich, D. (Hrsg.), Aspekte der Soziolinguistik. Frankfurt, S. 111—194.

Labov, W. (1976): Die Bedeutung von Wörtern und ihre Abgrenzbarkeit. In: Labov, W., Sprache im sozialen Kontext. Bd. I. Kronberg/Ts., S. 223—254.

Lakoff, G. (1970): A note on vagueness and ambiguity. In: Linguistic Inquiry 1, S. 357—359.

## 8. Literaturverzeichnis

Lakoff, G. (1975): Hedges: A study in meaning criteria and the logic of fuzzy concepts. In: Hockney, D./Harper, W./Freed, B. (Hrsg.), Contemporary research in philosophical logic and linguistic semantics. Dordrecht, S. 221—272.

Lappé, W. (1983): Gesprächsdynamik. Göppingen.

Lawick-Goodall, J. v. (1975): The behavior of the chimpanzee. In: Kurth, G./Eibl-Eibesfeldt, I. (Hrsg.), Hominisation und Verhalten. Stuttgart, S. 74—136.

Lenders, W. (Hrsg.) (1993): Computereinsatz in der Angewandten Linguistik. Frankfurt, Berlin, Bern u. a.

Leska, Ch. (1965): Vergleichende Untersuchungen zur Syntax gesprochener und geschriebener deutscher Gegenwartssprache. In: Beiträge zur Geschichte der deutschen Sprache und Literatur (Halle) 87, S. 427—464.

Levinson, S. C. (1983): Pragmatics. Cambridge; dt. Übers.: Pragmatik. Tübingen 1990.

Löffler, H. (Hrsg.) (1993): Dialoganalyse IV. Referate der 4. Arbeitstagung, Basel 1992. Bd. 1 u. 2. Tübingen.

Löning, P. (1985a): Probleme der Dialogsteuerung in Arzt-Patienten-Gesprächen. In: Löning/Sager 1985, S. 105—126.

Löning, P. (1985b): Das Arzt-Patienten-Gespräch. Gesprächsanalyse eines Fachkommunikationstyps. Bern.

Löning, P./Sager, S. F. (Hrsg.) (1985): Kommunikationsanalysen ärztlicher Gespräche. Ein Hamburger Workshop. Hamburg.

Lucas, J. (1992): Strategische Kommunikation am Beispiel politischer Fernsehdiskussionen. Eine sprachwissenschaftliche Untersuchung. Tübingen.

Lüders, C. (1995): Von der teilnehmenden Beobachtung zur ethnographischen Beschreibung. In: König, E./Zeidler, P. (Hrsg.), Bilanz qualitativer Forschung. Bd. 2. Weinheim, S. 311—342.

Mackeldey, R. (1987): Alltagssprachliche Dialoge. Kommunikative Funktionen und syntaktische Strukturen. Leipzig.

Maletzke, G. (1998): Kommunikationswissenschaft im Überblick. Grundlagen, Probleme, Perspektiven. Opladen, Wiesbaden.

Markowitz, J. (1979): Die soziale Situation. Entwurf eines Modells zur Analyse des Verhältnisses zwischen personalen Systemen und ihrer Umwelt. Frankfurt.

Martens, K. (1974): Sprachliche Kommunikation in der Familie. Kronberg.

Maurer, S./Schmitt, R. (1994): Small talk, Klatsch und aggressive Spiele. Ein Textband zum kommunikativen Tagesgeschehen in einem Kiosk. Tübingen.

Mayring, P. (1999): Einführung in die qualitative Sozialforschung. Eine Anleitung zu qualitativem Denken. 4. Aufl. Weinheim.

McKinney, J. C./Tiryakian, E. A. (Hrsg.) (1970): Theoretical sociology. Perspectives and developments. New York.

Mehan, H./Wood, H. (1975): The reality of ethnomethodology. New York; dt. Übers. des 2. Kap. als: Fünf Merkmale der Realität. In: Weingarten/Sack/Schenkein 1976, S. 29—63.

Meibauer, J. (1985): Sprechakttheorie: Probleme und Entwicklungen in der neueren Forschung. In: Deutsche Sprache 13, S. 32—72.

Meibauer, J. (1999): Pragmatik. Tübingen.

## 8. Literaturverzeichnis

Meier, G. F. (1969): Die Wirksamkeit der Sprache. In: Zeitschrift f. Phonetik, Sprachwissenschaft u. Kommunikationsforschung (ZPSK) 22, S. 474—492.

Meng, K. (1985): Zur ethnomethodologischen Gesprächsanalyse. In: Zeitschr. f. Phonetik, Sprachwiss. u. Kommunikationsforschung (ZPSK) 38, S. 121—140.

Merkens, H. (1992): Analyse von Protokollen teilnehmender Beobachter. In: Hoffmeyer-Zlotnik (Hrsg.), S. 216—247.

Merten, K./Schmidt, S. J./Weischenberg, S. (Hrsg.) (1994): Die Wirklichkeit der Medien. Eine Einführung in die Kommunikationswissenschaft. Opladen.

Miller, G. A./Galanter, E./Pribram, K.H. (1973): Strategien des Handelns. Pläne und Strukturen des Verhaltens. Stuttgart.

Mühlen, U. (1985): Talk als Show. Eine linguistische Untersuchung der Gesprächsforschung in den Talkshows des deutschen Fernsehens. Frankfurt, Bern, New York.

Müller, A. P. (1997): Reden ist Chefsache. Linguistische Studien zu sprachlichen Formen sozialer Kontrolle in innerbetrieblichen Arbeitsbesprechungen. Tübingen.

Müller, K. (1979): Partnerarbeit in Dialogen. Zur Kontaktfunktion inhaltlich redundanter Textelemente in natürlicher Kommunikation. In: Grazer Linguistische Studien 10, S. 183—216.

Müller, K. (1980): Interaktionssemantik. In: Deutsche Sprache 8, S. 289—305.

Müller, K. (1983): Formen der Markierung von „Spaß" und Aspekte der Organisation des Lachens in natürlichen Dialogen. In: Deutsche Sprache 11, S. 289—321.

Müller, K. (1984): Rahmenanalyse des Dialogs. Tübingen.

Müller, R. (1975): Die Konzeption des Corpus gesprochener Texte des Deutschen in der Forschungsstelle Freiburg des Instituts f. deutsche Sprache. In: Engel/Vogel 1975, S. 47—75.

Murray, Th. E. (2001): Ethical and legal considerations in the surreptitious recording of conversational data. In: Brinker et al. (Hrsg.), Art. 99.

Nothdurft, W. (1983): Organisierte Subjektivität. Vorläufige Überlegungen zum Thema „Subjektivität in Interaktion" aus ethnomethodologischer Sicht. In: Argument-Sonderband 98, S. 28—38.

Nothdurft, W. (1984): „... äh folgendes Problem äh ..." Die interaktive Ausarbeitung „des Problems" in Beratungsgesprächen. Tübingen.

Nothdurft, W. (1998): Wortgefecht und Sprachverwirrung. Gesprächsanalyse der Konfliktsicht von Streitgesprächen. Opladen, Wiesbaden.

Nothdurft, W./Reitemeier, U./Schröder, P. (1994): Beratungsgespräche. Analyse asymmetrischer Dialoge. Tübingen.

Nowotny, H./Knorr, K. D. (1975): Die Feldforschung. In: Koolwijk, J. v./Wieken-Mayser, M. (Hrsg.), Techniken der empirischen Sozialforschung. Bd. 2. München, Wien, S. 82—112.

Ochs, E. (1979): Transcription as theory. In: Ochs/Schieffelin 1979, S. 43—72.

Ochs, E./Schieffelin, B. B. (Hrsg.) (1979): Developmental Pragmatics. New York.

Opp, K.-D. (1970): Methodologie der Sozialwissenschaften. Einführung in Probleme ihrer Theoriebildung. Reinbek.

## 8. Literaturverzeichnis

Patzelt, W. J. (1987): Grundlagen der Ethnomethodologie. Theorie, Empirie und politikwissenschaftlicher Nutzen einer Soziologie des Alltags. München.

Paul, I. (1990): Rituelle Kommunikation. Sprachliche Verfahren zur Konstitution ritueller Bedeutung und zur Organisation des Rituals. Tübingen.

Penzinger, Ch. (1985): Soziostilistische Sprachstrukturen in der Mutter-Kind-Interaktion. Frankfurt, Bern, New York.

Petter-Zimmer, Y. (1990): Politische Fernsehsendungen und ihre Adressaten. Tübingen.

Psathas, G. (1973): Ethnotheorie, Ethnomethodologie und Phänomenologie. In: Arbeitsgruppe Bielefelder Soziologen 1973, Bd. 2, S. 263—284.

Psathas, G. (1995): Conversation analysis. London.

Quasthoff, U. M. (1980): Erzählen in Gesprächen. Linguistische Untersuchungen zu Strukturen und Funktionen am Beispiel einer Kommunikationsform des Alltags. Tübingen.

Ramge, H. (1978): Alltagsgespräche. Arbeitsbuch für den Deutschunterricht in der Sekundarstufe II und zum Selbststudium. Frankfurt.

Rath, R. (1975): „Doch" — Eine Studie zur Syntax und zur kommunikativen Funktion einer Partikel. In: Deutsche Sprache 3, S. 222—243.

Rath, R. (1979): Kommunikationspraxis. Analysen zur Textbildung und Textgliederung im gesprochenen Deutsch. Göttingen.

Rath, R. (2001): Gesprächsschritt und Höreraktivitäten. In: Brinker et al. (Hrsg.), Art. 117.

Redder, A. (Hrsg.) (1982): Schulstunden 1. Transkripte. Tübingen.

Redder, A. (2001): Aufbau und Gestaltung von Transkriptionssystemen. In: Brinker et al. (Hrsg.), Art. 100.

Redder, A./Ehlich, K. (Hrsg.) (1994): Gesprochene Sprache. Transkripte und Tondokumente. Tübingen.

Rehbein, J. (1972): Entschuldigungen und Rechtfertigungen. In: Wunderlich, D. (Hrsg.), Linguistische Pragmatik. Frankfurt, S. 288—317.

Rehbein, J. (1977): Komplexes Handeln. Stuttgart.

Rhode, L./Roßdeutscher, N. (1973): Aufnahme, Transkription und Auswertung spontanen Sprechens. Vorschläge zur methodischen Erforschung sprachlicher Rollen. In: Wackernagel-Jolles, B. S. (Hrsg.), Aspekte der gesprochenen Sprache. Göppingen, S. 25—79.

Riedl, R. (1985): Die Spaltung des Weltbildes. Biologische Grundlagen des Erklärens und Verstehens. Berlin, Hamburg.

Ruoff, A. (1973): Grundlagen und Methoden der Untersuchung gesprochener Sprache. Tübingen.

Rupp, H. (1965): Gesprochenes und geschriebenes Deutsch. In: Wirkendes Wort 15, S. 19—29.

Sacks, H./Schegloff, E. A./Jefferson, G. (1974): A simplest systematics for the organization of turn-taking for conversation. In: Language 50, S. 696—735.

Sager, S. F. (1981a): Sprache und Beziehung. Linguistische Untersuchungen zum Zusammenhang von sprachlicher Kommunikation und zwischenmenschlicher Beziehung. Tübingen.

# 8. Literaturverzeichnis

Sager, S. F. (1981b): Übersprungshandlungen im menschlichen Verbalverhalten. In: Hindelang, G./Zillig, W. (Hrsg.), Sprache: Verstehen und Handeln. Akten des 15. Linguistischen Kolloquiums Münster 1980. Tübingen 1981, S. 279—288.

Sager, S. F. (1982): Das Zusammenwirken dispositioneller und institutioneller Momente im verbalen Verhalten. In: Detering, K./Schmidt-Radefeldt, J./Sucharowski, W. (Hrsg.), Sprache erkennen und verstehen. Akten des 16. linguistischen Kolloquiums Kiel 1981. Tübingen 1982, S. 283—292.

Sager, S. F. (1984): „Krankheit" als kommunikatives Konstrukt. In: Tewes, U. (Hrsg.), Angewandte Medizinpsychologie. Frankfurt, S. 163—170.

Sager, S. F. (1985a): Ein gesprächsanalytisches Schichtmodell. Dargestellt am Beispiel der „Bonner Runde". In: Sucharowski 1985, S. 228—264.

Sager, S. F. (1985b): Linguistische Ethologie. Aspekte einer humanethologischen Fundierung der linguistischen Pragmatik. In: Kürschner, W./Vogt, R. (Hrsg.), Sprachtheorie, Pragmatik, Interdisziplinäres. Akten des 19. Linguistischen Kolloquiums Vechta 1984. Tübingen 1985, S. 111—119.

Sager, S. F. (1986): Nonverbale Kommunikation/Körperkommunikation. In: Brauneck, M./Schneilin, G. (Hrsg.), Theaterlexikon. Reinbek, S. 644—648.

Sager, S. F. (1988): Reflexionen zu einer linguistischen Ethologie. Hamburg.

Sager, S. F. (1989): Verhaltensambivalenzen im Zugangsdisplay. Vergleichende Betrachtungen zu spontanen Straßendiskussionen und dem Sozialverhalten nichtmenschlicher Primaten. In: Weigand/Hundsnurscher 1989, S. 419—435.

Sager, S. F. (1993): Gesprächsanalyse und das Konzept der Corporate Identity. In: Bungarten, Th. (Hrsg.), Unternehmensidentität. Corporate Identity. Betriebswirtschaftliche und kommunikationswissenschaftliche Theorie und Praxis. Tostedt, S. 216—256.

Sager, S. F. (1995): Verbales Verhalten. Eine semiotische Studie zur linguistischen Ethologie. Tübingen.

Sager, S. F. (1999): Kommunikation und Qualität. Zur Begründung eines etholinguistischen Konzepts für die Analyse von Unternehmenskommunikation. In: Bungarten, Th. (Hrsg.), Wirtschaftshandeln. Kommunikation in Management, Marketing und Ausbildung. Tostedt, S. 15—48.

Sager, S. F. (2000a): System oder Ansammlung. Ist Multimedia überhaupt ein Medium? In: Kallmeyer, W. (Hrsg.), Sprache und neue Medien. Jahrbuch des Instituts für deutsche Sprache 1999. Berlin, S. 57—88.

Sager, S. F. (2000b): Kommunikatives Areal, Distanzzonen und Displayzirkel. Zur Beschreibung räumlichen Verhaltens in Gesprächen. In: Riecke, J./Schuster, B.-M./Richter, G. (Hrsg.), Festschrift für H. Ramge [im Druck].

Sager, S. F. (2001a): Formen und Probleme der technischen Dokumentation von Gesprächen. In: Brinker et al. (Hrsg.), Art 98.

Sager, S. F. (2001b): Probleme der Transkription nonverbalen Verhaltens. In: Brinker et al. (Hrsg.), Art. 102.

Sager, S. F. (2001c): Bedingungen und Möglichkeiten nonverbaler Kommunikation. In: Brinker et al. (Hrsg.), Art. 109.

Sager, S. F. (2001d): Gesprächssorte — Gesprächstyp — Gesprächsmuster — Gesprächsakt. In: Brinker et al. (Hrsg.), Art. 137.

## 8. Literaturverzeichnis

Sager, S. F. (2001e): Zu einer Ethologie des Gesprächs. In: Iványi, Z./Fiehler, R./Becker-Mrotzek, M. (Hrsg.), Beiträge der Sektion „Gesprächsforschung" auf der GAL-Jahrestagung Frankfurt/M. 1999 [im Druck].

Sager, S. F. (2001f): Kommunikationsanalyse und Verhaltensforschung. Zu einer Ethologie des Gesprächs. Tübingen [in Vorbereitung].

Sandig, B. (1972): Zur Differenzierung gebrauchssprachlicher Textsorten im Deutschen. In: Gülich, E./Raible, W. (Hrsg.), Textsorten. Differenzierungskriterien aus linguistischer Sicht. Wiesbaden, S. 113—124.

Sandig, B. (Hrsg.) (1983): Stilistik II. Gesprächsstile. Hildesheim, Zürich, New York.

Schaeffer, N. (1979): Transkription im Zeilenblocksystem. Ein Verfahren zur Erforschung und Lehre gesprochener Sprache. Diss. Saarbrücken.

Schank, G. (1973): Zur Korpusfrage in der Linguistik. In: Deutsche Sprache 4, S. 16—26.

Schank, G. (1977): Über einige Regeln der Themenverwendung in natürlichen Gesprächen. In: Muttersprache 87, S. 234—244.

Schank, G. (1979): Zum Problem der Natürlichkeit von Gesprächen in der Konversationsanalyse. In: Dittmann 1979, S. 73—93.

Schank, G. (1981): Untersuchungen zum Ablauf natürlicher Dialoge. München.

Schank, G. (1989): Redeerwähnung im Interview. Strukturelle und konversationelle Analysen an vier Interviewtypen. Düsseldorf.

Schank, G./Schoenthal, G. (1976): Gesprochene Sprache. Eine Einführung in Forschungsansätze und Analysemethoden. Tübingen. (2. Aufl. 1983)

Schank, G./Schwitalla, J. (1980): Gesprochene Sprache und Gesprächsanalyse. In: Althaus, H. P./Henne, H./Wiegand, H. E. (Hrsg.), Lexikon der germanistischen Linguistik. 2. Aufl. Tübingen, S. 313—322.

Schank, G./Schwitalla, J. (Hrsg.) (1987): Konflikte in Gesprächen. Tübingen.

Schegloff, E. A. (1972): Sequencing in conversational openings (1968). In: Laver, J./Hutcheson, S. (Hrsg.), Communication in face-to-face-interaction. Harmondsworth, S. 374—405.

Schegloff, E. A. (1980): Identification and recognition in telephone conversation openings. In: Psathas, G. (Hrsg.), Everyday language. Studies in Ethnomethodology. New York, S. 23—78.

Schegloff, E. A./Jefferson, G./Sacks, H. (1977): The preference for self-correction in the organization of repair in conversation. In: Language 53, S. 361-382.

Schegloff, E. A./Sacks, H. (1973): Opening up closings. In: Semiotica 8, S. 289—327.

Scherer, H. S. (1984): Sprechen im situativen Kontext. Theorie und Praxis der Analyse spontanen Sprachgebrauchs. Tübingen.

Scherer, K. R. (1970): Non-verbale Kommunikation. Ansätze zur Beobachtung und Analyse der außersprachlichen Aspekte von Interaktionsverhalten. Hamburg.

Scherer, K. R. (1974): Ausgewählte Methoden der empirischen Sprachforschung. In: Koolwijk, J. v. /Wieken-Mayser, M. (Hrsg.), Techniken der empirischen Sozialforschung. Bd. 3. München, Wien, S. 110—157.

Scherer, K. R./Wallbott, H. G. (Hrsg.) (1979): Nonverbale Kommunikation: Forschungsberichte zum Interaktionsverhalten. Weinheim, Basel.

Schiffrin, D. (1994): Approaches to Discourse. Oxford.

## 8. Literaturverzeichnis

Schippan, Th. (1992): Lexikologie der deutschen Gegenwartssprache. Tübingen.

Schlobinski, P. (1996): Empirische Sprachwissenschaft. Opladen.

Schmidt, S. J. (1994): Konstruktivismus in der Medienforschung: Konzepte, Kritiken, Konsequenzen. In: Merten et al. 1994, S. 592—623.

Schmitt, R. (1992): Die Schwellensteher. Sprachliche Präsenz und sozialer Austausch in einem Kiosk. Tübingen.

Schmölders, C. (Hrsg.) (1986): Die Kunst des Gesprächs. Texte zur Geschichte der europäischen Konversationstheorie. 2. Aufl. München.

Schneider, K. P. (1988): Small Talk. Analysing phatic discourse. Marburg.

Schneider, W. L. (1994): Die Beobachtung von Kommunikation. Zur kommunikativen Konstruktion sozialen Handelns. Opladen.

Schnell, R./Hill, P. B./Esser, E. (1999): Methoden der empirischen Sozialforschung. 6. völlig überarbeitete und erweiterte Auflage. München, Wien.

Schoenthal, G. (1979): Sprechakttheorie und Konversationsanalyse. In: Dittmann 1979, S. 44—72.

Schönherr, B. (1997): Syntax — Prosodie — nonverbale Kommunikation. Empirische Untersuchungen zur Interaktion sprachlicher und parasprachlicher Ausdrucksmittel im Gespräch. Tübingen.

Schröder, P. (Hrsg.) (1985): Beratungsgespräche. Ein kommentierter Textband. Tübingen.

Schröder, P./Steger, H. (Hrsg.) (1981): Dialogforschung. Jahrbuch 1980 des Instituts für deutsche Sprache. Düsseldorf.

Schütte, W. (1991): Scherzkommunikation unter Orchestermusikern. Interaktionsformen in einer Berufswelt. Tübingen.

Schütz, A. (1932): Der sinnhafte Aufbau der sozialen Welt. Eine Einleitung in die verstehende Soziologie. Wien (Ausgabe: Frankfurt 1974).

Schwitalla, J. (1979): Dialogsteuerung in Interviews. München.

Schwitalla, J. (1995): Kommunikation in der Stadt. Teil 4: Kommunikative Stilistik zweier sozialer Welten in Mannheim-Vogelstang. Berlin, New York.

Schwitalla, J. (1997): Gesprochenes Deutsch. Eine Einführung. Berlin.

Schwitalla, J. (2001): Gesprochene-Sprache-Forschung und ihre Entwicklung zu einer Gesprächsanalyse. In: Brinker et al. (Hrsg.), Art. 82.

Scott, M. B./Lyman, S. M. (1968): Accounts. In: American Sociological Review 33, S. 46—62; dt. Übers.: Praktische Erklärungen. In: Auwärter/Kirsch/Schröter 1976, S. 73—114.

Searle, J. R. (1969): Speech acts. An essay in the philosophy of language. Cambridge; dt. Übers.: Sprechakte. Ein sprachphilosophischer Essay. Frankfurt 1971.

Searle, J. R. (1975): A taxonomy of illocutionary acts. In: Searle, J. R., Expression and meaning. Studies in the theory of speech acts. Cambridge 1979, S.1—29; dt. Übers.: Eine Taxonomie illokutionärer Akte. In: Searle, J. R., Ausdruck und Bedeutung. Untersuchungen zur Sprechakttheorie. Frankfurt 1982, S. 17—50.

Seebold, E. (1981): Etymologie. Eine Einführung am Beispiel der deutschen Sprache. München.

## 8. Literaturverzeichnis

Selting, M. (1987): Imagearbeit bei der Behandlung von Verständigungsproblemen in Gesprächen. In: Abraham, W./Arhammer, R. (Hrsg.), Linguistik in Deutschland. Akten des 21. ling. Kolloquiums Groningen 1986. Tübingen, S. 325—337.

Selting, M. (1995): Prosodie im Gespräch. Aspekte einer interaktionalen Phonologie der Konversation. Tübingen.

Selting, M. (2001): Probleme der Transkription verbalen und paraverbalen/prosodischen Verhaltens. In: Brinker et al. (Hrsg.), Art. 101.

Selting, M./Auer, P./Barden, B./Bergmann, J. et al. (1998): Gesprächsanalytisches Transkriptionssystem (GAT). In: Linguistische Berichte 173, S. 91—122.

Simmel, G. (1908): Soziologie. Untersuchungen über die Formen der Vergesellschaftung. Berlin.

Sinnreich, J. (1972): Zur Philosophie der idealen Sprache. Texte von Quine, Tarski, Martin, Hempel und Carnap. München.

Sökeland, W. (1980): Indirektheit von Sprechhandlungen. Eine linguistische Untersuchung. Tübingen.

Sommerfeld, R. (1980): Evolution, Kommunikation und Sprache. Versuch einer Synthese ethologischer und linguistischer Semiotik. München.

Sornig, K. (1983): Indikatoren der Rollendistanz in Alltagsgesprächen. In: Germanistische Linguistik 5—6/81, S. 223—260.

Spiegel, C./Spranz-Fogasy, Th. (2001): Aufbau und Abfolge von Gesprächsphasen. In: Brinker et al. (Hrsg.), Art. 119.

Stachowiak, H. (1973): Allgemeine Modelltheorie. Wien, New York.

Stammerjohann, H. (Hrsg.) (1975): Handbuch der Linguistik. Allgemeine und angewandte Sprachwissenschaft. Darmstadt.

Stati, S./Weigand, E./Hundsnurscher, F. (Hrsg.) (1991): Dialoganalyse III. Referate der 3. Arbeitstagung, Bologna 1990. Bd. 1 u. 2. Tübingen.

Steger, H./Deutrich, H./Schank, G./Schütz, E. (1974): Redekonstellation, Redekonstellationstyp, Textexemplar, Textsorte im Rahmen eines Sprachverhaltensmodells. Begründung einer Forschungshypothese. In: Moser, H. et al. (Hrsg.), Gesprochene Sprache. Jahrbuch 1972 des Instituts für deutsche Sprache. Düsseldorf, S. 39—97.

Stellmacher, D. (1972): Gliederungssignale in der gesprochenen Sprache. In: Germanistische Linguistik (Marburg) 4, S. 518—530.

Steuble, A. (1986): Integrative Konversationsanalyse. Zum Zusammenhang von Sprache, nonverbaler Kommunikation und interaktiver Beziehung. Pfaffenweiler.

Streeck, J. (1983): Konversationsanalyse. Ein Reparaturversuch. In: Zeitschrift f. Sprachwissenschaft 2, S. 72—104.

Sucharowski, W. (1984): Gespräch — ein Gegenstand der Linguistik? In: Wirkendes Wort 34, S. 102—120.

Sucharowski, W. (1985): Gesprächsforschung — Zu einigen Problemen mit der linguistischen Gesprächsanalyse. In: Sucharowski 1985, S. 1—38.

Sucharowski, W. (Hrsg.) (1985): Gesprächsforschung im Vergleich. Analysen zur Bonner Runde nach der Hessenwahl 1982. Tübingen.

Switalla, B. (1979): Die Identifikation kommunikativer „Daten" als sprachtheoretisches Problem. In: Zeitschr. f. Semiotik 1, S. 161—175.

## 8. Literaturverzeichnis

Techtmeier, B. (1984): Das Gespräch. Funktionen, Normen und Strukturen. Berlin.

Texte gesprochener deutscher Standardsprache. Erarbeitet im Institut für deutsche Sprache. Forschungsstelle Freiburg. München. I (1971), II (1974), III (1975), IV (1979).

Tiittula, L. (1993): Metadiskurs. Explizite Strukturierungsmittel im mündlichen Diskurs. Hamburg.

Toulmin, S. (1958): The uses of argument. Cambridge; dt. Übers.: Der Gebrauch von Argumenten. Kronberg 1975.

Ungeheuer, G. (1977): Gesprächsanalyse und ihre kommunikationstheoretischen Voraussetzungen. In: Wegner 1977, S. 27—65.

Viehweger, D. (1983): Semantik und Sprechakttheorie. In: Motsch, W./Viehweger, D. (Hrsg.), Richtungen der modernen Semantikforschung. Berlin, S. 145—245.

Vogel, Chr. (1971): Zur Erläuterung einiger Fachausdrücke. In: Lawick-Goodall, J. v., Wilde Schimpansen. 10 Jahre Verhaltensforschung am Gombe-Strom. Reinbek, S. 240—243.

Wagner, P./Bausch, K.-H. (Hrsg.) (1997): Tonaufnahmen des gesprochenen Deutsch. Tübingen.

Waldenfels, B. (1980): Der Spielraum des Verhaltens. Frankfurt.

Watson, J./Potter, R. J. (1962): An analytic unit for the study of interaction. In: Human Relations 15, S. 243—263.

Watzlawick, P./Beavin, J. H./Jackson, D. D. (1969): Menschliche Kommunikation. Formen, Störungen, Paradoxien. Bern.

Wegner, D. (Hrsg.) (1977): Gesprächsanalysen. Hamburg.

Weick, K. E. (1968/69): Systematic observational methods. In: Lindzey, G./Aronson, E. (Hrsg.), The Handbook of Social Psychology 2, 1968/69, S. 357—451.

Weidmann, A. (1974): Die Feldbeobachtung. In: Koolwijk, J. v./Wieken-Mayser, M. (Hrsg.), Techniken der empirischen Sozialforschung. Bd.3. München, Wien, S. 9—26.

Weigand, E. (1989): Sprache als Dialog. Sprechakttaxonomie und kommunikative Grammatik. Tübingen.

Weigand, E./Hundsnurscher, F. (Hrsg.) (1989): Dialoganalyse II. Referate der 2. Arbeitstagung, Bochum 1988. Bd. 1 u. 2. Tübingen.

Weingarten, E./Sack, F. (1976): Ethnomethodologie. Die methodische Konstruktion der Realität. In: Weingarten/Sack/Schenkein 1976, S. 7—28.

Weingarten, E./Sack, F./Schenkein, J. (Hrsg.) (1976): Ethnomethodologie. Beiträge zu einer Soziologie des Alltagshandelns. Frankfurt.

Weinrich, L. (1992): Verbale und nonverbale Strategien in Fernsehgesprächen. Eine explorative Studie. Tübingen.

Wenzel, A. (1984): Verstehen und Verständigung in Gesprächen am Sozialamt. Eine empirische Untersuchung. Tübingen.

Werlen, I. (1983): Vermeidungsritual und Höflichkeit. Zu einigen Formen konventionalisierter indirekter Sprechakte im Deutschen. In: Deutsche Sprache 11, S. 193—218.

Werlen, I. (1984): Ritual und Sprache. Zum Verhältnis von Sprechen und Handeln in Ritualen. Tübingen.

## 8. Literaturverzeichnis

Werlen, I. (2001): Rituelle Muster in Gesprächen. In: Brinker et al. (Hrsg.), Art. 121.
Weydt, H. (1979): Die Partikeln der deutschen Sprache. Berlin, New York.
Whitehead, A. N./Russel, B. (1910): Principia Mathematica. Cambridge.
Wiese, L. v. (1933): System der allgemeinen Soziologie als Lehre von den sozialen Prozessen und den sozialen Gebilden der Menschen. 2. Aufl. München, Leipzig.
Winkler, P. (Hrsg.) (1981): Methoden der Analyse von Face-to-face-Situationen. Stuttgart.
Wittgenstein, L. (1958): Philosophical investigations. Oxford; dt. Übers.: Philosophische Untersuchungen. Frankfurt 1967.
Wodak-Leodolter, R. (1978): Soziolinguistische Analyse therapeutischer Kommunikation: Gruppen- und Einzeltherapie. In: Studium Linguistik 5, S. 99—104.
Wunderlich, D. (1972a): Zur Konventionalität von Sprechhandlungen. In: Wunderlich, D. (Hrsg.), Linguistische Pragmatik. Frankfurt, S. 11—58.
Wunderlich, D. (1972b): Sprechakte. In: Maas, U./Wunderlich, D., Pragmatik und sprachliches Handeln. Frankfurt, S. 69—188.
Wunderlich, D. (1974): Grundlagen der Linguistik. Hamburg.
Wunderlich, D. (1976): Studien zur Sprechakttheorie. Frankfurt.
Wunderlich, D. (1978): Wie analysiert man Gespräche? Beispiel Wegauskünfte. In: Linguistische Berichte 58, S. 41—76.
Zimmermann, H. (1965): Zu einer Typologie des spontanen Gesprächs. Syntaktische Studien zur baseldeutschen Umgangssprache. Bern.

# 9. Sachregister

Abschnitt
- thematischer A. 105, 176, 185
- zielorientierter A. 176

Account 89 (Anm. 71), 138, 176, 178

Akt
- prospektiver A. 158
- retrospektiver A. 158

Aktivität 152, 186
- Definierungsaktivität 168, 185
- Formulierungsaktivität 149, 182
- Honorierungsaktivität 155
- Konsolidierungsaktivität 155, 157
- Markierungsaktivität 151, 152, 185
- Modifikationsaktivität 151, 152, 179
- Ratifizierungsaktivität 155
- Reinstallierungsaktivität 151, 152
- Reparaturaktivität 152
- Setzungsaktivität 151
- Suspendierungsaktivität 151

Aktivitätskomplex 116, 127, 159

Alltagsroutine 151, 159

Alltagswelt 34, 127, 128, 132

Alltagswirklichkeit 124, 128 (Anm. 46), 132, 170 (Anm.100)

Alltagswissen 79, 122, 132, 133, 151, 175, 181
s. auch Wissen

Argumentationsmodell 80 f.

Aufnahme
- Tonbandaufnahme 22, 25, 26, 27, 28 (Anm. 19), 35, 36, 177
- Videoaufnahme 22, 25, 35, 36, 177
- dynamische A. 37
- konspektive A. 37, 38
- offene A. 31, 32 f.
- provisorisch verdeckte A. 33
- pseudo-offene A. 33
- punktuelle A. 37
- statische A. 37
- verdeckte A. 31, 32, 33
- Validität der A. 23

Aushandeln 152, 154

Aushandlungspraxis 179

Aushandlungsprozeß 186

Äußerung 11, 26, 27
- indexikalische Eigenschaften der Ä. 121

Basisregel 17, 82, 131

Bedeutung 17, 118, 126, 127

Beendigungsphase
s. Phase

Begründungszusammenhang 21 (Anm. 1)

Beobachterparadoxon 23 (Anm. 5), 31 ff.

Beobachtung
- teilnehmende B. 23 (Anm. 6)

Beratungsgespräch
- telefonisches B. 109 ff.
s. auch Telefongespräch

Bereich
- nonverbaler B. 40, 44, 47 f., 50, 59
- paraverbaler B. 40, 44, 47 f., 49 f.
- verbaler B. 47 f.

Beschreibungsebene
s. Ebene

Bestätigung 86 ff.
- Partnerbestätigung 88 f.
- Selbstbestätigung 88 f., 143
s. auch Sequenz

Bestätigungsrunde
- Initiantenbestätigungsrunde 88 (Anm. 65)
- Reagentenbestätigungsrunde 88 (Anm. 65)

Beziehungskonflikt 18, 143, 158

Beziehungskonstitution 85 ff.

Beziehungsstandard 133

209

## 9. Sachregister

Blickverhalten 52

Daten 34
- Primärdaten 34 f., 39
- Sekundärdaten 35, 39
- Tertiärdaten 35, 39
Datentyp 32 (Anm. 29), 34, 177
Definieren
- prospektives D. 150, 154, 157, 170
- retrospektives D. 149, 154
s. auch Aktivität
Definitionspraxis 158, 175, 178
- partnerbezogene D. 154
- selbstbezogene D. 154
Definitionsverfahren 154, 176
Deutungsarbeit 120
Deutungsnorm 181
Deutungsprinzip 177, 181
Deutungsrahmen 172
Deutungsvoraussetzung 181, 182
Dialog 9, 13
Dialoganalyse 10
Dilemma
- ethisches D. 33 (Anm. 5)
Direktionalität 134 f., 140, 144, 147, 151, 157
Diskrepanzmeldung 170, 171, 172
Display 140 (Anm. 85)
- Anrededisplay 147, 158
- Axialdisplay 146
- Wertschätzungsdisplay 140, 157

Ebene 57 ff.
- grammatische (syntaktische) E. 58
- kommunikativ-pragmatische E. 58
- semantisch-thematische E. 58, 185
Ebenenmodell 57 ff.
Eigenschaft
- formale E. 133, 136, 139, 142, 151, 152
Einheit 175, 186
- gesprächskonstitutive E. 19, 59
Einschätzung
- kulturelle E. 119, 126
- Partnereinschätzung 133
- Selbsteinschätzung 133

Einwilligung 27, 28
- erschlichene E. 29
- erzwungene E. 30
Entdeckungszusammenhang 21 (Anm. 1)
Ereigniskorpus 53
Erleben
- sinnhaftes E. 124
Eröffnungsphase
s. Phase
Erwartbarkeit
- bedingte E. („conditional relevance") 81, 82, 84, 150
Et-cetera-Prinzip 137, 140
Ethnie 132, 173
Ethnomethodologie 16, 30 (Anm. 26), 116 f., 123, 128 (Anm. 46), 170 (Anm. 100)

Face-to-face-Gespräch 97, 104, 123
Fokus 106
- Aufmerksamkeitsfokus 150, 158
- thematischer F. 141
Formulierungsaktivität
s. Aktivität
Formulierungshandlung 106 (Anm. 110), 108, 157
Formulierungspraxis
- metakommunikative F. 148
Fragilität 170 (Anm. 100)

Generative Transformationsgrammatik 57, 132
Gespräch
- künstliches G. 13
- literarisches G. 13
- natürliches G. 13 f.
- Definition v. G. 11, 13
Gesprächsanalyse 119, 123, 126, 175, 176, 188, 189, 190
- historische G. 14
- linguistische G. 13 f., 18 ff.
Gesprächsaufnahme 25, 29, 35 f.
s. auch Aufnahme

## 9. Sachregister

Gesprächsbegriff 9
- alltagssprachlicher G. 9
- linguistischer G. 13

Gesprächsbeitrag 60, 175, 178, 183, 186
Gesprächsfunktion
  s. Gesprächsschritt
Gesprächskohärenz 12 (Anm. 12), 57, 74, 77, 183
Gesprächskonstituierung 116
Gesprächsmanagement
  s. Management
Gesprächsphase 57, 96 ff., 176, 179
  s. auch Phase
Gesprächsreparatur 149
Gesprächsroutine 148, 152
  s. auch Handlungsroutine
Gesprächsschritt 57, 59 ff., 138, 175, 183
- initiierender G. 71, 81
- reaktivierender G. 73
- respondierender G. 71
- Basisfunktion des G. 66 f.
- Binnenstruktur des G. 68
- Gesprächsfunktion des G. 66 f.
- grammatische Verknüpfung v. G. 74 ff., 178
- Handlungscharakter v. G. 65 ff., 80
- Klassifikation v. G. 71 ff.
- thematische Verknüpfung v. G. 77 ff., 178

Gesprächsschrittbeanspruchung 60, 171
Gesprächsschritt-Verknüpfung 85
Gesprächssequenz 57, 74 ff., 175, 179
  s. auch Sequenz
Gesprächsstruktur 19, 57
Gesprächstyp 12, 109, 112 ff., 176, 179, 180, 182, 185
Gesprächsziel 182
- Teilziel 108, 168
Gliederungssignal 68 ff., 106 (Anm. 110), 146
GS (Gesprochene Sprache)
- Forschung 14 ff.
Gültigkeit
- kommunikative G. 155

Handeln
- sinnhaftes H. 124
- Normalität des H. 136, 140
- Rationalität des H. 136, 145
Handlung 18, 65 ff., 124, 125
- metakommunikative H. 106 (Anm. 110)
Handlungsebene 108, 185
  s. auch Ebene
Handlungskomplex
- kommunikativer H. 172
Handlungsnorm 133, 157, 172
Handlungsplan 108 f., 185
Handlungsrahmen 158
Handlungsresultat 20
Handlungsroutine 79, 133, 140, 141, 144, 146, 175
Handlungsstrategie 158
Handlungsverfahren
- interaktives H. 117
Handlungsvollzug 20
Handlungsziel 182
  s. auch Gesprächsziel
HIAT 42
Hintergrunderwartung 30 (Anm. 24, Anm. 26), 132, 133, 140, 151, 175, 181
Hintergrundwissen 122
- kontextuelles H. 77
- thematisches H. 77
Honorierung 87, 93, 141, 142, 155, 158, 179
- negative H. 90
- positive H. 90, 93, 95
  s. auch Aktivität
Hörersignal 11, 59 f., 65, 67 f., 178, 183

Image 85
Imagearbeit 85 ff., 95
Imageverletzung 90, 143
Indexikalität 117 ff., 134, 151
- aktionale I. 135
- personale I. 134
- thematische I. 134
Intention 133, 180
Intentionalität 135, 140, 151 f.

## 9. Sachregister

Interaktion
- instrumentelle I. 95
- rituelle I. 95
- verbale Definition der I. 167
Interaktionsachse 156, 158
   s. auch Kommunikationsachse
Interaktionsbedingungen 115
Interaktionsmodalität 135 (Anm. 73), 184
Interaktionsnorm 115, 122, 146, 180, 181
Interaktionsroutine 150, 156
   s. auch Handlungsroutine
Interpretation 17, 139
Interpretationsnorm 122
Interpretationsprinzip 148
Interpretationsverfahren 122, 131, 135, 137, 140, 154
Intervention 169, 170 f.

Kernphase 105 ff., 140, 150, 151, 178
   s. auch Phase
Kommunikation
- nonverbale K. 52, 187 (Anm. 4)
- ritualisierte K. 155
- Konstitutionsmodell der K. 128 ff.
- Ökonomieprinzip der K. 120, 137
- Sinn der K. 120, 129
Kommunikationsachse 134, 141, 146 f., 150
   s. auch Interaktionsachse
Kommunikationsform 12
Kommunikationsmodell 117, 123, 128 ff.
Kompetenzübernahme 172, 173
Kompetenzvoraussetzung 51, 181, 182
Konsolidierung 143, 151, 155, 157, 170, 171, 172, 173
Konsolidierungsaktivität
   s. Aktivität
Konstitutionsmodell 139
Konstrukt 113
- interaktives K. 116
- kommunikatives K. 113, 125, 127, 129, 159, 170, 171, 172, 176, 179, 186
Konstruktionsübernahme 76, 89
Kontaktgespräch 148

Kontaktsignal 59, 141
   s. auch Hörersignal
Kontiguität 75, 79
Konversation 9
- Begriff der K. 9 (Anm. 2)
Konversationsanalyse 8, 10 (Anm. 3), 82, 117, 119, 138
- ethnomethodologische K. („conversational analysis") 14 ff., 117
Konzept
- kognitives K. 125, 127, 131
Konzeption
- prozedural-dynamische K. 18
- strukturbezogene K. 20
Kooperationsprinzip 74, 82
Korpusanalyse 190
Korpuserstellung 24, 46
Korrektiv 89

Let it pass – Verfahren 141

Makrostruktur 139, 159, 173, 183, 185, 189
Management
- Identitätsmanagement 160
- lokales M. 139 ff., 155, 159, 160, 171, 175, 176, 179
- regionales M. 159, 176, 179
   s. auch Gesprächsmanagement, Sinnmanagement
Maxime
- analytische M. 122, 181
Metasprache 117, 119
Mikrostruktur 139
Mißverständnis 18, 129
Modell 34
- technisches M. 38, 39
- Verkürzungsmerkmal v. M. 36 (Anm. 36)
Modellbildung 34 (Anm. 32)
Modelltheorie 34 (Anm. 30)
Moment
- kritischer M. 121, 137, 143, 156, 183

Norm 121, 180, 182

Normalitätskriterium 136, 140
Normsetzung 172
Notation 40
- Partiturnotation 40, 42, 52, 55
- Textnotation 40, 42, 55
Notationsverfahren 40 ff., 53
s. auch Transkription

Oberflächenstruktur 133
Objektsprache 117
Obligation 71 ff., 121
Öffentlichkeit 26
Ordnung
- gesicherte, hervorgebrachte, wiederhergestellte O. 159
- interaktive O. 120, 143
- rituelle O. 84, 85
Orientierung
- thematische O. 10, 11, 79

Paarsequenz („adjacency pairs") 81 f., 97 f.
Partiturblock 43, 46
Partiturklammer 43
Partitur-Zeilenblocksystem 52
s. auch Zeilenblockverfahren
Persönlichkeitsrecht 27
Perspektive
- prozedurale P. 17, 18 ff., 57
- strukturelle P. 18 ff., 57
Phänomen
- nonverbales P. 40, 59, 187
- paraverbales P. 40, 187
- verbales P. 187
s. auch Bereich
Phase
- Beendigungsphase 101 f., 167 (Anm. 99), 184, 186
- Eröffnungsphase 97 f., 140 f., 168 (Anm. 99), 184, 186
- Kernphase 168, 184, 185, 186, 189
- Teilphase 168, 185
- analytische P. 21, 23, 24
- heuristische P. 21, 24
- rituelle P. 167 (Anm. 99), 184, 185, 189

- technische P. 21, 22, 24
Phasengliederung 96 f.
Phasenmarkierung 173
Pragmatik
- linguistische P. 15, 90 (Anm. 72)
Prägnanz 140, 151
Praktiken 119
- interaktive P. 138
- systematische P. 120
- verfahrensanalytische P. 123
s. auch Verfahren
Privatsphäre 26
Problem
- konversationelles P. 131, 133, 156
Protokoll 35
- Orientierungsprotokoll 53, 177
Prozedur
s. (interaktives) Verfahren

Rahmen 128, 172, 182
- institutioneller R. 180
- kommunikativer R. 157
Ratifizierung 87, 144, 145, 147, 150, 151, 155, 157, 158, 171, 172, 179
s. auch Aktivität
Rationalitätskriterium 136, 145
Raum
- kommunikativer R. 129, 131
Reaktionspotential 81
Redekonstellationsmodell 16, 112
Reduktion (v. Realität) 34, 38
Referenzkonstanz 105, 185
Reflexivität 117, 119, 121, 144
Reindexikalisierung 142, 144
Reinstallierung 168
s. auch Aktivität
Rekonstruktion 19, 120, 121
Relevanz 140, 149, 150, 151, 171, 185, 186
- kommunikative R. 150
Relevanzaufdeckung 143, 152
Relevanzbereich 128
Relevanzeinstufung 135
Relevanzhochstufung 150, 152
Relevanzmerkmal 135

213

## 9. Sachregister

Relevanzrückstufung 151, 152, 171
Relevanzsetzung 121
Reparaturverfahren 121
  s. auch Aktivität
Reparaturversuch 143
Responsivität 71
- Nonresponsivität 72
- Teilresponsivität 72
Reziprozität 136, 140
Ritual 85 (Anm. 57), 142
- Zugangsritual 140
Rückmeldeverhalten („back-channel-behavior") 59, 178

Schleifenbildung 110, 184
Segment 11
- Abschlußsegment 168
- Einleitungssegment 168
- Überleitungssegment 167
Semantik 127
- generative S. 132
- kognitive S. 133 (Anm. 68)
Semiotik 127
Sequenz 18, 183
- Frage-Antwort-Sequenz 18, 71
- „side-sequence" (Einschub) 82
- Vorwurf-Rechtfertigungs-Sequenz 18, 83, 90 (Anm. 72)
- bestätigende S. 86
- dreigliedrige S. 83
- korrektive S. 86, 89
- rituelle S. 185, 189
- zweigliedrige S. 81, 154, 155
  s. auch Gesprächssequenz
Sequenzmuster 18
Sequenzregel 17
Setting 180
Sinn 8, 16, 117, 122, 123 ff., 138, 154, 159, 171, 177, 182, 185
- regionaler S. 159
- sozial-kommunikativer S. 177
- Hervorbringen v. S. 138, 160
- Produktion v. S. 134, 154
- Sichern v. S. 138, 160
- Wiederherstellen v. S. 138

Sinnenklave 128
Sinngebungsprozeß
- reflexiver S. 121
Sinngehalt 20
Sinngestalt 173, 176
Sinnhaftigkeit 120
Sinnkomplex 130
- offener S. 139
Sinnkonstituierung 125, 175
Sinnkonstrukt 127, 139
Sinnkonzept 131
Sinnmanagement
- lokales S. 155
- regionales S. 167
Sinnschwelle 126
Sinnsetzen
- Prozeß des S. 125
Sinnvorgabe 154, 155
Situation 120, 136, 137, 172, 180
Situationsdefinition 96
Sozialadäquanz 27, 28
Sprechakttheorie 12, 15, 17 f., 58, 67
Sprechen
- handlungsbegleitendes S. 10
- paralleles (simultanes) S. 42, 63
- thematisches S. 10
Sprechersigle 42, 45
Sprechersignal 65 ff., 68
Sprecherwechsel („turn taking") 11, 42, 144, 175, 178
- Formen des S. 62 ff.
Status
- modellmethodischer S. d. Transkription 45
Strafrecht 25
Suspendierung 146
- metakommunikative S. 173
  s. auch Aktivität

Tatbestand
- strafrechtlicher T. 25
- zivilrechtlicher T. 25
Teil-Ganzes-Problematik 184
Telefongespräch 97, 101, 104, 109 ff., 140 f.

## 9. Sachregister

Text 7, 11, 12, 68
Textanalyse 7, 120
Textfunktion 12 (Anm. 14)
Textsorte 16, 112
Thema 10 f., 12, 79, 106, 126 f., 134
Thematik
- Gesprächsthematik 80, 105
Themenentfaltung 79, 80, 186
Themenfokussierung 149
Themenforschung 105
Themenprägnanz 134, 142, 144, 148
Themenwechsel 105, 185
Tiefenstruktur 133
Transfermodell 128 f., 130, 158
Transkription 23, 35, 39, 40 ff., 53, 177
- modifizierte orthographische T. 48
- orthographisch korrigierte T. 48
- phonetische T. 48
Transkriptionsform 48
Transkriptionskopf 40, 46
Transkriptionssystem 55
Transkriptionsverfahren 40 ff., 55
Typologisierung
- T. v. Gesprächen 112 ff.
- T. v. Texten 112

Unhintergehbarkeit (der Sprache) 118, 119

Vagheit 120, 121, 130, 141
Validität 135, 140, 147, 151 f., 158, 185, 186, 187 (Anm. 6)
Validitätsdemontage 149
Validitätskonflikt 148
Verfahren
- Gestaltverfahren 50, 51
- Zeitreihenverfahren 50 f.
- interaktives V. 19, 55, 116, 119 f., 152, 159 f., 175, 183, 186
- reflexives V. 120
- technisches V. 34
Verfahrensanalyse
- interaktive V. 116

- sukzessive V. 11 (Anm. 1), 159
Verfremdung
- anthropologische V. 128 (Anm. 46)
Verhalten
- nonverbales V. 50
- verbales V. 180
s. auch Bereich, Kommunikation
Verhaltensproduktion
- nonverbale V. 48
- paraverbale V. 48
- verbale V. 48
s. auch Bereich
Verlaufssoziogramm 39, 177, 188
Verwertungszusammenhang 21 (Anm. 1)
Vollzugswirklichkeit 121
Voraussetzung
- Deutungsvoraussetzung 177
- Kompetenzvoraussetzung 177
- Materialvoraussetzung 177
- soziale Voraussetzung 177
Vorgehen
- materialorientiertes V. 21, 177
- problemorientiertes V. 21, 177

Wiederaufnahme 75, 79
- explizite W. 75
- implizite W. 75
Wiederherstellungsverfahren 138
Wissen 125 f., 149
- Weltwissen 133
- enzyklopädisches W. 133
- reziprokes W. 142
s. auch Hintergrundwissen
Wissensbestand 127, 143, 181

Zählung
- gegenstandsbezogene Z. 46
- systembezogene Z. 46, 55
Zeilenblockverfahren 40, 44, 48
Zivilrecht 25, 27
Zugangsformel 167 (Anm. 99)
s. auch Ritual